本书为国家自然科学基金项目"多目标分类下政府科技悬赏策略及优化研究"（项目编号：71974203）阶段性成果

本书受中南财经政法大学出版基金资助

中南财经政法大学
青|年|学|术|文|库

科技悬赏制：
理论、实践与案例

曾婧婧　著

中国社会科学出版社

图书在版编目（CIP）数据

科技悬赏制：理论、实践与案例／曾婧婧著 . —北京：中国社会科学出版社，
2020.9

（中南财经政法大学青年学术文库）

ISBN 978-7-5203-5245-1

Ⅰ.①科…　Ⅱ.①曾…　Ⅲ.①技术革新—奖励制度—研究　Ⅳ.①F062.4

中国版本图书馆 CIP 数据核字（2019）第 216366 号

出 版 人　赵剑英
责任编辑　田　文
责任校对　张爱华
责任印制　王　超

出　　版　中国社会科学出版社
社　　址　北京鼓楼西大街甲 158 号
邮　　编　100720
网　　址　http://www.csspw.cn
发 行 部　010-84083685
门 市 部　010-84029450
经　　销　新华书店及其他书店

印　　刷　北京君升印刷有限公司
装　　订　廊坊市广阳区广增装订厂
版　　次　2020 年 9 月第 1 版
印　　次　2020 年 9 月第 1 次印刷

开　　本　710×1000　1/16
印　　张　16
插　　页　2
字　　数　271 千字
定　　价　86.00 元

总　序

　　一个没有思想活动和缺乏学术氛围的大学校园，哪怕它在物质上再美丽、再现代，在精神上也是荒凉和贫瘠的。欧洲历史上最早的大学就是源于学术。大学与学术的关联不仅体现在字面上，更重要的是，思想与学术，可谓大学的生命力与活力之源。

　　中南财经政法大学是一所学术气氛浓郁的财经政法高等学府。范文澜、嵇文甫、潘梓年、马哲民等一代学术宗师播撒的学术火种，50多年来一代代薪火相传。在世纪之交，在合并组建新校而揭开学校发展新的历史篇章的时候，学校确立了"学术兴校，科研强校"的发展战略。这不仅是对学校50多年学术文化与学术传统的历史性传承，而且是谱写21世纪学校发展新篇章的战略性手笔。

　　"学术兴校，科研强校"的"兴"与"强"，是奋斗目标，更是奋斗过程。我们是目的论与过程论的统一论者。我们将对宏伟目标的追求过程寓于脚踏实地的奋斗过程之中。由学校斥资资助出版《中南财经政法大学青年学术文库》，就是学校采取的具体举措之一。

　　本文库的指导思想或学术旨趣，首先，在于推出学术精品。通过资助出版学术精品，形成精品学术成果的园地，培育精品意识和精品氛围，提高学术成果的质量和水平，为繁荣国家财经、政法、管理以及人文科学研究，解决党和国家面临的重大经济、社会问题，做出我校应有的贡献。其次，培养学术队伍，特别是通过对一批处在"成长期"的中青年学术骨干的成果予以资助推出，促进学术梯队的建设，提高学术队伍的实力与水平。再次，培育学术特色。通过资助在学术思想、学术方法以及学术见解等方面有独到和创新之处的成果，培育科研特色，力争通过努力，形成有我校特色的学术流派与学术思想体系。因此，本文库重点面向中青年，重点面向精品，重点面向原创性学术专著。

　　春华秋实。让我们共同来精心耕种文库这块学术园地，让学术果实挂满枝头，让思想之花满园飘香。

2009 年 10 月

Preface

A university campus, if it holds no intellectual activities or possesses no academic atmosphere, no matter how physically beautiful or modern it is, it would be spiritually desolate and barren. In fact, the earliest historical European universities started from academic learning. The relationship between a university and the academic learning cannot just be interpreted literally, but more importantly, it should be set on the ideas and academic learning which are the so-called sources of the energy and vitality of all universities.

Zhongnan University of Economics and Law is a high education institution which enjoys rich academic atmosphere. Having the academic germs seeded by such great masters as Fanwenlan, Jiwenfu, Panzinian and Mazhemin, generations of scholars and students in this university have been sharing the favorable academic atmosphere and making their own contributions to it, especially during the past fifty years. As a result, at the beginning of the new century when a new historical new page is turned over with the combination of Zhongnan University of Finance and Economics and Zhongnan University of Politics and Law, the newly established university has sets its developing strategy as "Making the University Prosperous with Academic Learning; Strengthening the University with Scientific Research", which is not only a historical inheritance of more than fifty years of academic culture and tradition, but also a strategic decision which is to lift our university onto a higher developing stage in the 21st century.

Our ultimate goal is to make the university prosperous and strong, even through our struggling process, in a greater sense. We tend to unify the destination and the process as to combine the pursuing process of our magnificent goal with the practical struggling process. The youth's Academic Library of Zhongnan University of Economics and Law, funded by the university, is one of our specific measures.

The guideline or academic theme of this library lies first at promoting the publishing of selected academic works. By funding them, an academic garden with high–quality fruits can come into being. We should also make great efforts to form the awareness and atmosphere of selected works and improve the quality and standard of our academic productions, so as to make our own contributions in developing such fields as finance, economics, politics, law and literate humanity, as well as in working out solutions for major economic and social problems facing our country and the Communist Party. Secondly, our aim is to form some academic teams, especially through funding the publishing of works of the middle–aged and young academic cadreman, to boost the construction of academic teams and enhance the strength and standard of our academic groups. Thirdly, we aim at making a specific academic field of our university. By funding those academic fruits which have some original or innovative points in their ideas, methods and views, we expect to engender our own characteristic in scientific research. Our final goal is to form an academic school and establish an academic idea system of our university through our efforts. Thus, this Library makes great emphases particularly on the middle–aged and young people, selected works, and original academic monographs.

Sowing seeds in the spring will lead to a prospective harvest in the autumn. Thus, let us get together to cultivate this academic garden and make it be opulent with academic fruits and intellectual flowers.

Wu Handong

目　录

中篇　科技悬赏制的实践

下篇　国际科技悬赏奖案例研究

绪　　论

以科学基金制为主的国家科研资助体系为科研工作增添了活力，极大地促进了科技创新，并在实践中不断完善和发展。然而，现行国家科研资助仍带有一定的计划色彩：由政府部门确定重大选项，再由大学研究所的科研人员申请，通过评审立项，经过数年努力，发论文、获专利，完成结题，但在这一过程中，立项的题目并非来自产业的真实需求，完成者也没有产业化的愿望（柳卸林、孙海鹰、马雪梅，2015）。同时，以支持基础研究为主的科学基金制也存在一些问题：课题严进宽出、申请存在门槛、同行评议对"非共识项目"的谨慎保留等（薛澜，2014；施一公、饶毅，2010；杨列勋等，2002）。2010 年 9 月，世界著名《科学》杂志发表了施一公和饶毅两位教授有关中国科研资助体制弊端的文章——《中国的研究文化》（*Chinas Research Culture*），引起了国内外强烈反响。随后，《人民日报》也刊登了沈文钦教授的文章《科研经费分配应远离权力和人情》，再一次将我国现行国家科研资助体制推向了风口浪尖。与发达国家相比，我国科研资助体制还不够完善，在资金的投入、使用、管理上还存在着诸多问题。第一，科研经费的管理重过程轻目标。虽然我国已经形成较为完备的科学基金制度，已经设立了科学基金及其组织，形成国家、部门、地方、民间等多渠道的科学基金资助制度。然而，大多数基金都是偏重前期申报和立项阶段，对"进"的门槛严格把关，并且通过拨款对申请者的经费使用情况实行过程管理，而缺少对成果的实质性审核，以至于许多项目的鉴定都是流于形式。第二，科研经费在评审中存在不端现象。目前项目课题的评审虽然采用了同行评议、专家会评等形式，然而同时，许多学者也指出，在课题评审过程中请客、送礼、拉关系等现象也时有发生，甚至已经影响到科研文化的健康发展，使科研经费成为权势、人情、关系滋生的土壤。第三，科研经费的分配存在不公平。目前国家科研资助的不公平主要体现在两个方面：一是门槛较高，对项目申请者自身资历进行限制。目前很多课题在申报过程中对申请者的职称、学历等进行严格限制，将一大批资历尚浅的中青年学者拒之门外。相反，具有较高学术级别以及行政级别的学者往往一人有多个项目，使之无暇顾及。二是二次分配的不平等，这类学者将手头上做不完的项目分配给其他老师甚至学生，以至于产生了学术界所谓的"学霸""老板""包工头"。

为完善国家科研资助体系，本课题提出构建以需求为导向的政府资助型科技悬赏制，以此作为科学基金制的有效补充。科技悬赏制是指为解决某一特定领域的难题，而专门征集科技创新成果的一种非周期竞争性科技奖励安排。科技悬赏制具有以下优点：需求导向（问题解决）创新，申请入口向全社会开放、结果导向评审、唯成果兑奖、目标管理及出口竞争，这些优点恰可以解决我国现行科研资助体系的部分问题。

国际上，科技悬赏制作为政府科研资助的重要手段，已有300多年的历史，从1714年英国政府设立的第一个科技悬赏奖——经度奖（British Longitude Prize），到目前美国国防部、能源部相继设立的机场技术安全奖（Prize for Faster Airport Security Technology）、可佩戴能源奖（Wearable Power Prize）等，已有美、英、法、德等十余个国家先后设立了百余项影响重大的科技悬赏奖，极大地促进了科技创新，并提升了政府科研经费的使用效率（Brunt L，2012）。

实践中，特别是近年来，我国政府正在逐渐尝试以悬赏形式解决科技难题。2013年6月，浙江省科技厅悬赏150万元举办创意竞赛；2014年11月，湖南浏阳市政府悬赏1000万元为花炮科技攻关破题；2014年6月厦门市政府悬赏600万元破解最后一公里配送难题；武汉市政府悬赏1000万元征集依托物联网、云计算、光网络、移动通信等技术手段实现武汉市智慧城市顶层设计方案等。虽然实践中方兴未艾，而对政府悬赏资助的理论研究还存在较大滞后。

在国家政策层面，党的十八大提出"创新驱动发展战略"，其核心是要解决科技、经济和社会发展紧密结合的问题（徐建国，2014），实现路径是由供给端的科技政策转向需求端的创新政策（胥和平，2014）。然而，目前我国大量的技术研发还是国家计划支持的结果（柳卸林等，2015），国家科研资助还是以要素供给推动创新。2014年3月颁布的《国务院关于改进加强中央财政科研项目和资金管理的若干意见》指出："科研项目和资金配置更加聚焦国家经济社会发展重大需求，基础前沿、战略高技术、社会公益研究和重大共性关键技术"，进一步明确了科研资助与国家需求的关系。科技悬赏制对促进任务（问题解决）导向的技术创新发挥着重要作用，以推动需求端创新来实现"创新驱动发展战略"。

虽然欧美国家科技悬赏制的发展已相对成熟，然而各国科技悬赏制适用边界各异，悬赏金来源渠道以及悬赏筹资模式不同，政府悬赏目的以及参与者动机差异较大，政府资助型科技悬赏制与各国科学基金制之间的互补转换方式也不同。故有必要从理论上分析我国政府资助型科技悬赏制的适用边界；并设计出运行机制；提出在现行国家科研资助体系下政府资助型科技悬赏制与拨款制、科学基金制合理对接的政策建议。

一　研究意义

设立科技悬赏奖是现阶段各国政府、企业以及科研类 NGO 组织为促进科技创新的一个惯常做法，对加速技术进步、提高全民科技意识具有重要意义，并在一定程度上弥补了传统奖励与政府科研经费拨款制度的不足。

（一）理论意义

1. 重构科研资助理论中的资助主体边界及应用领域边界

默顿科学规范结构中的"公有性""无私性"使得政府成为基础研究的资助主体（默顿，1973）；科技的"经济性"使得企业成为应用发展研究的资助主体。这将成为传统科研资助理论中的主体边界以及资助技术领域边界。然而科技悬赏制中的资助主体及应用领域边界却异于传统理论：企业科技悬赏会资助基础研究，其目的在于提高影响力或者吸引人才（谷歌登月飞行器悬赏）；政府科技悬赏会资助应用发展研究，其目的在于提高行业技术（英国政府绿色制造悬赏）或寻找紧迫问题的解决方案（墨西哥湾石油漏油清理悬赏）。这突破了传统科研资助理论中政府和企业各自的资助边界。为此，我们将突破传统理论中资助主体——资助领域的划分方式，直接从技术的排他性和可预测性，划分 4 类科研资助活动及其最佳资助形式，在此基础上，研究技术排他性和非排他性之间相互转换的条件，技术可预测性和不可预测性之间相互转换的条件，实现对科研资助理论中主体边界和技术领域边界的重构。

2. 增加政府科技悬赏多元目标假定，有助于优化竞赛奖励模型

现有竞赛奖励数学模型关于科技悬赏的目的假设乃是"最大化参赛者的最大努力"，这虽是大多数科技悬赏的目的：即解决特定技术难题，然而对于政府资助型科技悬赏制而言还有其他目的：提高行业技术水平和识别激励人才，所以竞赛奖励模型还有进一步修正的必要。本研究还假设了另外两种目的："最大化所有参赛者的努力总和"以及"最大化最优参赛者的胜出概率"，采用对称独立私有价值（SIPV）模型拍卖模型及排序博弈法分析三种目的下竞赛奖励模型的构建，从而优化竞赛奖励模型。

3. 通过测量技术创新行为揭示技术创新能力，有助于理解悬赏激励方式与悬赏绩效之间的关系，改进悬赏激励——技术创新行为模型

科技悬赏绩效取决于参与者技术创新能力，而对个体而言，其技术创新能力的信息是一个"软信息"（soft information）（Prajogo D. I.，Ahmed P. K.，2006），本质上是私人信息而不可知（Non-observability），故现有理论假设个体创新能力的分布是一个社会共识，且呈正态分布，而回避了对其私人信息的披露。本研究认为内部技术创新能力可以外化为技术创新行为，这种行为是可观察且可测量的。本研究遵循技术创新行为过程理论（Zhou J.，George J. M.，2001；De Jong，Den Hartog，2007），将技术创新行为划分为利用现有技术和开发利用新技术，通过制定"技术创新行为量表"测量个体行为。在此基础上通过构建激励体系，实现对个人技术创新行为的引导和改变，丰富了创新行为——激励理论。

4. 系统化科技悬赏制的运行

在现有科技悬赏竞争研究中，假定参与者行为不可知和组织者目标唯一的根本原因，在于尚未系统看待科技悬赏制的整体运行。我们在分析整合由组织主体、参与主体、悬赏客体三大要素构成的科技悬赏制度框架的基础上，将科技悬赏制的运行分为悬赏前期项目征集、筹资阶段，悬赏中期参与者入场、竞争阶段，悬赏后期成果奖励、退出阶段，并依此制定出项目"征集—筹资"机制、参与者"激励"机制、竞赛"奖励"机制及"退出—对接"机制。认为运行过程和制度框架要素直接相关；各运行环节之间直接相关，由此系统化科技悬赏制的运行。

（二）实践意义

1. 由供给端的科技政策向需求端的创新政策转变，使科技成果与社会需求无缝对接，实现了国家导向与自由探索之间的协调统一

科技悬赏选取热点共性技术难题向全社会征集方案，引导科技人才根据国家需要定向研发，加速悬赏项目的转化应用。1714 年英国经度奖（British Longitude Prize）催生了"航海钟"的发明，并使得当时的航海事业大踏步发展；1810 年法国食物储存技术奖（Prize for Food Preservation Techniques）打开了现代微生物学研究的大门；1919 年美国奥泰格奖（Orteig Prize）将航空从个人爱好变为航空产业，并拉动了如今 2500 亿美元的航空业；21 世纪以来，基因组 X 大奖、数据挖掘奖、轨道示范奖、高寿鼠奖等科技悬赏奖推动了生物、计算机、航天、医学等诸多领域的技术创新。集个人自由探索为国家技术创新服务，从根本上解决科技立项与经济发展实际需要脱节的问题。

2. 以悬赏项目的"眼球效应"吸引社会资本，缓解科研财政压力

虽然《国家自然科学基金财务管理办法》第二条规定：国家自然科学基金可依法接受国内外社会团体、机构和个人的捐赠。然而，目前企业和个人对我国科学基金的资助很少。相比之下，悬赏项目或应景或极具创新性，通过媒体宣传以及丰厚的奖金产生"眼球效应"，故企业或者个人也愿意通过赞助或者冠名的形式予以资助。据统计，仅 2004 年，X 大奖在各大网站、报纸、电视新闻等媒体里出现的频次为 30 亿次之多，成为当年最具吸引力的词汇之一（Peter H.，2007）。由于 X 大奖的"眼球效应"，很多私人企业亦对该奖项表现出浓厚兴趣，整个赛程间共赞助了 1000 多万美元。X 大奖基金会 CEO 兼主席 Diamandis M. D.（2012）指出，以往的美国企业为了提高其知名度，大都通过赞助美国职业联赛；而现在，他们将目光投向了科技悬赏奖，将其作为提高企业知名度的方式，此举可以缓解我国较为紧张的科技财政压力。

3. 弥补科学基金制及科技拨款制的不足，优化我国科研资助体系

科技悬赏制在以下四个方面弥补了现行科研资助体系的不足：①现行科研资助体系难以规避由于研发成果的不可验性带来的道德风险，科技悬赏制的开放式竞争及其甄别机制则可以有效防范；②其结果导向的评审机制，弥补了同行评议决策机制的不足，使得站在少数人一边的真理亦可以

脱颖而出；③唯成果兑奖的资助方式，使得科研工作者由关注科研立项转移到关注科研成果；政府部门由关注整个申请立项审查环节的过程管理，转移到最终科研成果的目标管理，改变了科学基金制中最为激烈的竞争发生在申请环节的现象，变过程管理为目标管理，变入口竞争为出口竞争；④科技悬赏制设立明确的悬赏目标，在技术能达到悬赏目标时才予以兑现，若在规定时间内，无人达到预定目标，则奖金不予发出，使得奖励风险几乎为零。

4. 突破纵向委托式科研资助的资格限制，构建机会均等的开放式社会创新模式

2013 年，98.3%的科学基金申报者均隶属于高校或研究所，这一比例到 2014 年提升至 100%（国家自然科学基金资助项目统计，2013，2014），对于这一现象，托马斯·库恩（1962）在《科学革命的结构》中提出的范式理论可以解释，他认为一旦范式稳固下来，人们往往趋于保守，处在科学共同体中，具有相近知识背景，且具有资历的体制内部科研人员可能为了拥护既有范式，而约束新思想对既有范式的冲击，以科学家为核心主体的精英决策模式有可能导致"合法性"危机（苏竣，郭跃，汝鹏，2014）。科技悬赏制的公开招标使得参与者在申请资格上享有平等地位，起到集思广益的作用，这种不设门槛的制度，使得原始创新思想大量涌现，充分激发社会科技创新潜能。

二　本研究的创新点

（一）将科技悬赏制纳入国家科研资助体系，实现对目前国家科研资助体系的优化

现有对国家科研资助体系的研究基本上是对该体系内部的调整完善。本研究根据研发活动特点及最佳资助形式，将国家科研资助体系划分为非竞争型科技拨款制、入口竞争型科学基金制以及出口竞争型科技悬赏制，并界定科技悬赏制区别于科技拨款制以及科学基金制的适用边界，探索科技悬赏成果与科学基金制、科技拨款制的对接路径，以及科学基金制中的后期资助项目、科技拨款制中的政府技术招标采购在一定条件下与科技悬

赏制的对接方式，以实现对目前科研资助体系的优化。

（二）探究参与者动机—激励—行为关系，实现对参与者技术创新行为的披露

现有研究或认为参与者在科技悬赏过程中的行为是其私人信息，难以揭示；或认为其行为仅受到经济因素（悬赏金）的影响。本研究认为参与者行为可以揭示，并受到经济和非经济多重因素影响。本研究将动机分为货币动因、技术动因、荣誉动因、社交动因；将参与者技术创新行为分为利用现有技术和开发新技术；分别设计"激励方式测量表"和"技术创新行为测量表"进行两次调查，并构建结构方程，研究参与者动机—激励方式—技术创新行为之间的关系，以实现对参与者技术创新行为的披露。

（三）考虑组织者不同科技悬赏目的，实现对竞赛奖励模型的改进

现有研究以"最大化参赛者的最大努力"为组织者唯一科技悬赏目标，本研究考虑了另外两种目标："最大化所有参赛者的努力总和"以及"最大化最优参赛者的胜出概率"，进而讨论在各种不同目标以及约束条件下竞赛奖励模型的构建，以实现对竞赛奖励模型的改进。

（四）分阶段探索科技悬赏运行机制，实现对科技悬赏制的系统研究

现有研究对科技悬赏制的探索尚未形成体系，对竞赛奖励机制研究较多，而对其他环节却少有研究。本研究在判定科技悬赏制的应用边界基础上，将科技悬赏分为悬赏前期"项目征集—筹资"环节、悬赏中期"参与者入场—激励"环节、竞赛"奖励"环节、悬赏后期成果"退出—对接"环节，研究每一环节的运行机制，实现对科技悬赏制的系统研究。

上篇

科技悬赏制的理论

第一章　国内外相关研究述评

国际上，科技悬赏制作为政府科研资助的重要手段之一已有 300 多年的历史，从 1714 年英国政府设立的第一个科技悬赏奖——经度奖至今，已有美国、西班牙、英国、法国、德国、瑞典、苏联、印度、澳大利亚、意大利等十余个国家先后设立了近百项科技悬赏奖。埃布纳（Ebner）等学者指出，近年来科技悬赏奖更是被各国政府、企业以及知名非政府组织（NGO）所采纳成为促进技术创新的重要工具之一[①]。在学术界，对于科技悬赏奖的研究也逐渐成为西方学术热点之一，对科技悬赏制度的研究亦从经济、法律、管理、教育、技术等多学科切入，研究内容以及研究方法也有较大差别。故综合研究以往文献，提炼出科技悬赏奖的共性，为科技悬赏制度的构建提出可供借鉴的框架则显得尤为重要。

本研究的主要方法为系统文献综述法（Systematic Literature Review）。即严格按照既定步骤采用文献计量方式利用检索式对主要数据库进行检索，并依据研究热点综合分析。布里列顿、柯秦恩汉姆以及布根等学者（Brereton, Kitchenham, Budge, et al.）指出系统文献综述法与传统文献综述法的最大区别在于检索式的提出，该方法适用于研究对象尚无特定术语，或者研究对象属于跨学科综合范畴[②]。科技悬赏制度的跨学科实践表明，若采用传统的文献综述法研究则会出现挂一漏万的情况，故此处采用系统文献综述法，按照以下三个步骤对科技悬赏奖进行综述研究。首先，

① Ebner W, Leimeister J M, Krcmar H. "Community Engineering for Innovations: The Ideas Competition as a Method to Nurture a Virtual Community for Innovations", *R&d Management*, 2009, 39（4）, pp. 342-356.

② Brereton P, Kitchenham B A, Budgen D, et al. "Lessons From Applying the Systematic Literature Review Process Within the Software Engineering Domain", *Journal of Systems and Software*, 2007, 80（4）, pp. 571-583.

采用关键词检索式"a+b"对史蒂芬斯数据库（EBSCOhost）总库下 30 个数据库进行检索，其中 a 代表激励（inducement）、技术（technology）、创新（innovation），b 代表奖（prize，reward，award）。这样便出现了 3 * 3 = 9 个检索词条（见表 1-1）；其次，按照发文年份、发刊类型、研究主题进行初选；最后，结合主题、摘要，并仅选择学术刊物进行二次筛选，得到文章 87 篇，并对其进行详细分析。

表 1-1　　　　　　　　　　国外有关科技悬赏制概念归纳

检索项	总数	首发年份	学术期刊	普通杂志	研究主题排名前三	发表刊物排名前三
激励奖（inducement prize）	375	1929	173	145	研究与发展（31）；政府政策（9）；公共财政（6）	汉密尔顿计划（Hamilton project）（18）；工业工程师（industrial engineer）（8）；搜索者（searcher）（7）
激励奖（inducement award）	150	1993	6	11	员工激励（51）；首席财务官（39）；商业法律（20）	商业电汇（business wire）（65）；新闻专线（news wire）（41）；世界电信网（telecomworldwire）（13）
激励奖（inducement reward）	57	1964	30	6	政府政策（11）；员工（8）；货币激励（7）	预防学校失败（prevention school failure）（4）；卫生经济学杂志（journal of health economics）（3）
技术奖（technology prize）	1424	1925	346	833	奖励（191）；技术创新（57）；竞赛（32）	科学（science）（78）；今日物理学（physics today）（63）；自然（nature）（45）
技术奖（technology award）	16516	1925	1776	10695	信息技术（902）；技术创新（472）；商业企业（463）	航空周刊与太空技术（aviation week & space technology）（757）；播音（broadcasting）（428）；工业园（industrial week）（239）
技术奖（technology reward）	1003	1965	202	624	信息技术（51）；技术创新（25）；员工忠诚度（14）	数据通讯（data communications）（80）；计算机世界（computer world）（35）；员工福利（employee benefits）（20）

续表

检索项	总数	首发年份	学术期刊	普通杂志	研究主题排名前三	发表刊物排名前三
创新奖（innovation prize）	1233	1973	252	691	技术创新（111）；奖励（70）；发明（14）	航空周刊与太空技术（aviation week & space technology）（41）；科学（science）（35）；经济学家（economist）（20）
创新奖（innovation award）	16358	1969	1753	10466	技术创新（950）；商业企业（182）；协会（123）	营销杂志（marketing magazine）（356）；ICIS化工业务（ICIS chemical business）（315）；发现（discover）（283）
创新奖（innovation reward）	913	1966	353	389	技术创新（84）；知识产权（25）；人事管理（26）	经济学家（economist）（18）；纽约时报（New York Times）（17）；商业周刊（business week）（15）

资料来源：课题组采用交叉检索对史蒂芬斯数据库（EBSCOhost）总库下学术搜索完成（Academic Search Complete）、OmniFile Full Text Mega、Business Source Complete、EconLit、MasterFILE Premier、区域商业新闻（Regional Business News）6个数据库以及ScienceDirect、科学引文索引扩展（Science Citation Index Expanded）数据库搜索整理而得。

一 科技悬赏制的发展动态研究

科技悬赏制是最古老的政府促进技术创新的工具之一，1714年英国政府悬赏资助的经度奖首次实现了政府对科研的资助，实现了国家导向和个人科学探索的统一。之后法国拿破仑时期为应对战争需要设立了食物储存奖，瑞典政府为应对消防事故设立了消防技术奖，荷兰政府为促进农业发展设立了提取蔗糖奖①。整个19世纪的欧洲，科技悬赏奖是政府资助和引导个人科研的唯一方式（见表1-2）。

---

① Masters W A, Delbecq B. "Accelerating Innovation with Prize Rewards: History and Typology of Technology Prizes and a New Contest Design for Innovation in African Agriculture", *Intl Food Policy Res Inst*, 2008, pp. 3-12.

表 1-2

19 世纪科技悬赏

奖项名称	年份	当时的金额	组织者
英国经度奖（British Longitude Prize）	1714—1773	￡20000	英国政府
消防发明（Invention the Progress to Stop of Fires）	1734—1761	20000 crowns	瑞典政府
从当地植物中提取蔗糖奖（Prize for Sugar from Native Plants）	18 世纪中期	20 ducats	荷兰农业促进学会
苏打制碱制造奖（Prize for Producing Alkali Soda）	1775—1789	2400 livres	法国科学院
食物储存技术奖（Prize for Food Preservation Techniques）	1795—1810	12000 francs	法国国家工业促进会
纺纱机奖（Prize for a Flax Spinning Machine）	1810—1813	＄1000000 livres	法国政府（拿破仑时期）
钻井工艺奖（Art of Piercing or Boring Artesian Wells Prize）	1818—1821	3000 francs	法国国家工业促进会
无桨叶驱动舰（Prize for Propelling Without a Paddle Vessels Wheel）	1825	100 guineas	一家英国公司
涡轮机奖（Turbine Prize）	1823—1827	6000 francs	法国国家工业促进会
苹果和梨子奖（Apple and Pear）	1826—1847	1000 francs	巴黎皇家园艺学会
军队航海工程师奖（Army Corps of Engineers Navigable River Prize）	1829	＄1000	美国军队
利物浦和曼彻斯特铁路奖（Liverpool & Manchester Railway Locomotive Prize）	1829	￡550	利物浦和曼彻斯特铁路
奎宁替代物奖（Premium for a substitute for Quinine）	1849—？	4000 francs	巴黎药学会
救生船奖（lifeboat prize）	1849	100 guineas	诺森伯兰公爵
鸟粪替代奖（Substitute for Guano Prize）	1852—？	￡1000	英国皇家学会

续表

奖项名称	年份	当时的金额	组织者
布雷昂奖 (Breant Prize, 奖励霍乱的治疗方法)	1854	100000 francs	法国皇家科学会
动力奖 (Screw Propeller Reward)	1855	£ 20000	英国政府
曼利大理石打磨奖 (Manley Marble Sawing Prize)	1856—?	$ 10000	曼利先生 (M. M. Manley)
消灭马提尼克矛头蝮奖 (Prize for Destruction Bothrops of the Lanceolatus)	1859—?	1000 francs	气候适应学会
台球奖 (The Billiard Ball Prize)	1863—1865	$ 10000	菲兰和科兰德 (Phelan & Col-lander)
根除苎麻奖 (Prizes for Decortication China Grass)	1869	£ 5000	印度政府
葡萄根瘤蚜奖 (Phylloxera Prize)	1870—?	20000 francs	法国农业部
威斯康星农业机械奖 (Wisconsin Prize for Mechanical Substitute for Horses)	1875—1878	$ 10000	威斯康星州政府
Orloff-Davidoff 奖 (The Orloff-Davidoff Prize)	1894—?	10000 rubles	圣彼得堡医学会
芝加哥先驱报机车奖 (Chicago Times - Herald Motor Prize)	1895	$ 5000	芝加哥先驱报
肺结核奖 (Francois Joseph Audiffred Prize for a Tuberculosis Remedy)	1896—1921	24000francs	巴黎医学会
法国农业促进奖 (French Society for the Encouragement of Industry Prizes)	1896	21000francs	法国农业促进会

　　然而随着大科学时代的到来，科学基金制的完善，专利制度的规范化，20 世纪科技悬赏奖逐渐被科学基金制所取代（见表 1-3），19 世纪曾大量采用科技悬赏资助科研的巴黎皇家科学会（Royal Academy of Science）也开始采取科学基金资助科研，以至于现代微生物学创始人路易斯·巴斯德撰文分析科技悬赏制的重要性以及不可替代性。[①] 然而马斯特斯和戴尔波克（Masters & Delbecq）却认为在国家层面以政府为主体的科技悬赏在逐渐减少的同时，企业和个人层面的科技悬赏却逐渐增多，成为其提高自身影响力的方式之一。[②]

表 1-3　　　　　　　　　　　　　20 世纪科技悬赏

奖项名称	年份	当时的金额	组织者
Deutsch 奖（Deutsch Prize）	1900—1901	100000francs	亨利·德·德·默尔特（Henri Deutsch de la Meurthe）
Deutsch–Archdeacon Prize 航空领域奖项	1903—1907	50000francs	欧内斯特·阿齐迪肯和亨利（Ernest Archdeacon and Henry）
德州棉子象鼻虫奖 Texas Boll Weevil Eradication Prize	1903—1904	$ 50000	德州
科学美国奖（Scientific American Prize，航空领域奖项）	1908	$ 2500	科学美国杂志
Wolfskehl 奖（Wolfskehl Prize，数学奖项）	1908—1997	100000goldmarks	保罗·沃尔夫斯克（Paul Wolfskehl）
《每日邮报》英吉利海峡奖（航空领域奖项）	1909	£ 1000	每日邮报社
米兰委员会奖 Milan Committee Prize，航空奖	1910	160000 lire	米兰委员会

---

　　① Wei M. , "Should Prizes Replace Patents-A Critique of the Medical Innovation Prize Act of 2005", *BUJ Sci. & Tech. L.* , 2007, 13, p. 25.

　　② Masters W. A. , "Delbecq B. Accelerating Innovation with Prize Rewards: History and Typology of Technology Prizes and a New Contest Design for Innovation in African Agriculture", *Intl Food Policy Res Inst*, 2008, pp. 5-28.

续表

奖项名称	年份	当时的金额	组织者
汽车俱乐部奖	1913— ？	$ 100000	国际汽车俱乐部
跨越大西洋奖（Daily Mail Trans-Atlantic Prize）	1913—1919	£ 10000	每日邮报社
Hearst 奖（Hearst Prize, 航海奖）	1919	$ 50000	威廉·赫斯特（William Hearst）
Orteig 奖（Orteig Prize, 航空奖）	1919—1927	$ 25000	雷蒙德·奥泰格（Raymond Orteig）
英国-澳大利亚航空奖	1919—1920	10000pounds	澳大利亚政府
人力飞行奖	1933—1935	5000—10000 marks	理工学院（Polytechnische Gesellscaft）

　　直到 20 世纪中后期，随着美国联邦政府对科技悬赏制的再次启用，科技悬赏制再次被多国政府采纳，和科学基金制一起，成为促进本国科技创新的方式之一（见表 1-4）。其中美国能源部、国防部、航空航天局共资助了包括可佩戴能源奖（Wearable Power Prize）、机场安全技术奖（Prize for Faster Airport Security Technology）、宇航局百年挑战（NASA Centennial Challenges）等在内的 20 余项政府科技悬赏项目。英国国家科技资助委员会（Nesta）于 2008 年联合国家创新部（DBIS）以及联合国开发计划署（UNDP）共同发起了绿色挑战（the Big Green Challenge）等一系列科技悬赏。麦肯锡公司（McKinsey & Company）的报告显示 2008 年英国政府用于科技悬赏的经费为 2 亿欧元，2012 年则升至 6 亿欧元。[1] 总体而言，科技悬赏制和科学基金制在发展历史上存在一个此消彼长而又相互融合的过程。[2]

　　利希滕伯格（Lichtenberg）、摩尔多瓦努（Moldovanu）以及特维施（Terwiesch）等国外学者对于将科技悬赏制作为科学基金制的补充有较为

---

　　[1]　McKinsey & Company, "And the Winner is... Capturing the Promise of Philanthropic Prizes", *McKinsey & Company*, 2012, pp. 5-17.

　　[2]　Fu Q, Lu J, Lu Y., "Incentivizing R&D: Prize or Subsidies?", *International Journal of Industrial Organization*, 2012, 30 (1), pp. 67-79.

一致的看法。①②③ 然而两者之间仍有不同的适用范围。卡里尔（Kalil）在论述科技悬赏制的适用性时强调，若一项技术难题其目标可以用具体准确的话语描述出来，而其实现手段太过复杂而不能描述时，则采用科技悬赏方式资助比传统的科学基金制资助效率更高。④ 付强（Fu）等学者比较了美国国防部分别采用基金拨款制与科技悬赏制促进技术创新的绩效，指出当需要实现的技术具有可商业化属性时，科技悬赏奖比单纯的基金拨款制更能促进创新。⑤

付强和卢劲风（Fu & Lu）还研究了两者的互补性与可替代性，他认为虽然从历史发展上来看，科技悬赏制和科学基金制存在一个此消彼长的过程，然而在现代社会中，两者完全可以互补甚至在一定条件下可以相互替代：科学基金制作为事前资助制度，一般被用来资助基础研究；科技悬赏制作为事后资助制度，一般被用来资助应用研究，但两者也并非完全割裂，科技悬赏获奖成果在一定条件下也可以采用科学基金制继续资助。⑥

此外，皮斯昂和唐（Piccione & Tan）研究了不同时期政府对于科技悬赏制和科学基金制的使用偏好⑦；付强（Fu）等学者比较了在同等条件下科技悬赏制与科学基金制的产出和效率⑧；魏（Marlynn）比较了科学基金制、科技悬赏制以及专利制度，认为科技悬赏后期成果购买可以在一定程

---

①　Lichtenberg F R. "The Private R and D Investment Response to Federal Design and Technical Competitions", *The American Economic Review*, 1988, pp. 550-559.

②　Moldovanu B, Sela A. "The Optimal Allocation of Prizes in Contests", *American Economic Review*, 2001, pp. 542-558.

③　Terwiesch C, Xu Y. "Innovation Contests, open Innovation, and Multiagent Problem Solving", *Management Science*, 2008, 54 (9), pp. 1529-1543.

④　Kalil T. *Prizes for Technological Innovation*, Brookings Institution, 2006, pp. 23-25.

⑤　Fu Q., Lu J. "The Optimal Multi-stage Contest", *Economic Theory*, 2012, 51 (2), pp. 351-382.

⑥　Fu Q., Lu J. "Contest Design and Optimal Endogenous Entry", *Economic Inquiry*, 2010, 48 (1), pp. 80-88.

⑦　Piccione M, Tan G. "Cost-reducing Investment, Optimal Procurement and Implementation by Auctions", *International Economic Review*, 1996, 37 (3), pp. 663-686.

⑧　Fu Q., Lu J, Lu Y. "Incentivizing R&D：Prize or Subsidies?", *International Journal of Industrial Organization*, 2012, 30 (1), pp. 67-79.

度上取代专利制度，实现双赢。①

表 1-4　　　　　　　　　　现代科技悬赏

奖项名称	年份（年）	当时的金额（美元）	组织者
弗雷德金奖（Fredkin Prize，计算机奖项）	1980—1997	100000	爱德华·弗雷斯金（Edward Fredkin）
西拉尔斯基奖（Sikorsky Prize，航空奖）	1980—现在	20000	美国直升机协会
癌症奖（Armand Hammer Cancer Prize）	1981—1991	1000000	阿曼德·哈默（Armand Hammer）
勒布纳奖（Loebner Prize，计算机奖）	1990—现在	100000	皇冠实业公司
RSA 因素挑战赛（RSA Factoring Challenge）	1991—2007	200000	RSA 实验室
费曼大赛奖（Feynman Grand Prize）	1996—现在	250000	前瞻纳米技术协会
超级节能冰箱计划（Super Efficient Refrigerator Program）	1994—1997	30000000	24 家公用事业单位
洛克菲勒快速诊断奖（Rockefeller Foundation for Rapid STD）	1994—1999	1000000	洛克菲勒基金
安萨里 X-大奖（Ansari X PRIZE）	1996—2004	10000000	安萨里
百威杯（Budweiser Cup，航空奖项）	1997—1999	1000000	安海斯-布希公司
CATS 奖（CATS Prize，航天奖项）	1997—2000	250000	匿名捐赠者
国际计算机大奖赛（International Computer Go Championship）	1990	1600000	英昌（Ing Chang）基金会
Beal's Prize Conjecture（数学奖）	1997—现在	100000	安德夏·比尔（Andrew Beal）

①　Wei M. "Should Prizes Replace Patents-A Critique of the Medical Innovation Prize Act of 2005", *Boston University Journal of Science & Technology Haw*, 2007, 13, p.25.

奖项名称	年份（年）	当时的金额（美元）	组织者
电子前沿奖（Electronic Frontier Prize）	1999—现在	250000	匿名捐赠者
合作计算大赛（Cooperative Computing Challenge）	1999—现在	550000	匿名捐赠者
黄金挑战赛（Goldcorp Challenge）	2000—2001	575000	黄金（Goldcorp）公司
千禧年数学奖（Millennium Math Prizes）	2000—现在	7000000	数学研究所
InnoCentive.com，NineSigma.com（网站）	2001—现在	暂无统计	各家企业
DARPA 汽车大奖赛 DARPA Grand Challenge	2003—现在	3500000	美国国防部
高寿鼠奖 Methuselah Mouse Prize	2003—现在	4500000	匿名捐赠者
蟾蜍陷阱比赛 Territory Government's Great Cane Toad	2004—2005	16000	害虫动物控制中心
美国宇航局百年挑战（NASA Centennial Challenges）	2004—现在	6500000	佛罗里达空间研究会
格兰杰挑战 Grainger Challenges	2005	1000000	国家工程院
英特尔芯苹果运行（Windows-on-a-Mac Prize）	2006	14000	科林·内德科恩（Colin Nederkoorn）
神经元（Neuros OSD）大奖 Neuros OSD Bounties	2006—？	500—1000	神经元 OSD 公司（Neuros OSD 公司）
基因组 X 大奖（Archon X PRIZE for genomics）	2006—？	10000000	克雷格·文特（Craig Vente）以及 X 大奖基金会
生命大奖 Prize4Life Prize	2006—2008	1000000	生命大奖基金会 Prize4Life
数据挖掘奖（The Netflix Prize）	2006—现在	1000000	网飞公司（Netflix）

续表

奖项名称	年份（年）	当时的金额（美元）	组织者
沃尔夫拉姆图灵机器研究（Wolfram's Turing Machine Research Prize）	2007	25000	斯蒂芬·沃尔夫拉姆（Stephen Wolfram）
可佩戴能源奖（Wearable Power Prize）	2007—现在	1000000	美国国防部
机场安全技术奖（Prize for Faster Airport Security Technology）	2007—现在	500000	美国国防部
开放建筑奖（Open Architecture Prize）	2007—现在	250000	高级微设备和人文建筑
照明设计大赛 Bright Tomorrow Lighting Prizes	2007—现在	20000000	美国能源部
轨道示范奖（The Orbital Demonstration Prize）	2007—现在	100000000	航空航天奖法案
先进市场奖 Advance Market Commitment	2007—现在	150000000	加拿大、意大利、挪威等国家
维珍地球挑战 Virgin Earth Challenge	2007—现在	25000000	维珍组（Virgin Group）
Unlock the Value Prize（冶金奖）	2007—现在	10000000	巴里克·金（Barrick Gold）公司
本杰罗空间奖（Bigelow Prize Space）	2004—2010	50000000	本杰罗宇航公司
Google 月球 X 大奖（Google Lunar X PRIZE）	2007—2014	25000000	谷歌公司
X 汽车奖 Automotive PRIZE X	2007—2009	10000000	X 大奖基金会
善待动物奖（PETA in vitro meat prize）	2008—2012	1000000	善待动物组织

二 科技悬赏制的功能研究

科技悬赏以共性技术难题为悬赏目标，并提供一笔丰厚奖金引导人们定向研发，故曾被喻为"科技创新的利器"。此外，还有眼球集聚、社交参与、竞争激励、引致投资等功能。

（一）引致创新功能

科技悬赏奖通常选取热点共性技术难题向全社会征集方案，引导科技人才根据国家需要定向研发，极大地促进了技术创新。[①] 1714 年英国经度奖（British Longitude Prize）催生了"航海钟"的发明，并使得当时的航海事业大踏步发展；1810 年法国食物储存技术奖（Prize for Food Preservation Techniques）打开了现代微生物学研究的大门；1919 年美国奥泰格奖（Orteig Prize）将航空从个人爱好变为航空产业，并拉动了如今2500 亿美元的航空业[②]；21 世纪以来，基因组 X 大奖、数据挖掘奖、轨道示范奖、高寿鼠奖等科技悬赏奖推动了生物、计算机、航天、医学等诸多领域的技术创新。集个人自由探索为国家技术创新服务，从根本上解决科技立项与经济发展实际需要脱节的问题。

（二）物质奖励资助功能

科技奖励按一般可分为"科技认可奖"（Recognition Prize）以及"科技悬赏奖"（Inducement Prizes）。前者如诺贝尔奖、我国的国家最高科学技术奖、美国的国家科学奖、费米奖等。两者虽均为奖励且都具有激励功能，但不同在于"科技认可奖"多是通过精神鼓励产生激励，荣誉性大于资助性；"科技悬赏奖"多是通过物质产生激励，资助性大于荣誉性。博朗德、勒纳以及尼古拉斯（Brunt，Lerner & Nicholas）等学者直接指出奖金本身的吸引力大于奖励荣誉性。[③] 比沙罗夫和威廉姆斯（Besharov & Williams）认为科技悬赏奖是用一笔丰厚的奖金向社会征集最妥善解决问题的方案。[④] 斯达尔包蒙（Stallbaumer）更精辟地指出科技悬赏奖的理念是悬

---

① 曾婧婧：《科技悬赏奖：促进科技创新的利器》，《科学学研究》2013 年第 1 期。

② Morgan J., Wang R. "Tournaments for Ideas", *California Management Review*, 2010, 52（2），p. 77.

③ Brunt L., Lerner J., "Nicholas T. Inducement Prizes and Innovation", *The Journal of Industrial Economics*, 2012, 60（4），pp. 657–696.

④ Besharov D J, Williams H. "Innovation Inducement Prizes：Connecting Research to Policy", *Journal of Policy Analysis and Management*, 2012, 31（3），pp. 752–776.

着一根萝卜，让智者们为它竭尽所能地争夺。[①]

　　由于科技悬赏奖提供丰厚物质奖励、不设门槛且可针对性解决技术问题，故近 20 年来，其数目逐渐超过了科技认可奖，成为各国各政府较常使用的一种科技激励工具。麦肯锡公司分析了 1990 年之前以及 1990—2007 年的 219 项世界各国知名的科技奖励，发现 1990 年之前，97% 的科技奖励均属于认可奖；而从 1991 年起，这一比例下降到 22%，大多数奖励均以悬赏的形式颁出（见图 1-1）。

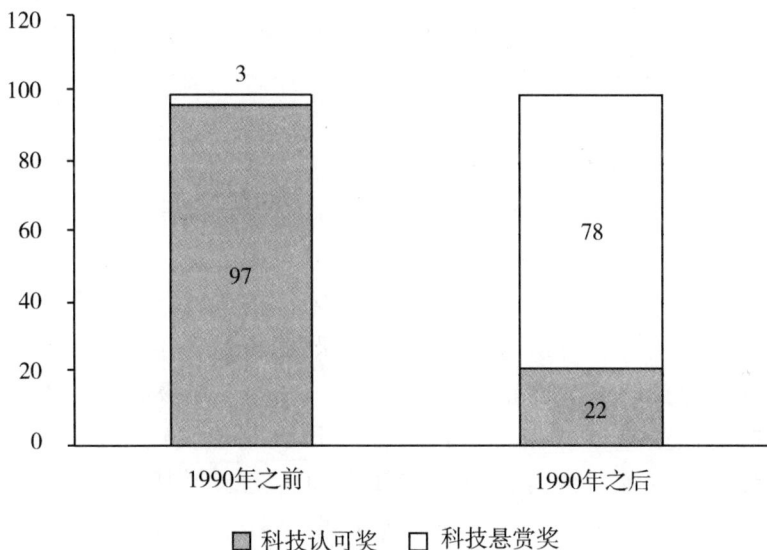

图 1-1　科技悬赏奖与科技认可奖的比例

　　资料来源：McKinsey report，And the winner is. Capturing the promise of phi-lanthropic，2009. 3 http：//mckinseyonsociety. com/capturing - the - promise - of - philanthropic-prizes/ 2014 年 3 月 29 日访问。

（三）眼球集聚功能

悬赏项目或应景或极具创新性，通过媒体宣传以及丰厚的奖金产生

---

① Stallbaumer C. "From longitude to Altitude：Inducement Prize Contests as Instruments of Public Policy in Science and Technology"，*University of Illinois Journal of Law Technology and Policy*，2006，p. 117.

"眼球效应",故企业或者个人也愿意通过赞助或者冠名的形式予以资助。据统计,仅2004年,X大奖在各大网站、报纸、电视新闻等媒体里出现的频次为30亿次之多,成为当年最具吸引力的几大词汇之一。[①] 由于X大奖的眼球效应,很多私人企业亦对该奖项表现出浓厚兴趣,整个赛程期间共赞助了1000多万美元。另外,企业或者个人通过冠名的形式对与本行业相关领域的科技悬赏奖予以资助,例如以谷歌公司赞助和冠名的谷歌月球车登月比赛、以飞利浦为首的27家公共事业单位赞助的L-Prize照明奖等。X大奖基金会CEO兼主席戴尔芒帝斯(Diamandis)指出,以往的美国企业为了提高其知名度,大都通过赞助美国职业联赛,而现在,他们将目光投向了科技悬赏奖,将其作为提高企业知名度的方式,此举可以缓解我国较为紧张的科技财政压力。[②]

(四) 社交参与功能

现代互联网的发展为科技悬赏制提供了崭新的平台,基于互联网的技术悬赏除了可以实现技术创新、物质奖励、吸引眼球等功能外,还可以为参赛者提供一个交流互动的社区,在该社区中,同行间有默认的技术等级认证,等级越高者则可获得更高的尊重。较为知名的技术悬赏网站包括国外的创新中心(Innocentive)、顶级编程(Topcoder)以及国内的任务中国、猪八戒网等。在顶级编程员(Topcoder)网站上,其悬赏参与者都会有自己的专属页面,记录了其参赛情况、等级高低及分布,而社区的公告牌则会在每次比赛后公布参与者的排名升降以及积分。布德罗、莱塞泰勒以及雷卡尼(Boudreau, Lacetera & Lakhani)等学者认为这种排名不但可以证明参赛者的技术实力,还可以为其赢得各大知名软件公司的入职机会。[③] 布林格以及莫意森雷恩(Bullinger & Moeslein)研究了德国欧司朗公司发起的 "*brightens your*

---

① Research Council, *Innovation Inducement Prizes at the National Science Foundation*, Washington, DC: National. Academy Press, 2007, p.10

② Peter H., "Diamandis M. D. I Prize Creating a World of Abundance" (2011-11-20), http://www.xprize.org/content/peter-h-diamandis-md

③ Boudreau K, Lacetera N, Lakhani K., "The Effects of Increasing Competition and Uncertainty on Incentives and Extreme-Value Outcomes in Innovation Contests", *Harvard Business School Technology & Operations Mgt*. Unit Working Paper, 2010: 2008-6.

future with innovative LED technology" 竞赛，指出该竞赛为参与者提供了一个功能与脸书类似的社交平台，从而为参与者创造了良好的创新竞赛氛围。[①]

（五）其他功能及负面影响

除此之外，国外学者们广泛认同的还有社会导向功能[②]、竞争功能[③]、激励功能[④]、引致投资功能等[⑤]。然而，博斯特（Borst）[⑥]、阿德勒（Adler）[⑦] 以及杨（Young）[⑧] 等学者则警惕地认识到了科技悬赏奖的负面影响，如众多参赛者对同一项目研发必将导致重复性劳动，以至于造成社会资源的浪费；凯（Kay）也指出前期研发费用的获得难易、未获奖者的沉没成本将在很大程度上影响人们参与的热情。[⑨]

[①]　Bullinger A C, "Moeslein K. Innovation Contests-where are We?", *Innovation*, 2010, 8：1-2010.

[②]　Stallbaumer C. "From Longitude to Altitude：Inducement Prize Contests as Instruments of Public Policy in Science and Technology", *University of Illinois Journal of Law Technology and Policy*, 2006, p. 117.

[③]　Kay L. "Modeling Incentives, R&D Activities, and Outcomes in Innovation Inducement Prizes// Workshop on Original Policy Research" （2010） http：//www. researchgate. net/publication/228785871_ Modeling_ incentives_ RD_ activities_ and_ outcomes_ in_ innovation_ inducement_ prizes

[④]　Davis L, Davis J. "How Effective are Prizes as Incentives to Innovation? Evidence From Three 20th Century Contests" （summer 2004） http：//www. druid. dk/conferences/summer2004/papers/ ds2004-114

[⑤]　Schroeder A. "The Application and Administration of Inducement Prizes in Technology. Independence Institute Research Paper" （2004） http：//keionline. org/misc-docs/IP_ 11_ 2004. pdf

[⑥]　Borst W A M. "Understanding Crowdsourcing：Effects of Motivation and Rewards on Participation and Performance in Voluntary Online Activities", *Erasmus University Rotterdam*, 2010. http：//repub. eur. nl/pub/ 21914/

[⑦]　Adler J H. "Eyes on the Climate Prize：Rewarding Energy Innovation to Achieve Climate Stabilization" （2010） http：//www. law. harvard. edu/students/orgs/elr/vol35_ 1/HLE101. pdf

[⑧]　Young T M. "Aircraft Design Innovation：Creating an Environment for Creativity", Proceedings of the Institution of Mechanical Engineers, Part G：*Journal of Aerospace Engineering*, 2007, 221 （2）, pp. 165-174.

[⑨]　Kay L. "The Effect of Inducement Prizes on Innovation：Evidence from the Ansari XPrize and the Northrop Grumman Lunar Lander Challenge", *R&D Management*, 2011, 41 （4）, pp. 360-377.

三 科技悬赏制的制度设计要素研究

科技悬赏制的制度设计是学者们最为关注的问题，因为它是一项科技悬赏能否成功的关键。凯（Kay）认为一项失败的科技悬赏所带来的负面影响要远大于一项成功的科技悬赏所带来的正面影响，因为它降低了人们对主办方的信任、浪费了人们的时间和精力、消耗了社会资源。学者们普遍认为科技悬赏制的制度设计应包括科技悬赏目标、参赛者规模、团队合作规则等问题。[①]

在科技悬赏目标方面，斯杜德、立夫以及唐科曼等学者（Steward, Liff & Dunkelman）评价了英国绿色挑战悬赏，认为科技悬赏制首先应设立一个具体的技术指标，这样才能够很好地引致创新。[②] 布鲁克（Brook）在其发表的有关绿色挑战赛报告里同样支持了这一观点。[③] 然而部分学者却对这一观点表示了质疑，凯（Kay）指出开放性目标才能够吸引更多的非传统参赛者，而这些人更有可能使用新颖的方式来解决问题。[④] 他特别强调由于主办方一开始无法预料参与者所采用的技术，故使用有弹性的目标则更为有效。在其另外一篇文章里，凯（Kay）列举了三条科技悬赏关键性步骤：首先，应设计一个有吸引力且开放性目标；其次，在设立悬赏金额度时不仅要考虑该悬赏成果的货币价值也应该考虑到参赛者的非经济利益；最后，应设立透明且简单的悬赏规则。[⑤] 墨瑞、斯坦恩以及坎贝尔等学者（Murray, Stern, Campbell, et al.）则试图从第三条路来解决这一问题，即根据不同的技术特点以及主办方动机来设计悬赏目标：对于应用性较强或主办方为了寻求特定技术难题的解决方案，可以设定相对清晰具体

---

① Kay L. "Opportunities and Challenges in the Use of Innovation Prizes as a Government Policy Instrument", *Minerva*, 2012, 50（2）, pp. 191-196.

② Steward F, Liff S, "Dunkelman M. Mapping the big green challenge. An analysis of 2009", （2009）http://swslim. org. uk/documents/themes/lt18-resource48. pdf

③ Brook Lyndhurst, "The Big Green Challenge: Final Evaluation Report", NESTA: London （2010）http://www. nesta. org. uk/sites/default/files/mass_ localism. pdf

④ Kay L. "The Effect of Inducement Prizes on Innovation: Evidence from the Ansari XPrize and the Northrop Grumman Lunar Lander Challenge", *R&D Management*, 2011, 41（4）, pp. 360-377.

⑤ Kay L. "Managing Innovation Prizes in Government. IBM Center for the Business of Government", （2011）http://www. prizeresearch. org/shared/Kay-2011-Managing_ innovation_ prizes_ in_ government. pdf

的目标；而对于基础研究类或主办方为了扩大影响力或者寻找拔尖人才，可以设定相对弹性的悬赏目标。①

在参赛者规模方面，最具代表性的是布德罗（Boudreau），其问题是参赛者是否越多越好？或者参赛者规模和创新绩效之间存在一种什么关系？② 通过对 Topcoder 算法大赛的分析，他们发现了三条规律。第一，参赛者规模和创新绩效正相关：越多的参赛者就会有越多的解题方案，创新绩效也越高；第二，参赛者规模和创新绩效负相关：越多的参赛者导致参赛者获胜的希望下降，导致参赛者积极性下降，最终创新绩效下降；第三，参赛者规模和创新绩效相关性不确定：人数增加使得解题方案增加的同时获胜希望也降低了，故参赛者规模和创新绩效相关性难以确定。而这3 条规律分别适用于不同类型的参赛项目，对于开放式创新，参赛者规模和创新绩效正相关；对于为解决特定技术难题的悬赏，参赛者规模和创新绩效负相关；而对于交叉学科技术悬赏，则参赛者规模和创新绩效相关性难以确定。布德罗（Boudreau）的研究结论为收取一定的门槛费用以限制参赛人数提供了合理依据。

在团队合作方面，布德罗（Boudreau）以及雷卡尼（Lakhani）用 10天时间观察了一项由 500 个软件工作者参加的为解决某一特定技术难题而展开的悬赏竞赛。③ 他们将软件工作者分为两类，一类是根据创新绩效高低分配的工作组；一类是自愿组合的工作组。发现自愿组合的工作组其效率是指定分配工作组的两倍，因此他们认为应该设定宽松的团队工作规则以提高创新效率。

四　科技悬赏制与科学基金制的关系研究

国外学者对于将科技悬赏制作为科学基金制的补充有较为一致的看法

①　Murray F, Stern S, Campbell G, et al. "Grand Innovation Prizes: A Theoretical, Normative, and Empirical Evaluation", *Research Policy*, 2012, 41 (10), pp. 1779–1792.

②　Boudreau K J, Lacetera N, "Lakhani K R. Incentives and Problem Uncertainty in Innovation Contests: An Empirical Analysis", *Management Science*, 2011, 57 (5), pp. 843–863.

③　Boudreau K J, Lakhani K R. "'Fit'–Field Experimental Evidence on Sorting, Incentives and Creative Worker Performance", *Harvard Business School*, 2011. p. 56

(Lichtenberg, F. R., 1988, 1990; Moldovanu, B., Sela, A., 2001; Ter-wiesch, C., Xu, Y., 2008)。然而两者之间仍有不同的适用范围。

Kalil（2006: 6）在论述科技悬赏制的适用性时强调，若一项技术难题其目标可以用具体准确的话语描述出来，而其实现手段太过复杂而不能描述时，则采用科技悬赏方式资助比传统的科学基金制资助效率更高。Fu, Q. 等学者（2012）比较了美国国防部分别采用基金拨款制与科技悬赏制促进技术创新的绩效，指出当需要实现的技术具有可商业化属性时，科技悬赏奖比单纯的基金拨款制更能促进创新。Fu, Q. 和 Lu, J.（2010, 2011）研究了两者的互补性与可替代性，他认为虽然从历史发展上来看，科技悬赏制和科学基金制存在一个此消彼长的过程，然而在现代社会中，两者完全可以互补甚至在一定条件下可以相互替代。此外，Qiang Fu（2012）比较了在同等条件下科技悬赏制与科学基金制的产出和效率；Pic-cione, M. 和 Tan, G.（1996）研究了不同时期政府对于科技悬赏制和科学基金制的使用偏好；Marlynn Wei（2007）比较了科学基金制、科技悬赏制以及专利制度，认为在科技悬赏后期进行成果购买可以在一定程度上弥补专利制度的不足，解决知识产权的争议，实现双赢。

五　已有研究述评

（一）现有研究多以国外科技悬赏为对象，而缺少对中国科技悬赏的研究

现有研究绝大多数是以欧美国家知名科技悬赏为研究对象，到目前为止，针对中国的科技悬赏研究相当缺乏。然而在实践中，特别是近一两年，我国政府正在逐渐尝试以悬赏形式解决科技难题。如 2014 年 11 月，湖南浏阳市政府悬赏 1000 万元为花炮科技攻关破题；2014 年 6 月厦门市政府悬赏 600 万元破解最后一公里配送难题；2013 年 6 月，浙江省科技厅悬赏 150 万元举行创意竞赛；2013 年，武汉市政府悬赏 1000 万元征集利用依托物联网、云计算、光网络、移动通信等技术手段实现武汉市智慧城市顶层设计方案等。然而，中国科技悬赏的理论研究却相对滞后，相对于国外科技悬赏而言，中国科技悬赏至少有三点不同：首先，悬赏金来源渠

道以及悬赏筹资模式不同；其次，政府悬赏目的差异较大；最后，悬赏参与者动机与其技术创新行为亦有较大差异。故有必要从理论上系统分析中国科技悬赏制，为政府以悬赏形式资助科研提供指导。

（二）现有研究尚未区分政府资助型科技悬赏与企业资助型科技悬赏，对政府资助型科技悬赏的构建还需进一步理论化

现有研究的焦点集中在科技悬赏制度的架构，却并未区分政府资助型科技悬赏与企业资助型科技悬赏，但实际上，两者在科技悬赏主体、悬赏目的、被悬赏技术、悬赏项目征集渠道以及悬赏金来源等方面均存在差异。而这既直接影响到政府资助型科技悬赏制的系统运行，也影响到政府科研资助绩效。

另外，两者最大的不同还在于企业科技悬赏的参与者若失败，其所承担的损失与政府科技悬赏项目失败的损失性质不同，参与者会采取不同的损失规避策略，这会直接影响到参与者的行为；并且很多学者指出企业科技悬赏的最大问题是组织者可能存在"违约"行为（田剑，2014；王丽伟，2014），而这也极大地影响了参与者的技术创新行为，但政府科技悬赏则不存在"违约"问题。故未来的研究有必要将政府资助型科技悬赏抽离出来，研究其适用性，并进一步系统化其运行。

（三）现有研究主要集中于科技悬赏制要素构成的静态分析，尚未进行基于整个运行过程的科技悬赏制动态分析

目前主要对科技悬赏成功举办的关键因素进行了研究，包括悬赏目标的设置、悬赏参与者规模、被悬赏技术特点、参与主体的动机及激励等。这仅仅是对单个因素的静态研究，尚未进行基于整个运行过程的科技悬赏制动态分析。但实际上，若从悬赏资助全过程来看，因素之间存在关联性：如悬赏目标以及悬赏技术特点共同决定了项目的征集与筹资；参与主体的动机以及悬赏客体的特点决定了参与者的入场与竞争；悬赏客体的边界与举办主体的目的共同决定了成果奖励、退出；项目的征集方式是项目筹资影响因子之一；而参与者的动机以及在竞赛过程中的行为则是组织者制定成果奖励规则时所需考察的重要因素。

（四）国内学者对企业科技悬赏研究较多，却对政府科技悬赏制的构建研究较少

虽然在企业实践中有如创意悬赏大赛、平面设计悬赏、广告悬赏、威客悬赏等中低端技术悬赏，然而因悬赏而诞生的谷歌登月、载人太空船证明高端技术亦可成为科技悬赏制的对象。故有必要对被悬赏技术进行分类研究，厘清适合以悬赏制资助的技术特征及边界。另外，以企业为主体的悬赏制难以规避委托—代理双方的互信问题、信息不对称的合谋欺诈问题，并由此引发的知识产权争议。国家层面悬赏则可以保证委托方的公信度，由此有效解决互信及知识产权归属，故未来的研究可从国家层面探索科技悬赏制及其运行。

综上所述，未来的研究应至少在以下三个方面有所推进：一是根据科技悬赏制的不同主体，将其划分为政府资助型科技悬赏制和企业资助型科技悬赏，研究政府资助型科技悬赏的特点；二是以中国政府资助型科技悬赏为对象，在现行国家科研资助体系的框架下，研究政府资助型科技悬赏制的应用边界；三是系统分析政府资助型科技悬赏制的运行机制。

第二章　科技悬赏制的历史演进

科技悬赏制是指为解决某一特定领域的难题，而专门征集科技创新成果的一种非周期奖励制度安排。它是与传统科技认可奖（Recognition Prize）相对应的概念①。科技悬赏奖更强调对科技成果本身的关注，把奖金颁发给最妥善解决问题的方案，而并非如认可奖般，关注一个人之前的成就。科技悬赏奖的授予一般通过科技竞赛（Science and Technology Contest）的方式，其目的在于最大限度地发挥人们的智力潜能，最大程度地促进科技创新以及为最迫切的问题寻找切实可行的解决方案。科技悬赏奖的理念是悬着一根萝卜，让智者们为它而竭尽所能地争夺。1567 年以来，科技悬赏奖的数目和金额呈逐年上升趋势，且出现过三个"井喷"期。科技悬赏奖的设奖中心从欧洲转移至美国，这与世界科技中心的转移保持一致。科技悬赏奖的主体包括组织者以及资助者，且组织和资助机制灵活；科技悬赏奖的客体囊括了传统科研机构和人员以及非传统科研爱好者；科技悬赏奖的设奖技术具有较高创新性以及较强外部性。我国应推行科技悬赏制度，作为我国科技资助体系的有效补充形式。

一　科技悬赏奖在空间上的拓展

在空间上，科技悬赏奖的设奖中心和世界科技活动中心的一致，从早期的欧洲诸国逐渐转移至美国。

---

① 如世界著名的诺贝尔奖，以及绝大多数国家级科学奖励，如我国的国家最高科学技术奖、国家自然科学奖、国家技术发明奖，美国的国家科学奖、国家技术奖、费米奖等。于认可奖而言，关注点往往是获奖者之前的成果，其荣誉性大于获奖金额本身，甚至有些奖项没有任何奖金。认可奖在肯定科技成果的同时，更加注重对获奖人员的肯定，其精神鼓励的意义非比寻常。

据统计，先后设立科技悬赏奖的国家有西班牙、英国、法国、德国、瑞典、美国、苏联、印度、澳大利亚、意大利等十余个国家（见图2-1）。其中，美国最多，为51项，法国以及英国分居2、3位，为14项和13项，而其余国家则只有1—2项。从设立的时间来看，最早的科技悬赏奖可追溯至1567年，西班牙国王为解决海上测量经度难题而设奖，但该难题直到1714年由英国政府设立经度奖才予以解决，故学术界普遍认为1714年英国的经度奖为第一届科技悬赏奖[1]。

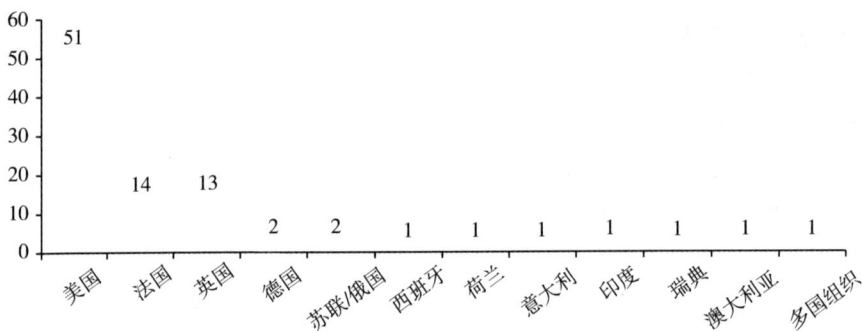

图2-1 科技悬赏奖的设立国：按设奖次数分类

虽然美国在科技悬赏奖的总数上占有绝对优势，然而从设立时间来看，科技悬赏奖起源于欧洲，并且在其产生之后的200多年里，以英国和法国为主的欧洲国家一直是科技悬赏奖主要发起者，并且这些国家的悬赏奖集中在18、19世纪（见图2-2）。相应的，法国和英国在这一时期也有相当科学成就，是当时世界科技活动的中心。贝尔纳在其名著《科学的社会功能》一书中指出，法国与英国的科学一同诞生于17世纪，并且兴隆于18、19世纪[2]。直至19世纪末20世纪初，科技悬赏奖才逐渐由欧洲传至美国，特别是近30年来，美国几乎囊括了所有的科技悬赏奖。据统计，美国51项科技悬赏奖中，有41项均在1980年后。值得注意的是，多国联合主办科技悬赏奖成为一种新形式。2007年2月9日，由加拿大、意大利、挪威、英国、俄罗斯和盖茨基金会共同资助15亿美元启动了旨在促

① Kay, Luciano. "The Effect of Inducement Prizes on Innovation: Evidence from the Ansari X Prize and the Northrop Grumman Lunar Lander Challenge", *R&D Management*, 2011, 41 (4), pp. 360-377.

② 贝尔纳：《科学的社会功能》，陈体芳译，张今校，广西师范大学出版社1981年版。

进第三世界国家医疗药品技术发展的先进市场推动疫苗奖。

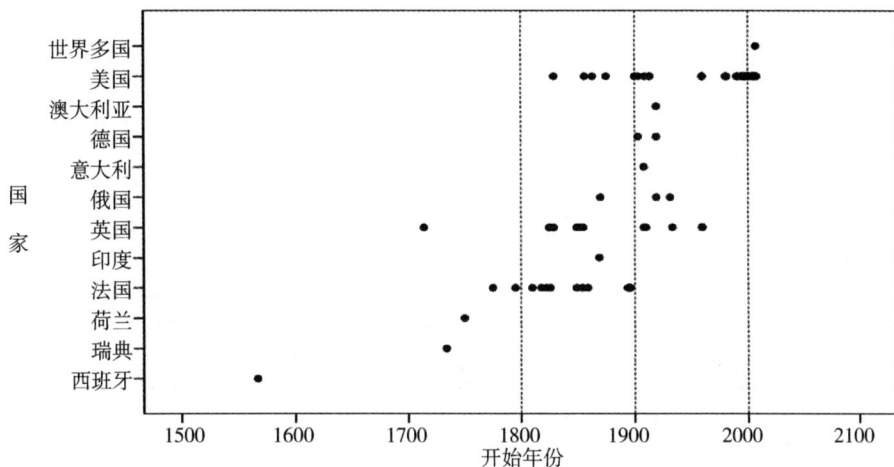

图 2-2　科技悬赏奖的设立国：按设奖时间排序

由此可见，科技悬赏奖的设奖中心转移同世界科技中心转移保持一致，已从早期的欧洲诸国逐渐转移至美国；与此同时，随着科技全球化、经济全球化以及人力资源全球化的不断加深，使得多国共同举办成为科技悬赏奖的另一新形式。

二　科技悬赏奖在时间上的演进

在科技悬赏奖整个发展史上有三个"井喷"期，分别是 19 世纪中期、20 世纪初期和 20 世纪末 21 世纪初期（见图 2-3）。而与这三个"井喷"期相对应的是当时快速增长的技术创新需求。

第一个"井喷"期是 19 世纪中期，相对于 19 世纪之前的 300 年而言，整个 19 世纪科技悬赏奖的数目和金额都有较大增幅（见图 2-4-A）。从科学技术发展史来看，19 世纪是近代科学的鼎盛期，从原子-分子论到细胞学说到电磁理论，硕果累累。而这一时期的科技悬赏奖亦有了较为鲜明的特点。一方面，在数量上，整个 19 世纪的科技悬赏奖为 22 项，是之前 300 年总和的 4 倍；在种类上，除了航海依旧是悬赏奖设奖重点外，纺织、机械、化学、农业、医疗逐渐成为悬赏奖的新热点。

（项）

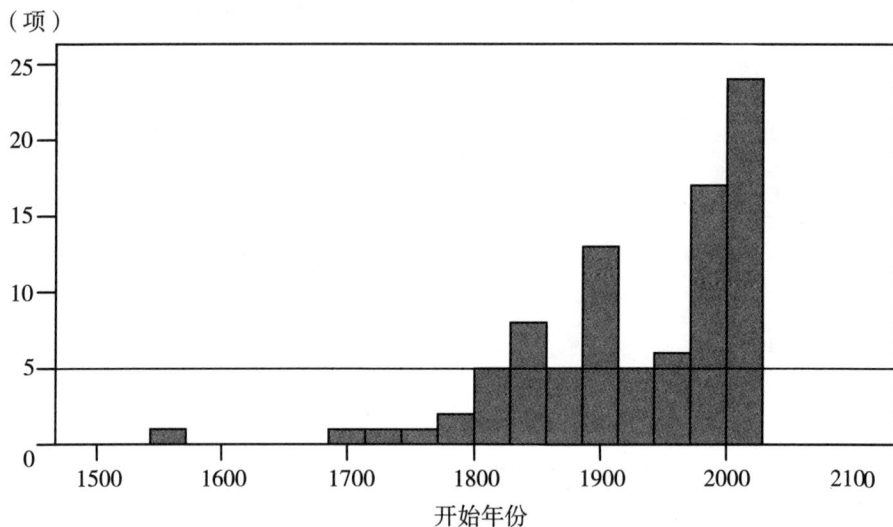

图 2-3　科技悬赏奖的设奖时间

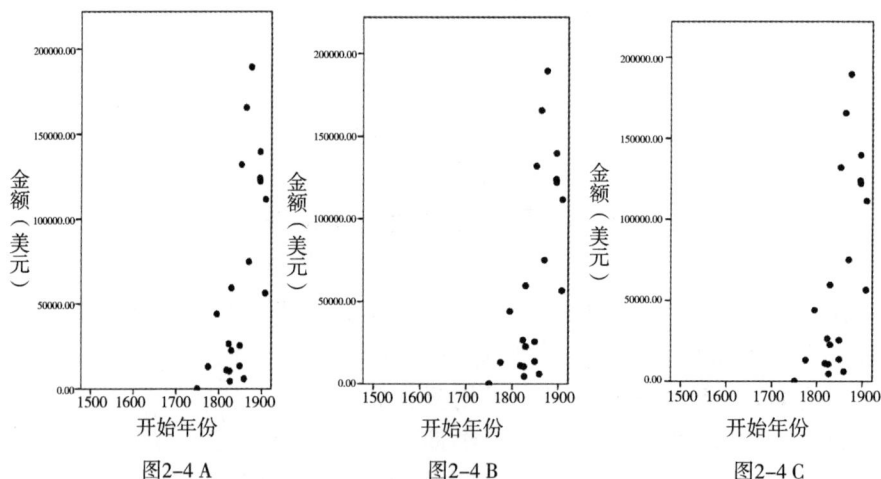

图2-4 A　　　　　　图2-4 B　　　　　　图2-4 C

图 2-4　科技悬赏奖的 3 个 "井喷" 期①

---

① 由于奖励金额差距较大，并且时间跨度不一，故分为 3 个小图，以求更清晰显示。另外，图 2-4 中的纵轴不均匀等分，最高刻度为 20 亿美元。图中所有的奖励金额均已换算成目前市值，使之更具比较性。

第二个"井喷"期是 20 世纪初期，对应图 2-4-B。其间最引人注目的是航空领域的科技悬赏奖。1919 年 5 月，旅馆业巨头奥泰格提供 25000 美元设立了奥泰格奖（Orteig Prize），旨在奖励能够完成纽约与巴黎之间首次直飞的人，1927 年，林德伯格完成这一历史飞行，奥泰格奖也促进了当时新兴航空业更多的创新尝试。在没有政府支持，没有立即的利润回报情况下，奥泰格奖促成了 9 个跨越大西洋的行动，而这 9 个团队为了争取这笔 25000 美元的奖金，累计花费 40 万美元。此后，各国政府、企业、NGO 组织以及个人相继支持了一批航空领域的科技悬赏奖，如杜特生奖（Deutsch）、杜特生·阿芝迪肯奖（Deutsch-Archdeacon）、科学美国奖、每日邮报英吉利海峡奖、米兰委员会奖、跨越大西洋奖、人力飞行奖、西拉尔斯基奖等。据统计，从 1909 到 1913 年 5 年间，来自私人、媒体、航空学会、企业等非政府机构资助的航天悬赏奖共计 44 项，总金额超过了 100 万美元，设奖范围涵盖了航天速度、距离、技术等诸多领域[①]。正是这些奖项，激励了一大批航空爱好者与科研机构，更催生了今天 2500 亿美元的航空业。

第三个"井喷"期是 20 世纪末 21 世纪初，对应图 2-4-C。近 50 年来，科技悬赏奖的设奖领域逐渐伸展到了航空航天、生命科学、计算机、新能源等诸多尖端领域，极大地促进了科技创新的发展以及人类潜能的提升。其中，影响较大的为 X-大奖，于 1996 年由太空商业化活动的先驱迪亚蔓蒂斯设立。2004 年，1000 万美元的安萨里 X-大奖授予给了研造出"太空船一号"的莫哈韦航空风险公司；2006 年的 X-大奖设在生命医学领域，旨在奖励人类基因序列方案；2007 年 X-大奖设在航空领域，X 基金会联合谷歌公司推出了月球机器人竞赛以探索低成本机器人空间探测方法。这一时期科技悬赏奖种类进一步增多，奖励金额也比以往任何时候都高，过百万美元的科技悬赏奖为 22 个，过千万美元的科技悬赏奖为 9 个。而由美国政府设立的轨道示范奖金额为 1 亿美元，另外一个则是由世界银行联合多国设立的先进市场奖，奖励金额则为 15 亿美元。

①　Maryniak Gregg. "When Will We See A Golden Age of Spaceflight", *Space Policy*, 2005, pp. 111-119.

第三章　科技悬赏制的主客体

科技悬赏奖的组织和资助机制成熟且灵活：其设奖主体多样，政府、NGO、企业、个人均可以是其主体；其奖励客体囊括了传统科研机构和人员以及非传统科研爱好者；其设奖领域一般是具有较高突破性以及较强外部性的科技领域。科技悬赏奖与现行国家科研资助体制在资助主体、客体、对象、运作流程以及管理模式上均存在差异。科技悬赏奖作为国家科技资助体制的有益补充，具有诸多优势。

一　科技悬赏制的设奖主体

早期科技悬赏奖的设奖主体主要来自政府部门；而随着奖励影响力的扩大，以个人名义资助的奖励逐渐增多；此后，各地 NGO 兴起，这些团体便成为科技悬赏奖的主要主体；现如今，随着全球化时代的到来以及科技悬赏奖设奖机制的不断完善，各种主体联合组织并资助的科技悬赏奖亦渐次增多。

科技悬赏奖设立之初，其设奖主体一直都是政府部门，如英国政府的经度奖（Longitude Prize，1714 年）、拿破仑时期的食物储存奖（Prize for Food Preservation Techniques，1795 年）、法国政府的苏打碱制造奖（Prize for Producing Alkali Soda，1775 年）、瑞士政府的消防发明奖（Invention the Progress to Stop of Fires，1734 年）等。但随着科技悬赏奖影响力的不断扩大，一些以个人名义资助的科技悬赏奖也逐渐增多，其主要原因乃是科技悬赏奖的"眼球效应"，以谋求个人在本行业声誉的扩大。如诺森伯兰公爵资助的救生船奖（Lifeboat Prize，1849 年），Manley 资助的曼利大理石打磨奖（Manley Marble Sawing Prize，1856 年），以及酒店行业巨头雷蒙德·奥泰格（Raymond Orteig）以自己名字命名的飞行奖奥泰格（Orteig）奖（1919年）等。与此同时，随着NGO组织在世界范围内的兴起，各种学会、基金会、研究会等组织并资助的科技悬赏奖逐渐增多，几乎半数以上的科技悬赏奖都是由这类NGO团体发起并予以资助的。如巴黎医学会组织的肺结核奖（Francois Joseph Audiffred Prize for a Tuberculosis Remedy，1896年）、气候适应协会组织的消灭马提尼克矛头蝮奖（Prize for Destruction Bothrops of the Lanceolatus，1859年）、美国直升机协会组织的西拉尔斯基航空奖（Sikorsky Prize，1980年）。直到近50年以来，一方面跨学科研究增多；另一方面也受到全球化的影响，多国、多种团体、多个政府部门联合组织并资助的科技悬赏奖亦成为主流之一。例如在能源领域，由24家公用事业单位联合出资3000万美元的超级节能冰箱计划；在医疗领域，由世界银行联合多个国家组织并资助的先进市场奖；在航天领域，由多家知名企业联合组织并资助的维珍地球挑战等。

科技悬赏奖的设奖主体包括奖励组织者以及奖金资助者，有如下特点。

第一，多主体混合奖励体系。早期科技悬赏奖的设奖者以及资助者多为各国政府部门，如英国政府和西班牙王室设立的经度奖、法国拿破仑政府设立的食物储存奖。而随着科技悬赏奖影响力的日益扩大，NGO、企业以及个人均可成为科技悬赏奖的设奖主体，并且在数量上逐渐超过政府部门，特别是NGO业已成为科技悬赏奖的最大主体（见图3-1）。但最近10年，政府部门设立的科技悬赏奖又逐渐增多，以美国为例，联邦政府越来越多地组织并资助科技悬赏奖，如美国国防部发起的能量衣奖以及无人驾驶奖；能源部发起的自由奖、氢气奖、光明未来奖、环保车奖；美国航空航天局发起的世纪挑战赛计划等，逐步形成了多主体混合型奖励体系。

第二，科技悬赏奖的组织者和资助者并非完全重合。从图3-1-A到图3-1-B清晰可见NGO负责组织的科技悬赏奖数量占到总数的46.7%，然而，由NGO资助的科技悬赏奖却减少到24.7%，说明很多NGO仅在名义上负责牵头各类科技悬赏奖，并不直接资助。例如由玛土撒拉基金会负责组织的高寿鼠奖，其资助者就是社会大众的匿名捐款；由X基金会组织的基因组奖、谷歌（Google）月球奖则是由个人和企业联合资助。据统计，89项科技悬赏奖中，有21项科技悬赏奖的组织者和资助者不重合，这一方面体现了很多企业或者个人自愿资助一部分科技悬赏奖以提高知名度；另一方面也体现了科技悬赏奖本身的运行机制较为灵活。

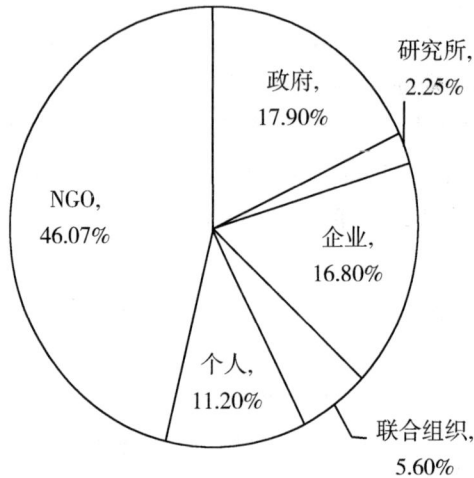

图 3-1-A　科技悬赏奖的组织者百分比

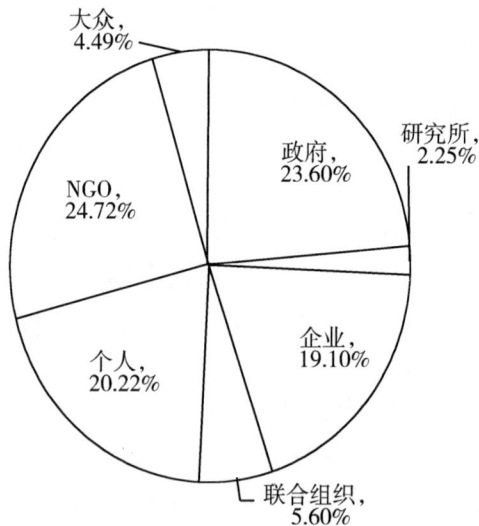

图 3-1-B　科技悬赏奖的资助者百分比

第三，联合资助以及联合组织成为科技悬赏奖的又一趋势。随着全球化治理时代的到来，联合举办科技悬赏奖的形式也越来越多。例如在能源领域，由 24 家公用事业单位联合出资 3000 万美元的超级节能冰箱计划；在医疗领域，由世界银行联合多个国家组织并资助的先进市场奖；在航天领域，由多家知名企业联合组织并资助的维珍地球挑战等。这一联合形式使得各方可以发挥各自优势，筹集更多活动资金，另外，国家之间的联合，也可以扩大科技悬赏奖在各国的影响力。

二　科技悬赏制的设奖客体

89 项科技悬赏奖分属于 22 个不同的领域（见图 3-2）。其中，航空领域的奖项最多，为 16 项，包括著名的奥泰格奖、德驰奖、科学美国人奖、每日邮报英吉利海峡奖、米兰委员会奖等；此外，在医疗、汽车、计算机、农业、航海、机械、化工等领域则是科技悬赏奖的传统设奖范畴，例如阿曼德·哈默癌症奖、费曼奖、图灵奖、葡萄根瘤蚜奖等；还有则是近几年兴起的非传统科技悬赏奖，包括商业领域的善待动物奖、建筑领域的开放建筑奖以及水利领域的格兰杰挑战奖等。

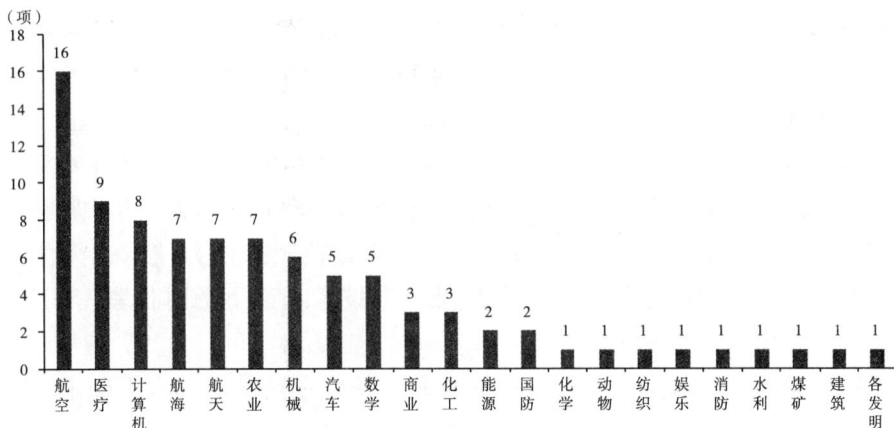

（项）

图 3-2　科技悬赏奖的设立国：按设奖数目排序

从被奖技术本身来看，科技悬赏奖更多地被运用在有较强技术外溢性且容易产生突破性技术的领域[1]。这一特征，Masters 将其解释为，对于可

---

[1]　Brian D. Wright. "The Economics of Invention Incentives: Patents, Prizes, and Research Contracts", *American Economic Review*, 1983（9），pp. 691-707.

以预期的成果更适合采取预先资助的方式（ex-ante payments），而对于不可预见且创新性突破性较高的技术，更适合采取事后资助的方式（ex-post payments）[①]。另外，由于这类技术容易产生突破性技术成果，过程一般难以控制，故更倾向于采用结果控制法。以农业为例，创新过程需要考虑的因素非常多（土壤、水、气候、病虫害、肥料等），且不同的科学家都从不同路径实现创新，故过程难以衡量，但其结果却容易衡量得多，即讨论产出的质量和数量；在能源领域也存在同样的问题，评奖专家一般只考察能效比以及污染率等因素[②]。

从奖项设立的时间来看，各设奖领域与当时社会最需要的技术密切相关。如17—19世纪，悬赏奖的关注焦点在于航海技术，这也与当时的历史背景密切相关。1492年哥伦布横渡大西洋，1497年达·伽马绕过好望角，1519年麦哲伦向西作环球航行，然而海洋中船舶定位关键在于经度的测定。这个问题从13世纪以来就进行过多种尝试，直到1765年，英国人约翰·哈里森（John Harison）设计出了航海钟才得到解决，同时，他也获得了由英国政府设立的科技悬赏奖——经度奖。除此之外，1795年，为适应战争物资储备需求，拿破仑政府悬赏12000法郎设立了食物储存技术奖；1869年印度政府悬赏5000英镑设立了根除苎麻奖，以缓解苎麻给印度农业带来的巨大灾难；1994年，美国24家公用事业单位悬赏3000万美元设立了超级节能冰箱计划以应对能源短缺。

简而言之，被悬赏的技术领域一般具有三个特点：一是较高技术突破性，创新过程难以控制，较难从事前判断技术创新成败，故采用事后奖励机制；二是较强技术外部性，Nordhaus将这类领域描述为技术上无法排他，在市场上需求弹性较小；三是被悬赏的技术和当下的时代紧密相连，并且与公众生活息息相关[③]。

科技悬赏奖一般用于奖励应用性研究，并且在技术上具有不确定性与

① Masters, William "A. Research Prizes: A Mechanism to Reward Agricultural Innovation in Low-income regions", *AgBioForum*, 2003, 6 (1&2), pp. 71-74.

② Kremer, Michael and Alix Peterson Zwane. "Encouraging Private Sector Research in Tropical Agriculture", *World Development*, 2005, 33 (1), pp. 87-105.

③ Nordhaus, William D. "Schumpeterian Profits in the American Economy: Theory and Measurement", NBER Working Paper 10433. Cambridge, MA: NBER. Available at http://www.nber.org/papers/w10433, 2004.

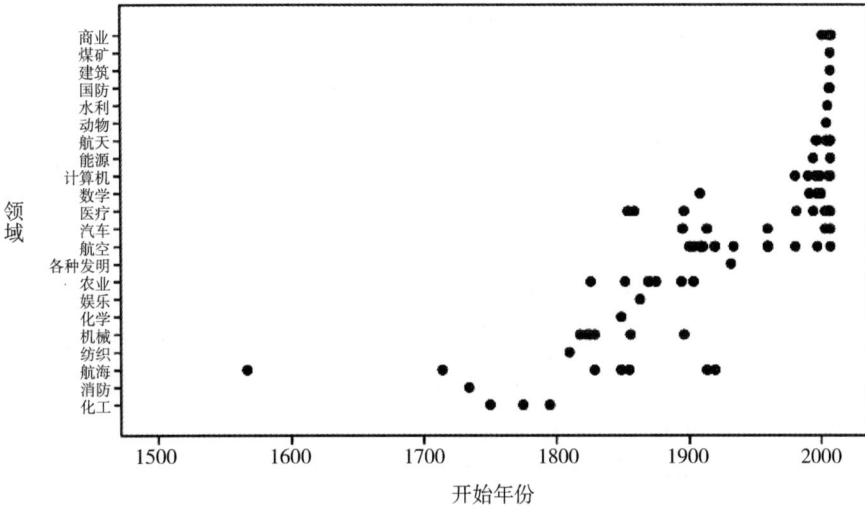

图 3-3　科技悬赏奖的设立国：按设奖时间排序

非排他性。图 3-3 给出了 4 种类型的创新以及它们的最佳资助形式。

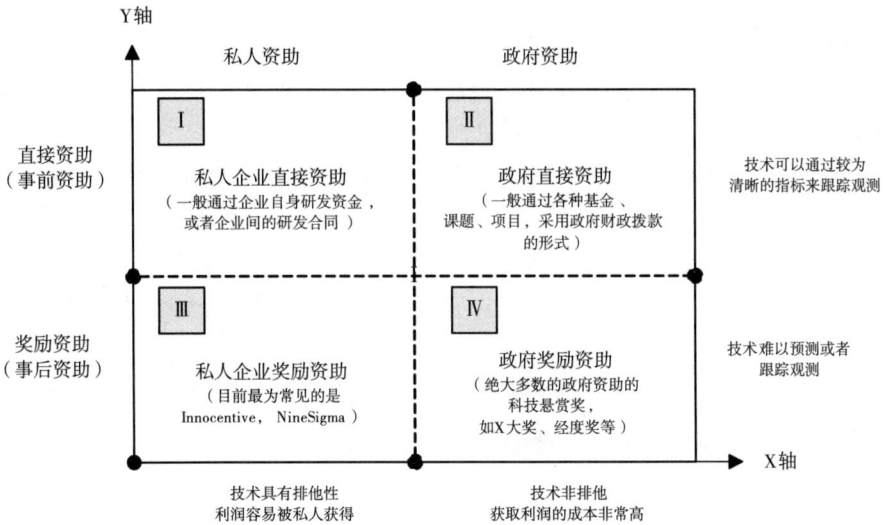

图 3-4　科技悬赏奖的设奖客体

X 轴对应的是资助的方式，上栏是直接资助，又称事前资助，下栏是通过奖励资助，又称事后资助。Wright 认为区分这两种资助方式的标准是技术是否可预测①。若一项技术可以通过较为清晰的指标来跟踪观测，则可以通过事前资助的方式，采用跟踪式过程管理模式；若一项技术非常难以预测，或者缺少衡量其研究进展的指标，则资助者一般会等到成果出来之后，再以奖励的形式资助。Kremer 和 Glennester 又将事前资助称为"推动机制"（push mechanisms）；将事后资助称为"拉动机制"（pull mechanisms）②。

Y 轴对应的是资金的来源，左栏资金来源于私人部门，右栏资金来源于政府部门。若技术最终创造的利润较易被投资者获取，那么私人部门更倾向于资助；反之，若技术最终创造的利润其获取成本很高，且易流向消费者或者模仿者，那么资助该技术的责任就落在政府部门。Kalil 将其归纳为技术是否具有排他性，具体体现在三个方面③。（1）天然排他。这类技术一般以实物商品的形式存在，如小汽车发动机技术、药品、化学制品等。（2）通过知识产权排他，且排他成本不高。这类技术通过合法的知识产权以防止被模仿，但需要注意的是，若通过知识产权排他成果过高的话，也不利于私人部门的投资。研究发现，在美国，小麦和玉米虽然面对相同的知识产权法，然而私人部门投资玉米的研发明显多于投资小麦，究其原因，乃是在玉米杂交具有天然排他性，其技术不易被模仿，然而小麦杂交技术却能轻易被破解出来。（3）不完全竞争市场，且需求弹性较大的技术。若面对需求弹性较小的完全竞争市场，消费者可以获得绝大部分技术创新带来的利润，而这些利润又难以被技术创新者获得，相反，政府则可以通过税收的方式，补偿对这些技术的投资。这也就解释了农业领域的创新更容易受到政府部门的资助。若面对需求弹性较大的不完全竞争市场，则私人部门可以获得一部分由于技术创新带来的垄断利润，则更愿意投资。

如图 3-4 所示，第Ⅰ和第Ⅱ种类型是事前资助的形式，根据技术上是否排他，分为私人企业直接资助和政府直接资助。私人企业直接资助一般

---

① Brian D. Wright. "The Economics of Invention Incentives: Patents, Prizes, and Research Contracts", *American Economic Review*, 1983 (9), pp. 691-707.

② Michael Kremer, Rachel Glennerster. *Strong Medicine: Creating Incentives for Pharmaceutical Research on Neglected Diseases*, Princeton, NJ: Princeton University Press, 2004.

③ Thomas Kalil, *Prizes for Technological Innovation*, Washington, DC: The Brookings Institution, 2006, pp. 123-126.

通过企业自身的研发资金，或者通过合同的形式进行企业间的共同研发；政府直接资助又可以称为科学基金制，通过政府财政拨款设立相应基金来资助申请者的课题或者项目，其资助对象一般为基础研究或者应用性基础研究，通过申请者的课题申请书中的技术路线图对课题进行跟踪管理。第Ⅲ种类型为私人企业奖励资助形式，是科技悬赏奖的一种，一般以网络的形式发布企业有待悬赏的技术难题，向全球征集解决方案，激励全球范围内的科研工作者或者业余科研爱好者进入网站贡献智力资源，悬赏金由企业提供，这种模式体现了互联网按劳取酬和以人为中心的新理念。目前最为常见的是 Innocentive 和 NineSigma 两个网站。国内学者刘锋将其翻译为威客（Witkey），可以概述为人的知识、智慧、经验、技能通过互联网转换成实际收益的互联网新模式①。第Ⅳ种类型为政府奖励资助形式，目前绝大多数的科技悬赏奖都属于此种类型，其资助客体一般为应用研究或者发展研究，且过程难以控制。以能源领域为例，其创新过程可以采用各种方式，然而成败一般只考察两大因素，即能效比以及污染率②。具体而言，政府资助的科技悬赏奖包括以下三类：一是有较强技术外溢性，即无法排他的技术；二是与公众息息相关的技术，如农业技术、医疗技术；三是与时代紧密相连的技术，如 16 世纪的科技悬赏奖集中在航海领域，到了 19 世纪则在航天领域大量涌现，20 世纪末 21 世纪科技悬赏奖设奖领域渐渐增多，在生物、能源、计算机等领域都有涉猎。

三　科技悬赏的获奖者

由于科技悬赏奖唯成果兑奖，故对申请者身份没有任何限制，只要是在规定时间内，以最好方案解决难题并达到预定目标者便可获奖，故其获奖对象身份也是千差万别，总的说来，可归纳为两种。

第一，专业科研人员以及专业科研团队。和其他类型科研资助类似，专业科研人员无疑是科技悬赏奖的主力，纵观科技悬赏奖发展史，早期大部分悬赏奖被颁发给了专业科研人员个人，如纺纱机奖（Prize for a Flax

---

① 刘锋：《威客（witkey）的商业模式分析》，中国科学院研究生院，2006 年。

② Kremer, Michael and Alix Peterson Zwane. "Encouraging Private Sector Research in Tropical Agriculture", *World Development*, 2005, 33（1）, pp. 87-105.

Spinning Machine）、涡轮机奖（Turbine Prize）、芝加哥先驱报机车奖（Chicago Times-Herald Motor Prize）等；而随着分工的专业化以及协同创新的需要，以科研团队形式获奖则成为一大趋势，如人力飞行奖（Kremer Prize for Human Powered Flight）、安萨里X-大奖（Ansari X PRIZE）、黄金公司（Goldcorp）挑战赛等。科技悬赏奖吸引了一大批专业的、且科研实力很强的研究机构和人员参赛。这些专业团队有科技型企业、研究所以及世界知名大学。同样照明行业的领头羊飞利浦公司获得了 L-Prize 照明设计奖；而一向以研发军用物资闻名的杜邦公司则获得了可佩戴能源奖；人力飞行奖则由来自麻省理工学院的研究团队获得。

第二，业余科研爱好者。第一个科技悬赏奖——经度奖的获奖者是一名木匠；之后，法国存储食品奖被酿酒师获得；获得著名奥泰格奖的是一名飞机发烧友；获得航空手套挑战赛 20 万美元巨奖的是一名普通的家庭发明爱好者；而获得无人驾驶机器人挑战赛大奖的多为在校的大学生。这说明传统的科研经费申请和科技奖励制度往往因为程序复杂，对个人或团队资格有严格要求，而使得非专业人士被排除在外[①]。而科技悬赏奖规则简单清晰、奖金丰厚、且不设立门槛，对任何人敞开，因此足以吸引非传统科研机构和人员。科技悬赏奖在吸引专业人员的同时，不排斥非专业科研人员。这主要有三个原因：一是因为科技悬赏奖唯成果论，对申请者的资历不做任何限制，仅规定需要达成的目标，在规定时限内，选择最佳方案；二是科技悬赏金额一般较高，Schwarts（2004）统计了历年科技悬赏奖，指出其投资回报率为 1：10[②]；三是科技悬赏奖要么是极具创新性的课题，如谷歌月球 X 大奖，能量衣奖等，要么是极具时代性的课题，如千禧年数学奖、英国经度奖等，因此获得了媒体的大量宣传，社会认知度较高。第一届经度奖被英国木匠获得，法国食品储存奖被酿酒师获得，美国航天局的航空手套设计奖则被一位名不见经传的失业者获得，而困扰了美国某一企业两年多的研究难题，则在发布 72 小时之后，被哈萨克斯坦的科研爱好者解决[③]。

---

①　William J. Baumol, Dr. Alan S. Blinder. *Microeconomics*: *Principles and Policy*, South - Western College Publisher, 2004, p. 5.

②　Schwarts, John. "Manned Private Craft Reaches Space in a Milestone for Flight", New York Times, June 22, 2004.

③　奉公、余奇才：《从威客的发展看拟成果购买制的实施》，《中国软科学》2008 年第 1 期。

　　另外，由于诸多原因导致某些科技悬赏奖至今未被授予。一是被悬赏的问题远远超过同时代技术水平，以至于无人能及。例如西班牙王室在1567 年设立的经度奖，而这一难题直到 200 年后才被解决；二是有特殊情况，使得奖项没有延续。如 1789 年法国的大革命使得波旁王朝被推翻，因此于 1775 年设立的苏打碱制造奖没有延续；三是在限定时间内无获奖者。科技悬赏奖根据技术需求的紧迫性以及技术难度而规定时限，短则 1至 5 年，长则几十年，以至于某些奖项超过限定时间而被迫中止。这也是科技悬赏奖自身优点之一，它只在技术能达到预期目标时才予以兑现，换句话说，如果技术没有达到目标，则奖金不发出。这种机制使得奖励风险几乎为零，唯一的成本仅来自于政府评奖过程中的行政成本[①]。

　　科研项目的征集和定价是国家科研资助活动的初始阶段，直接决定了一个国家、科学技术共同体以及社会的科技发展方向，也决定了科研过程中经费的使用。世界上有多种不同的国家科研资助形式，其对应的科研项目征集、定价方式也存在诸多差异。目前，主要的国家科研资助是采用科学基金立项方式，集中社会优势资源攻克重点研究，一方面能防止分散经费重复研究造成浪费；另一方面也可以提供稳定长久的支持。但这并非是国家资助科学研究的唯一方式，在科学基金制诞生之前，世界上主要国家多采取科技悬赏奖的形式，有针对性地征集科技创新成果来解决某一特定领域技术难题，以引导个人科学探索与国家需求相统一[②]。并且，从 20 世纪后半叶开始，科技悬赏奖励更是和科学基金制并重，成为国家促进科技创新的利器[③]。那么，科技悬赏制的项目征集方式有哪些？相应地应该如何对其定价？在瞄准社会科技需求、拓宽科研经费筹集渠道、促进开放式创新方面有何种优势？如何探索适用于我国的科技悬赏制项目征集机制？

---

　　① Michael Kremer, Rachel Glennerster. *Strong Medicine*: *Creating Incentives for Pharmaceutical Research on Neglected Diseases*, Princeton University Press, 2004, p. 49.

　　② 1714 年英国政府悬赏资助的经度奖首次对航海经度的定位；之后法国拿破仑时期为应对战争需要设立了食物储存奖；瑞典政府为应对消防事故设立了消防技术奖；荷兰政府为促进农业发展设立了提取蔗糖奖。整个 19 世纪的欧洲，科技悬赏奖成为政府资助和引导个人科研的主要方式。

　　③ 如美国能源部、国防部、航空航天局共资助了包括可佩戴能源奖（Wearable Power Prize）、机场安全技术奖（Prize for Faster Airport Security Technology）、宇航局百年挑战奖（NASA Centennial Challenges）等在内的 20 余项政府科技悬赏项目。英国国家科技资助委员会（Nesta）于 2008 年联合国家创新部（DBIS）以及联合国开发计划署（UNDP）共同发起了绿色挑战（the Big Green Challenge）等一系列科技悬赏。

本研究围绕着这些问题对科技悬赏制的项目征集—定价进行研究，将丰富国家科技财政资助理论，扩宽科研项目征集与资金筹措渠道，同时，科技悬赏制的本土化探索，将对构建机会均等的开放式社会创新模式具有积极现实意义。

依据被悬赏项目的技术特点以及资金来源，将项目征集渠道分为三类：政府定制、企业推荐、网络海荐。政府定制渠道适用于应景性悬赏、战略规划类悬赏、大课题中子命题悬赏；企业推荐渠道适用于企业关键技术悬赏、行业共性技术悬赏、提高知名度悬赏；网络海荐渠道适用于民生性悬赏、科普性悬赏、公益性悬赏。在此基础上分析每一种征集方式的特点，对应制定每种不同征集方式的项目定价机制，并探索其本土化实践的可能性。

第四章　科技悬赏制的关键要素

科技悬赏制设置是一个复杂的过程，能否成功受一系列因素的影响，具有整体性、系统性、关联性等特点。运用文本内容分析法分析135项科技悬赏奖的设置特点，认为其在设置过程中有七大关键因素，即：悬赏任务发布主体的权威性，参与悬赏的准入标准，参赛者的动机与激励方式、风险及行为，解决悬赏难题所需运用知识的隐性程度，悬赏设计标准的具体化程度，悬赏过程的可沟通反馈性，悬赏结束后技术成果的转化等因素。为建立科学合理、运作高效的科学资助体系提供依据。

如何有效规避其实施过程中的弊病，促进一项科技悬赏奖的成功实施，系统研究成功科技悬赏奖设置中的关键因素、完善其制度设计，是学者们关注的焦点。国际上，有关学者主要从以下方面论述科技悬赏奖成功实施的关键因素。

Kay（2011）列出了在一项科技悬赏奖设置过程中的四个关键因素，即：提出一项有趣的竞赛挑战，设置的奖励兼具物质吸引力和非物质吸引力，制定简单易懂的奖励规则，可供选择的多融资渠道为项目提供必要的资金支持[1]。Kay（2011）指出开放性目标才能够吸引更多更有可能使用新颖的方式来解决问题的非传统参赛者[2]。Brook Lyndurst（2010）在基于对英国国家科技资助委员会（NESTA）的绿色大挑战的评估中指出，一项奖项的评估标准明确与否对团体创新有着重要影响，单一衡量标准是远远不够的，应设立

---

① Kay L. "Managing Innovation Prizes in Government. IBM Center for the Business of Government", (2011) http：//www. prizeresearch. org/shared/Kay - 2011 - Managing _ innovation _ prizes _ in _ government. pdf.

② Kay L. "The Effect of Inducement Prizes on Innovation：Evidence from the Ansari XPrize and the Northrop Grumman Lunar Lander Challenge", *R&D Management*, 2011, 41 (4), pp. 360-377.

多维度衡量标准①。Boudreau 和 Lakhani（2011）通过对 500 个软件开发商进行实地调查得出团队合作在创新行为中的重要性；Boudreau 研究表明在悬赏任务高度不确定时，应该不设准入门槛，而对于悬赏任务确定的奖项，设置一定的门槛可以提高成功几率②。Kalil 认为悬赏奖尤其适用于奖项目标能用具体术语表示、但实现目标的方式具有创新性和探索性的领域③。Sabrina Adamczyk，Angelika C 认为任务的明确性、对问题阐述的清晰程度、目标团体规模、目标团体的积极参与、竞赛期限规定、奖励形式等都是悬赏奖设置中需要考虑的因素④。

　　国外研究从个案切入对科技悬赏的设置因素进行了案例研究，对政府的科技悬赏奖的构建起到了一定的指导作用，然而这仅仅是综合分析科技悬赏制设置关键因素的起点，案例研究的结果不具有普遍意义，且其结论是分析性质的而不是统计性质的，带有一定主观性和随意性。为了弥补这些不足，本研究将基于扎根理论采取文本内容分析法，对国际知识生态组织（Knowledge Ecology International，KEI）发布的 135 项国外知名科技悬赏奖白皮书进行逐级编码分析（见表 4-1）：对每一项科技悬赏奖的时间、设置目的、组织者与资助者、奖金金额、奖励标准等条目进行统计，试图在杂乱无序的各奖项之间分类与归纳，抽象提炼，找出各奖项设置的相同点。尤其注意实施效果良好的奖项所包含的各因素，并对实施结果不够理想的项目总结经验，得出一项成功的科技悬赏奖的设置需要考虑的各因素。最后，在对每项具体科技悬赏奖分析之后，提取每项科技悬赏奖的相同项，归纳汇总，试图得出科技悬赏奖设置过程中的关键因素。

一　悬赏任务发布主体的权威性

　　从历史发展来看，科技悬赏的主体一直都是政府。其实政府资助科学研究

---

① Brook Lyndhurst，"The Big Green Challenge：Final Evaluation Report. NESTA"：London（2010）http：//www. nesta. org. uk/sites/default/files/mass_ localism. pdf.

② Boudreau K J，Lakhani K R. "'Fit'-Field Experimental Evidence on Sorting, Incentives and Creative Worker Performance"，*Harvard Business School*，2011. p. 56.

③ Kalil T. *Prizes for Technological Innovation*，Brookings Institution，2006. pp. 23-25.

④ Sabrina Adamczyk，Angelika C. Bullinger and Kathrin M. Moslein. "Innovation Contests：A Review, Classification and Outlook"，*Creativity and Innovation Management*，2012，21. 4，pp. 335-360.

可追溯至 2650 年前的古埃及时期，第三王朝的大臣伊姆霍特普（Imhotep）在政府的资助之下完成了金字塔的设计及人类最早解剖学的研究①。

表 4-1　　　　　　　内容分析编码：以 1995 年安萨里 X 大奖为例

（以下为原文翻译过来的中文）

安萨里 X 大奖（A1） 在 1995 年（a1）（aa1）、由 X 大奖基金协会组织（a2）（aa2）、安萨里家族资助（a3）（aa3）的第一个太空领域的 X 大奖（a4），X 大奖是由获得的奥尔伯格奖为模型的（a5），早期的奥尔伯格奖的获奖者是林德博格（a6），安萨里 X 大奖为第一个能够建立和发射太空飞船的私人团队（aa4）提供 10 万美元的奖金（a7）（aa5），这个宇宙飞船要能够装载至少 3 人在两个星期内飞到海拔为 100 千米的高度两次（a8）（aa6）；莫哈韦航空风险公司（aa7）的埃尔伯特·鲁坦设计了符合大赛规则的第一架私人宇宙飞船（a9），因此该公司在 2004 年获得了此项奖励（a10）；安萨里 X 大奖的成功推行吸引了媒体的广泛关注（a11）（aa8），也因此大大提升了商业太空飞船的公众形象（aa9），进一步促进了太空领域的商业化发展（a12）（aa10）。	a1：奖励时间； a2：悬赏奖组织者为 X 大奖基金协会； a3：悬赏奖资助者为安萨里家族； a4：大奖设置的划时代意义——为第一个太空领域的奖项； a5：X 大奖设立的原形； a6：奥尔伯格奖的获奖者； a7，a8：获奖条件为第一个私人团队、3 人、两周内、海拔 100 千米高度；获奖金额为 10 万美元； a9：获奖团队为莫哈韦航空风险公司；获奖原因为公司的鲁坦设计了符合大赛规则的私人宇宙飞船； a10：获奖时间为 2004 年； a11：大奖实施的影响力，吸引了媒体的广泛关注； a12：大奖实施的后期成果——促进了太空领域的商业化发展	aa1：奖励时间，结合时代背景，看悬赏奖出台的背景； aa2，aa3：奖项设置主体（包括组织者和资助者），看组织者和资助者是否合二为一； aa4：表示设奖是为了奖励第一个能够建立和发射太空飞船的私人团队； aa5：奖励金额为 10 万美元； aa6：获奖条件为 3 人、两周内、海拔 100 千米高度； aa7：获奖者是莫哈韦航空风险公司； aa8，aa9：大奖的影响； aa10：技术的后期成果

资料来源：作者根据 selected innovation prizes and reward programs kei research Note 2008：1 整理所得

　　备注：A1 为编码的第一步，对悬赏奖名称进行编码，后面每项科技悬赏奖依次类推，共编码 135 项（从 A1-A135）a1——ax（x>1）为编码的第二步，对给定的每一项科技悬赏奖进行逐级编码，剔除对实际操作没有实质意义的内容。aa1-aax（x>1）为编码第三步，从资料中给定的信息提取与文章主题相关的信息，对第三步对所编码的各信息进行归纳总结，如对第一步编码可得出设奖领域属太空领域，对第三步编码中的各编码内容分类概括可得出设奖时间、设奖主体、设奖目的、奖励金额、奖励标准、获奖者、奖励退出机制等内容。

---

① C. N. B. Camac, m. d., "Imhotep to Harvey. Backgrounds of Medical History", *The American Journal of Surgery*, Vol. 16, No. 1, April 1932, pp. 135-136.

随着第一次工业革命的到来，社会上对各种提高生产力技术的需求空前增长，政府体制外的个体科研活动逐渐增多，为了实现个体研发与国家需求的统一，政府开始用悬赏奖的形式资助科学研究。1714年英国政府悬赏资助的经度奖首次实现了国家导向和个人科学探索的统一；之后法国拿破仑时期为应对战争需要设立了食物储存奖；瑞典政府为应对消防事故设立了消防技术奖；荷兰政府为促进农业发展设立了提取蔗糖奖①。整个 19 世纪的欧洲，科技悬赏奖成为政府资助和引导个人科研的主要方式。

随着大科学时代的到来，科学基金制的完善，专利制度的规范化，20 世纪科技悬赏奖逐渐被科学基金制所取代，直到 20 世纪末期，随着美国联邦政府对科技悬赏制的再次启用，各国政府用悬赏方式资助科技创新又渐次增多②。如美国能源部、国防部、航空航天局共资助了包括可佩戴能源奖（Wearable Power Prize）、机场安全技术奖（Prize for Faster Airport Security Technology）、宇航局百年挑战（NASA Centennial Challenges）等在内的 20 余项政府科技悬赏项目。英国国家科技资助委员会（Nesta）于 2008 年联合国家创新部（DBIS）以及联合国开发计划署（UNDP）共同发起了绿色挑战（the Big Green Challenge）等一系列科技悬赏。

总体而言，政府成为科技悬赏的主体具有历史性，同时由于政府本身的权威性，也使得科技悬赏的可信赖程度高于目前流行的网络威客悬赏。很多学者指出目前我国威客最大的弊端就是主体缺乏权威性导致信任的缺失，与科技悬赏奖的主体不同，威客模式的悬赏主体多为中小型企业，作为市场盈利的个体，中小型企业受市场环境影响较大，权威性难以得到保证③。相对于威客模式，科技悬赏奖的主体一般为政府组织、知名企业和知名人士，具有较高的权威性，其组织和资助科技悬赏奖的实施能有效提升参与者对此奖项的信任度，见表 4-2。

---

① Masters W A, Delbecq B. *Accelerating Innovation with Prize Rewards: History and Typology of Technology Prizes and a New Contest Design for Innovation in African Agriculture*, Intl Food Policy Res Inst, 2008, p. 126.

② Wei M. "Should Prizes Replace Patents-A Critique of the Medical Innovation Prize Act of 2005", *BUJ Sci. & Tech. L.*, 2007, 13, p. 25.

③ 奉公、余奇才：《从威客的发展看拟成果购买制的实施》，《中国软科学》2008 年第 1 期。

表 4-2　　　　　　　　　　科技悬赏主体与威客模式主体比较

	科技悬赏奖	威客模式
组织者	公共部门（政府）：如法国地方政府，英国政府，英国下议院，法国农业部，德州政府，美国国会等 29 个政府组织 社会组织（NGO）：X 大奖基金会，巴黎医学会，电子前沿基金会，英国艺术商业制造会，国际建筑设计协会等 73 个社会组织 个人：奥尔登堡公爵，阿曼德·哈默（Armand Hammer），爱德华七世，史蒂芬·沃尔弗拉姆（Stephen Wolfram）等 22 个个人 联合组织：CSEWI 加利福尼亚空间教育劳动协会与加利福尼亚航局，olanz 航空公司和美国航天局，利物浦和曼彻斯特铁路部等 11 个奖项由多机构联合组织	基本上都是中小型企业，如中联地产在任务中国网开展中联地产网 网站 Logo 公开征集活动； 广西南宁人人想食品有限公司在任务中国网公开征集"一条龙淮山饼干（曲奇饼）"外包装设计方案； 广东省八圣酒庄有限公司在任务中国网上发布"八圣酒庄"酒类连锁专营店 vi 设计征集方案等
资助者	公共部门：澳大利亚政府，法国农业协会，美国国会，美国能源部，国家工程院等政府部门 私人部门：谷歌公司，汽车俱乐部，瑞士电梯制造商，太阳能系统公司等非公共部门 个人：莫·易卜拉欣、安德鲁·比尔、阿曼德·哈默（Mo Ibrahim, Andrew Beal, Armand Hammer）等 组织资助在 135 项科技悬赏奖里面占大多数	组织者和资助者一致，都是来自中小型企业自身

　　相比较而言，政府组织、知名企业和知名人士具有较高的权威性，其组织和资助科技悬赏奖的实施能有效提升参与者对此奖项的信任度。如X-奖（Prize）基金会成功组织了谷歌月球大奖赛、安萨里 X 大奖赛等关于太空探索方面的科技大赛；美国具有权威影响力的国防部组织和资助的能量衣奖以及无人驾驶奖，都取得了成功，达到了悬赏目标；而威客模式是利用互联网进行知识管理的网络创新模式，网络具有虚拟性，在实际操作过程中存在着一系列问题，林晓珊（2009）指出信任机制的不健全，社会责任感和伦理道德问题在一定程度上制约着威客模式的发展[1]；刘幸昕（2007）也提出"能否解决作弊侦查和知识产权问题是威客发展的主要瓶颈"[2]；史新（2009）总结威客模式的弊端时提出"威客平台中的问题是

---

[1]　林晓珊：《"威客"：网络化生存的境遇与挑战》，《中国青年研究》2007 年第 6 期。

[2]　刘幸昕：《威客模式：网络时代的互动式参考咨询》，《国家图书馆学刊》2007 年第 3 期。

困扰威客深入发展以及提高用户忠实度的重要瓶颈"①。由此可见，威客模式的可信赖度由于网络欺骗问题的存在普遍比较低。

二　参与悬赏的准入标准

绝大多数科技悬赏都是零门槛进入，这意味着更多的参赛者和更多的解决方案，参赛者越多，解答者技能的多样性越高，有利于提升解答方案的质量（Terwiesch and Ulrich，2009）②；"解答方案的数量可以提高悬赏主体得到解答方案的概率"（侯文华、郑海超，2012）③，从而有助于悬赏任务的实现。参赛者越多，解答者技能的多样性越高，有利于提升解答方案的质量，问题就越容易解决，目标更容易达到（Terwiesch and Ulrich，2009）；但是，更多的参赛者会降低参赛者的努力程度和获奖概率，以及会增加评价众多解答方案过程中所耗费的时间、人力、物力等成本。故零门槛悬赏适用于创意类和实验类等类型的竞赛，如：基于创立适应区域环境和当地历史文化的路边休息模型区的绿色休息（GreenStop）设计大赛，奖励建筑上的卓越设计的卡恩奖等都需要优质多样的设计方案来解决现实难题，因此不设门槛更有利于悬赏任务的完成。

表 4-3　　　　　　　　　悬赏准入标准设立与否优缺点比较

准入标准	优点	局限	适用性
不设准入标准	解答者技能的多样性越高，有利于提升解答方案的质量；解答方案的数量可以提高悬赏主体得到解答方案的概率。	降低参赛者的努力程度和获奖概率；增加重复性劳动；增加评审成本。	适用于创意类和实验类等类型的竞赛。

---

① 史新：《"威客"模式在国内的发展现状及优化研究》，《情报杂志》2009 年第 1 期。

② Terwiesch C，Xu Y．"Innovation Contests，Open Innovation，and Multiagent Problem Solving"，*Management Science*，2008，54（9），pp. 1529–1543.

③ 郑海超、侯文华：《众包竞赛——一把开启集体智慧的钥匙》》，科学出版社 2012 年版，第 40—80 页。

续表

准入标准		优点	局限	适用性
设立准入标准	资费标准	控制参赛者的数量，降低科技竞赛的激烈程度，提高参赛者的努力程度和获奖概率；减少重复性劳动；减少评审成本。	影响解答方案的数量和质量；将缺乏资历的人排除在外；不符合开放式创新的原则。	适用于专业性比较强、技术难度比较大的竞赛项目。	收取入场费。
	资质标准				包括性别、年龄、资历、国别等标准。

对于部分专业性较强、技术难度较大的悬赏项目。通过设立准入标准，可以控制参赛者的数量，从而降低科技竞赛的激烈程度，提高参赛者的努力程度和获奖概率（Morgan and Wang，2010）[①]；或通过向参赛者收取入场费，或通过资质审核（年龄、国别、专业等资格）来控制参赛者的数量，从而降低科技竞赛的激烈程度，提高参赛者的努力程度和获奖概率（Morgan and Wang，2010）。当然，这也会限制参赛者数量，可能会影响解答方案的数量和质量，将缺乏资历的人排除在外。

三　参赛者的动机与激励方式、风险及行为

科技悬赏奖设置的目的有两点，一是吸引更多的参赛者加入竞赛促进问题的解决；二是引导参赛者利用和改进现有技术，发明新技术，促进创新。分析参与者参与动机，选择合适的激励方式，综合考虑参赛者在内在动机与外在激励双重影响下，结合自身参赛所面临的潜在风险，选择参与还是不参与科技竞赛以及参与后选择利用现存技术还是发明新技术等行为，理解科技悬赏奖对参赛者起作用的过程，优化科技悬赏奖的设置。

（一）　参赛者参与动机

根据内容激励理论，在分析奖励方式时首先应对奖励起作用的具体内容进行分析。学界对参赛者参与动机的分析集中在以下几点：获得学习的

[①]　Morgan J，Wang R.＂Tournaments for Ideas＂，*California Management Review*，2010，52（2），p. 77.

机会，实现个人发展（Leimeister J M，2009；Brabham D C，2010)①②，寻求经济利益，（Stallbaumer C，2006；Brunt L. Lerner J. Nicholas T，2012；Besharov D J. Williams H，2012)③④⑤，获得相关专家的认可以及个人荣誉与声望（Bullinger A C. Moeslein K，2010)⑥，积累社会资本（Ebner W. Leimeister J M. Krcmar H，2009)⑦，发展自己的兴趣与爱好（Davidian K.，2005)⑧ 等。综合起来，参与者的动机可分为两类：金钱利益的物质化动机，以及寻求个人成就、荣誉、追求兴趣等非物质化动机，参赛者参与动机是由物质化动机和非物质化动机综合构成。

此外，参与者动机还会随着悬赏的推进呈动态变化，Luciano Kay（2011）指出不同类型的参赛者有不同的参与动机，且参赛者参与动机因加入竞赛的时间不同而存在差异⑨。以谷歌月球大奖赛为例（见图4-1），非专业化竞赛团队早期进入竞赛主要是出于推动社会进步等目的；而选择在后期加入的非专业化团队，则更强调技术挑战、个人学习的重要性；但对于专业化团队来说，参与竞赛的动机主要是获得航天局和其他空间机构

---

① Leimeister J M, Huber M, Bretschneider U, et al. "Leveraging Crowdsourcing: Activation－supporting Components for IT－based Ideas Competition", *Journal of Management Information Systems*, 2009, 26 (1), pp. 197-224.

② Brabham D C. "Moving the Crowd at Threadless: Motivations for Participation in a Crowdsourcing Application. Information", *Communication & Society*, 2010, 13 (8), pp. 1122-1145.

③ Stallbaumer C. "From Longitude to Altitude: Inducement Prize Contests as Instruments of Public Policy in Science and Technology", *U. Ill. JL Tech. & Pol'y*, 2006, p. 117.

④ Brunt L, Lerner J, Nicholas T. "Inducement Prizes and Innovation", *The Journal of Industrial Economics*, 2012, 60 (4), pp. 657-696.

⑤ Besharov D J, Williams H. "Innovation Inducement Prizes: Connecting Research to Policy", *Journal of Policy Analysis and Management*, 2012, 31 (3), pp. 752-776.

⑥ Bullinger A C, Moeslein K. "Innovation Contests-where Are We?", *Innovation*, 2010, 8, pp. 1-20.

⑦ Ebner W, Leimeister J M, "Krcmar H. Community Engineering for Innovations: The Ideas Competition as a Method to Nurture a Virtual Community for Innovations", *R&d Management*, 2009, 39 (4), pp. 342-356.

⑧ Davidian K. "Prize Competitions and NASA's Centennial Challenges program//International Lunar Conference" (2005) http://www.ip.nasa.gov/documents/cc_ ilc_ paper_ 2005-09-08. pdf.

⑨ Luciano Kay. "How do Prizes Induce Innovation? Learning from the Google Lunar X-Prize. ", In Partial Fulfillment of the Requirements for the Degree Doctor of Philosophy in the School of Public Policy. *Georgia Institute of Technology*. 2011. 08. pp. 77-80.

的认可。另外，技术的潜在价值对不同阶段加入竞赛的参赛者都有较明显的激励，而学习对于专业化参赛者的动机不够明显。

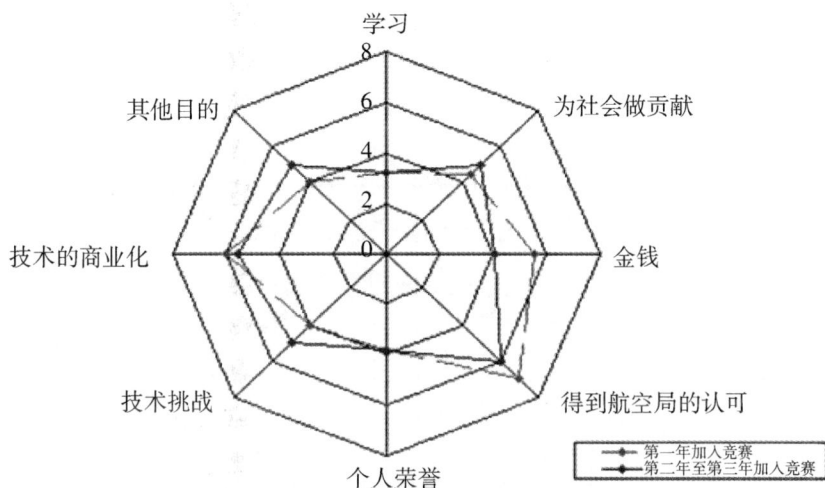

图 4-1-A　谷歌大赛传统团队参赛动机

（二）　激励方式的选择

与参与者参与动机相对应，科技悬赏项目的激励方式也有两种，物质奖励和非物质奖励（精神奖励）。物质奖励主要指货币、现金奖励，如早期的经度奖、食物储存奖、奥泰格奖，现代的谷歌月球大奖等都通过高额悬赏吸引参赛者；非物质奖励主要是指荣誉、名声、知名度、个人价值实现、参与学习机会、职业生涯等因素，如英国皇家农业协会提供金牌表明对参赛者成就的认可，以及提供个人学习机会，帮助个人价值实现的安萨里 X 大奖等。

物质奖励的奖金金额要能反映技术或发明的社会价值，但对发布者和资助者来说，合理评估技术或发明的社会价值是很困难的，尤其在参赛者与发布者之间信息不对等的情况下（Luciano Kay，2011）。如果奖励金额低于该技术的社会价值，对参赛者的吸引力小，参赛者的积极性会大打折扣，直接影响科技悬赏奖的实施效果；如果奖励金额过高，成本太大，虽对参赛者有足够吸引力，但却成为资助者和组织者的负担，如果融资渠道不通畅，会因资金短缺而影响奖励的实施。故设置合理的奖金金额有利于

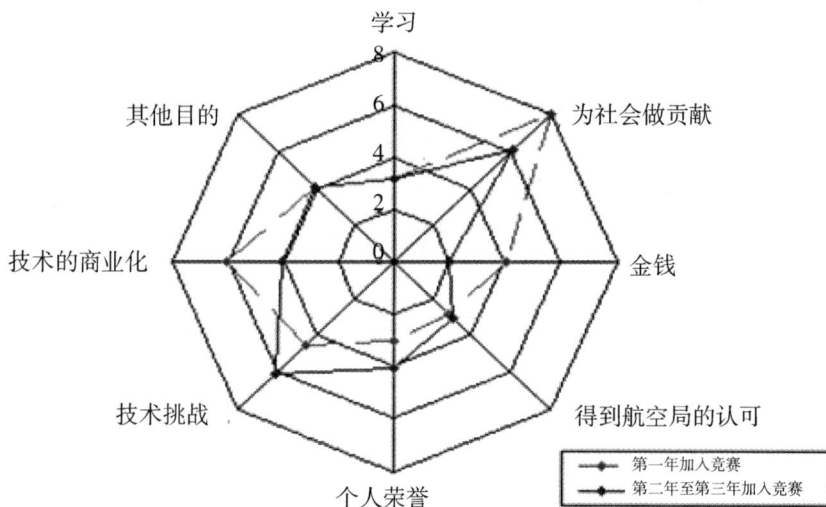

图 4-1-B 谷歌大赛非传统团队参赛动机

图 4-1 谷歌月球大奖赛团队参与动机变化图

注：N = 17，雷达图显示了不同时期进入竞赛的不同类型的参赛者参与动机变化与各内在动机的重要程度，虚线表示第一年加入竞赛的参赛者（7 支团队第一年加入了竞赛，其中有 3 支传统团队和 4 支非传统团队），实线表示第二年或第三年才加入竞赛的参赛者（10 支团队选择在第二年或第三年加入竞赛，其中 6 支非传统团队和 4 支传统团队）。

资料来源：作者根据 Luciano Kay 对参加谷歌月球大赛的团队的问卷访谈整理所得。

提高参赛者参与的积极性。物质奖励和非物质奖励配置的比例要合理（唐恒，冯楚建，2014）①，单一物质奖励在现代奖项的实施过程中激励明显不足，要强化非物质奖励的重要作用，实现对参赛者的全面奖励，提升参与者的积极性。不同类型的奖励方式在不同类型的参赛者之间所占的比例不同（Kay，2011），根据参赛者的不同类型合理选择悬赏奖励方式，对于有科技业余爱好，没有受过专业技术训练、没有行业经验，也不参与技术发展的非传统竞赛者，通过加大物质奖励比例，诱导其加入科技竞赛；对于

---

① 唐恒、冯楚建：《知识产权视角下科技奖励推动自主创新的影响因素研究》，《中国科技论坛》2014 年第 5 期。

有丰富行业经验、专业基础雄厚、经常参加科技竞赛的传统竞赛者，通过加大非物质奖励的比例诱导其加入科技竞赛。

（三）参赛者对风险的预估

参赛者对风险的认知是影响参与者决定是否参与竞赛的另一重要因素，参与竞赛的潜在风险包括承担前期成本的风险、完成悬赏目标但不能得到奖励的风险、所采用技术方法对完成悬赏任务不合适而浪费的时间精力风险以及竞赛过程中投入了时间、财力、物力却输掉了比赛的风险等①。不同的参赛者对竞赛的潜在风险认知程度不同，如谷歌月球大赛的非传统团队并不担心参加竞赛投入了时间、财力和物力却输掉了比赛所带来的风险，也不担心完成悬赏目标后不能得到应有的奖励，相反，需要承担前期大量的参赛成本成了团队面临的主要风险；而对于参与谷歌月球大赛的传统团队来说，承担竞赛前期大量成本、竞赛过程中与他人和团队的妥协两项成了团队面临的主要风险，见表4-4。

表4-4　谷歌月球大赛不同的参赛团队对竞赛潜在风险的认知程度统计表　　（%）

参与竞赛的潜在风险	对潜在风险的不同认知程度团队所在比例					
	非传统团队			传统团队		
	非常大	一般	没有	非常大	一般	没有
承担前期大量成本	22	33	44	43	57	0
尽管第一个完成悬赏目标仍不能奖励	0	33	67	14	43	43
所采用的技术方法对竞赛任务的完成不是最合适	11	22	67	14	29	57
竞赛过程中对其他个人或团队妥协	0	22	78	43	57	0
投入了时间、财力、物力，却输掉比赛	0	22	78	29	29	43

资料来源：作者根据 Luciano Kay 对参加谷歌月球大赛的团队的问卷访谈整理所得。

---

① Kay L. "The Effect of Inducement Prizes on Innovation: Evidence from the Ansari X-Prize and the Northrop Grumman Lunar Lander Challenge", *R&D Management*, 2011, 41 (4), pp. 360-377.

（四）内在动机、外在激励以及潜在风险影响下参与者行为

参与者自身综合考虑内在动机和外在激励方式，并预估竞赛潜在风险，决定是否参与竞赛，以及参与竞赛后利用原有技术完成竞赛任务还是另辟蹊径寻找新技术解决竞赛任务。在外在激励因素无法满足参与者内在动机，或竞赛潜在风险超过参赛者承受范围而又得不到外界帮助的情况下，参与者不会加入竞赛；外在激励因素能够满足参赛者动机，竞赛风险在参赛者承担范围内，参赛者加入竞赛，并面临着两种不同的行为方式，即采用现有技术或发展新技术。采用原有技术的首要原因在于降低项目成本；其次为增加新技术的可信赖性；还有一部分原因为促进技术的商业化和加速原有技术的发展。采用现有技术以解决难题的原因有：专业知识和技能的缺乏是迫使团队依赖现有技术完成悬赏任务；利用现有技术降低了成本和时间，减少了团队成员一些不必要的努力；增加技术的可信赖度等。采用新技术以解决难题的原因有：开拓新的技术并借由此平台实现商业化发展新技术以备不时之需；发展新技术以获得实践经验等（见表4-5）。

表4-5   谷歌月球大赛不同的参赛团队对竞赛潜在风险的认知程度统计表

寻求利用现有技术		寻求发展新技术
与完成悬赏任务有关的战略原因	与参赛团队特征有关的原因	与完成竞赛其他相关目标的战略原因
降低成本，节约时间："使用 COTS 兼容设备进行技术改造，能够节约时间和降低成本"（谷歌团队第16、4组） 减少不必要的努力："通过合作伙伴与朋友的合作，可以减少不必要的投入"（谷歌团队第4组） 降低风险，增加可信赖度："用已有被证明了的解决方法既降低了风险也提高了任务完成的成功率"（谷歌团队第4、16、20组，2010）。 合作战略："利用原有技术，整合来自第三方的技术，通过更广泛的社交网络，运用隐含在组织结构中的技术策略"（谷歌团队第11组，2010）	缺乏专业知识和经验："你能够接触到的每一位合作伙伴，具有相关领域的专业知识和技能对于完成一项竞赛是至关重要的"（谷歌团队第4组，2010）	促进商业化：开发子系统，最终可以促进商业化；（谷歌团队第20组，2010） 自己使用："发展新系统对本团队开展其他项目提供有利条件"（谷歌团队第13组，2010） 其他目标："寻找新技术可以获得其他好处，例如获得实践经验"（谷歌团队第16组，2010）

注：上述所示原因来自谷歌月球大赛不同的竞赛团队提供。

资料来源：作者根据 Luciano Kay 对参加谷歌月球大赛的团队领导者和成员的问卷访谈整理所得。

四　解决悬赏难题所需运用知识的隐性程度

根据迈克尔·波兰尼的定义，知识分为隐性知识和显性知识[1]，显性知识是指能够用概念、文字、图表和语言等书面或口头的形式加以表达的知识；隐性知识是指难以用手册、流程、规则，或其他书面和口头的方式编码记录的高度个人化知识（Nonaka，1994）[2]。知识的隐性程度越高，表明受个体的特殊背景、实践经验和技能的影响越深，知识就越难以用清晰的语言表达（籍林，2012）[3]。本研究将知识的隐性定义为参赛者为完成悬赏任务、实现悬赏目标所具备的知识、经验、技能和能力的隐性程度。

知识的隐性程度既影响参与者的内在动机，也影响悬赏任务需求的清晰界定。一方面，知识隐性会增加参赛者的内在动机，参赛者的知识隐性程度越高，对难度较大、挑战性强的任务就越有参与的动机，因为这类任务需要靠参赛者应用自身拥有的，难以用清晰语言界定且不易向他人传播的知识来完成悬赏任务（Davenport and Prusak，1998）[4]，对参赛者的知识隐性程度要求较高，知识隐性程度较高的参赛者参与此类竞赛，会增添他们胜任该项工作的感觉（Amabile et al.，1996）[5]，根据自我决定理论，胜任感觉的增加会带来更多的内在动机（Deci，1975）[6]；另一方面，知识的隐性程度越高，意味着问题难以被清晰表达，知识传播的成本就越高（Nonaka and Takeuchi，1995）[7]，问题的清晰界定与表达是科技悬赏奖设置

---

[1]　周城雄：《隐性知识与显性知识的概念辨析》，《情报理论与实践》2004 年第 2 期。

[2]　Nonaka I. "A Dynamic Theory of Organizational Knowledge Creation", *Organization Science*, 1994, 5 (1), pp. 14–37.

[3]　籍林、陈星汶：《论知识隐性程度与活性程度的调节作用》，《求索》2012 年第 10 期。

[4]　Davenport T H, Prusak L. *Working Knowledge*: *How Organizations Mangement What They Know*, Boston: Harward business review press. 1998.

[5]　Amabile TM, Conti R, Coon H, et al. "Assessing the work Environment for Creativity", *Academy of Mangement Review*. 1996. 39 (5), pp. 1154–1184.

[6]　Deci E L. *Intrinsic Motivation*. New York; Plenum Press. 1975, pp. 23–25.

[7]　Nonaka and Takeuchi. *The Knowledge Creating Company*: *How Japanese Companies Create the Dynamics of Innovation*, New York, Oxford University Press. 1995, pp. 110–112.

成功的核心要素，如果竞赛任务描述得不准确，参赛者就会觉得任务的描述含糊不清，从而造成误解和障碍，这会负面地影响到参赛者的内在动机，从而影响到悬赏任务的完成。卢西亚诺·凯（Luciano Kay）对谷歌月球大赛参与者的隐性知识调查表明有相关领域知识背景或者具有相关部门工作经验的参赛者占了总人数的九成以上（如图4-4）。

谷歌月球大赛参赛团队成员专业知识背景

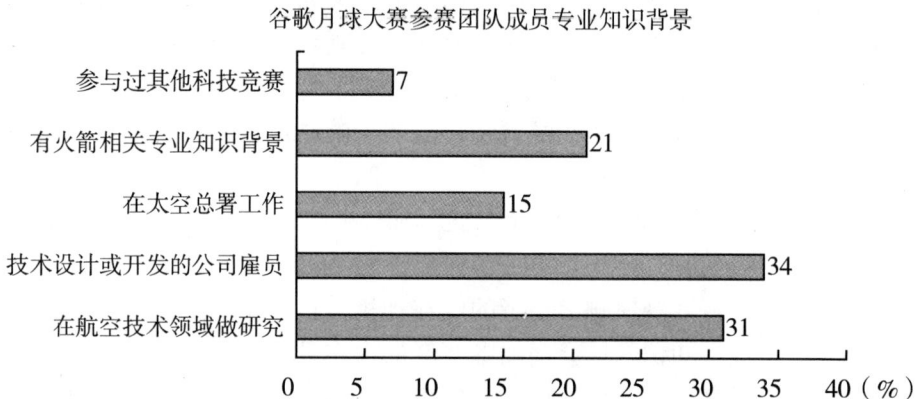

图 4-2 谷歌月球大赛参赛团队成员知识隐性构成

注：共取 17 位团队成员的问卷作为分析案例，即 N=17。

资料来源：作者根据 Luciano Kay 对参加谷歌月球大赛的团队领导者和成员的问卷访谈整理所得。

五 悬赏设计标准的具体化程度

悬赏细则、评价标准的明确与否直接影响到实施效果。悬赏设计标准应该包括悬赏时间的界定、悬赏规则的标准化、悬赏资金的管理、任务完成的成本、技术的市场估价、技术的新颖度与清晰度等。一般而言，标准越明确具体、可操作性越强，则悬赏成功率越高。例如食物储存奖、钻井工艺奖、英国-澳大利亚航空奖、安萨里 X 大奖、私人飞行器挑战、宇航员手套设计挑战、谷歌月球设计挑战等，都对奖项的评价标准有具体描述，规定了要达到的具体目标（见表4-5），则悬赏目标更容易实现；相反，像葡萄根瘤蚜奖和德州棉子象鼻虫奖则由于没有明确具体可操作的评估标准而失败。

表 4-6 科技悬赏奖奖励标准与实施结果对应表

序号	奖项名称	奖励标准（奖励条件）	实施结果
1	替代食品奖	找到食物替代品——土豆中蕴含的淀粉	成功
2	食物储存技术奖	通过加热、煮沸后将食物封存在密封性强的玻璃瓶里	成功
3	排水技术奖	基于 1764 年以来，埃尔金顿排水技术在实际中的运用，为鼓励其推广	成功
4	从当地植物中提取蔗糖奖	找到从甜菜中提炼蔗糖的方法	成功
5	钻井工艺奖	手工操作，实用性，基本指令，25—100 米或者更深	成功
6	葡萄根瘤蚜奖	无具体评价标准	失败
7	德州棉子象鼻虫奖	无具体评价标准	失败
8	英国-澳大利亚航空奖	澳大利亚人，连续 720 个小时内完成，用大英帝国组装完成的单人飞行器	成功
9	西拉尔斯基奖	驾驶人力驱动的直升机，在 3 米的高度至少飞行 60 秒	至今仍在进行
10	安萨里 X-大奖	载三人，两个星期内能够飞行 100 千米的高度两次	成功
11	挖掘风化层挑战奖	30 分钟内完成，超过 150 千米	失败
12	私人飞行器挑战	因跑道长短、噪音大小、速度快慢设置三个级别奖项	成功
13	太空升降舱奖	对速度、里程等都有具体的规定	失败
14	宇航员手套设计挑战	没有可充气的气囊限制、对手套的重量、灵活性以及耐用性有要求	成功
15	谷歌月球 X 大奖	漫游至少 500 米，并发送图片、视频、数据到地球，奖金有一等、二等、三等之分	成功

资料来源：作者根据 selected innovation prizes and reward programs kei research Note 2008：1 整理所得。

六 悬赏过程的可沟通反馈性

科技悬赏的整个过程中，均涉及参赛者与发布者之间的沟通反馈，及时地沟通反馈能够引导参赛者更好地改进解答方案，提高获胜概率

（Piller，Walcher，2006）①。悬赏前期，参赛者从发布者那里获取悬赏相关信息，根据自身能力和现有条件决定是否参与竞赛；悬赏中期，参赛者和发布者之间需要实时进行沟通交流，就完成任务过程中遇到的问题进行探讨，以便参赛者更进一步了解发布者的需求，不断改进技术，设计出最佳方案；悬赏后期，参赛者需要与发布者就成果后期的归属、商业化等问题进行协调。

目前，以互联网为载体的悬赏信息发布平台，为沟通反馈提供了便利。国外著名的悬赏网站 InnoCentive、Ideaconnection、OpenIDEO、Coursolve 等均是以互联网平台为发布渠道，提供便捷通畅、丰富多元的沟通渠道，以提升悬赏的可沟通反馈性和公开透明度。参赛者与发布者之间可就悬赏规则、时限、技术、成果分享等各种问题进行沟通，以提高答题成功率。如威斯康星（Wisconsin）奖在实施过程中，参与者发现发明创造廉价可操作性强的马力和其他动物替代机器，要使其在接下来的五年之内接受不间断的试用和检验，既耗时又耗成本，而且机器本身就具有磨损成本，所以发布者实时修改竞赛准则，将五年持续检验和使用改为两年，并在时间、速度以及功能上增加了具体要求，最终达到了悬赏目标。

七　悬赏结束后技术成果的转化

科技悬赏最终成果丰富多样，有核心技术，悬赏过程中产生的理论方法、搜集的资料、完成的报告和论文，运用的材料和工具以及其他辅助性成果等，其归属和转化方式主要有以下几种：（1）竞赛成果属于获奖团队的知识产权，团队享有技术专利，可在市场上出售实现商业化运作；（2）技术方法、实现途径以及实验结果可以通过论文公之于众，供公共领域享用；（3）来自大学实验室的技术可以通过技术许可证授予大学合作伙伴共同使用；（4）还可以寻找企业合作伙伴，将关键技术与其进行交易；（5）另外，对于悬赏过程中所使用的材料、资料、设备硬件等可以赠与一些科研机构、国家相关部门或者一些 NGO 主办方，例如在谷歌月球大赛中，全部悬赏的任务资料赠与美国国家航天局；（6）同时，媒体发言权与

---

① Piller & Walche. "Toolkits for Idea Competitions: A Novel Method to Integrate Users in New Product Development", *R&D Mangement*. 2006. 36 (3), pp. 307–318.

代表权作为股份转让给 X 大奖基金协会（如图 4-6）。悬赏成果归属的核心是通过授予技术发明者专利界定悬赏成果的归属问题，保护参赛者知识产权，为悬赏成果转化提供法律保障。

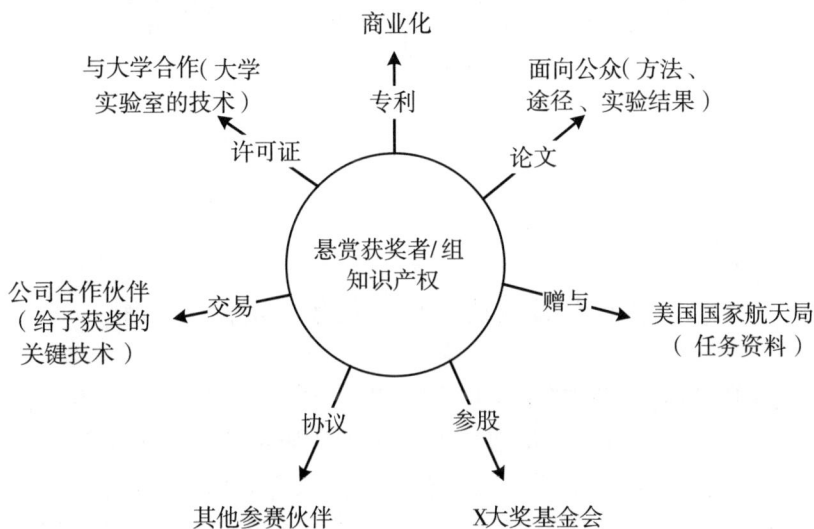

图 4-3　谷歌月球大奖赛团队创造的知识产权构成和归属方式

资料来源：作者根据 Luciano Kay 对参加谷歌月球大赛的团队的采访数据和访谈资料的分析整理所得。

总体而言，悬赏成果的退出方式主要有两种：社会化和商业化①。社会化适用于政府部门主导的、公益性较强的技术悬赏，例如 1823 年法国政府及法国工业协会悬赏的涡轮奖，授予发明者专利，促进跨国应用，技术成果由国际分享；1852 年，英国皇家农业协会鸟粪替代奖，在技术发明后农民可以用不超过 5 英镑的价钱获取相关技术，大大促进了发明的应用以及社会化；商业化适用于非政府部门或者企业设立的、市场化程度较高的技术悬赏，此种奖励会将商业化成本作为一项重要因素考虑到科技悬赏奖在推广过程中，留有部分悬赏技术商业化的金额，如 2004 年动物害虫控制合作研究中心颁布的根除蟾蜍奖，奖金的设置中包含一部分获奖技术商业化的成本。

---

① 刘书庆、韩亚辉、苏秦：《转制科研院所科技成果产业化模式研究》，《科技进步与对策》2011 年第 12 期。

第五章　科技悬赏制的运行机制

一　科技悬赏制的项目"征集—定价"机制

目前国家科研资助体制下的项目征集机制主要采取的是"专业人员推荐选题"。如国家社科重大项目主要向重点科研单位和有关实际决策部门广泛征集选题。投标者主要包括：中央和国家有关部委，省级以上（含）党校、高校、社科院、研究基地等重点社会科学理论单位等①。教育部哲学社会科学重大项目的征集对象仅限于部属各高等学校，省属"211 工程"学校②。

诚然，"专业人员推荐选题"能够很好地利用其专业知识，将科研人员对国际前沿技术、社会重点需求的关注转化成项目选题；有利于设计和开发高质量项目，形成战略优势；有利于社会和经济发展的科学文化知识大问题的传播等。然而，处在科学共同体中的专家们，具有相近知识背景，在推荐选题时往往多样性较低；托马斯·库恩（1962）在《科学革命的结构》③ 一书中更是指出，一旦科技共同体稳固下来，人们往往趋于保守、不宽容，具有一定资历的体制内部科研人员很有可能为了拥护既有范式，而约束新思想对既有范式的冲击。硅谷教父克莱顿·克里斯坦森在《创新者的窘境》④ 中也表达了相同的观点，他指出创新在一个既已成功的主体中是多么难以发生。

---

① 全国哲学社会科学规划办公室网站（http：//www. npopss-cn. gov. cn）。
② 中华人民共和国教育部门户网站（http：//www. moe. gov. cn）。
③ 库恩：《科学革命的结构》第四版，金吾伦、胡新和译，北京大学出版社 2012 年版。
④ 克莱顿·克里斯坦森：《创新者的窘境》第二版，胡建桥译，中信出版社 2014 年版。

　　周光召院士曾告诫不要认为学术只能在研究所和大学发生，爱因斯坦提出相对论时还只是伯尔尼专利局的一名职员①。奉公教授指出目前我国的科研项目存在着科研机会不对等的问题②。"专业人员推荐选题"的"高门槛"抑制了潜在人才的发展。对项目申请人的资历和学历的较高要求使得科研资源只能在一些已经取得成就的较高行政级别和较高学术级别的学者之间进行分配，将一些资历浅但科研能力强的新人拒之门外，造成了学术界所谓的"学霸""包工头""老板"现象的产生。

　　目前国家科研资助体制下项目定价机制主要采取的是申报定价与拨款定价。

　　申报定价指国家根据项目申请者的项目经费预算拨付资金，支持申请项目的研究；拨款定价指国家将资金直接拨付给科研或事业单位，让其对某一问题进行研究。申报定价与拨款定价同属于事前拨款机制。

　　目前的项目定价机制有力地支持了我国科学技术的发展，尤其是国家重点科技项目。但这种事前拨款机制重过程轻目标造成了资源的大量浪费。另外，科研经费的投入比例问题一直都存在着大量的争议。

　　针对以上问题，本研究提出现行科研资助体系下的科技悬赏奖，并对其项目的征集、定价进行研究，以弥补现行科研经费资助体系的不足，与立项拨款制及事业拨款制共同促进我国科技和人才的健康发展。

（一）科技悬赏制的项目"征集—定价"分类

　　依据被悬赏项目的技术特点以及资金来源，将项目征集渠道分为 3 类：政府定制、企业推荐、网络海荐；制定每一种渠道的项目筛选原则。在此基础上制定每种不同征集方式的项目定价机制（见图 5-1）。

　　在这一部分我们需要研究以下具体内容。

　　（1）根据举办主体以及悬赏金来源的不同，将项目征集渠道分为政府定制、企业推荐以及网络海荐。根据被悬赏项目的技术特点，政府定制渠道适用于应景性悬赏、战略规划类悬赏、大课题中子命题悬赏；企业推荐渠道适用于企业关键技术悬赏、行业共性技术悬赏、提高知名度悬赏；网络海荐渠道适用于民生性悬赏、科普性悬赏、公益性悬赏。研究每一种渠

---

① 周光召、薛辉：《别轻视业余学者》，《北京晨报》2002 年 12 月 10 日。
② 奉公：《论公共产品类科研资金投入的拟成果购买制》，《科学学研究》2003 年第 3 期。

道的悬赏项目筛选原则。在此基础上应制定每种不同征集方式的项目定价机制。

（2）依据项目征集方式、已有的悬赏金定价方式、综合考虑成本、收益、劳动价值、悬赏项目的专利保护状态以及知识产权保护状态、创新程度、可能存在的风险等，将悬赏项目定价机制分为 3 类：定额报价、协商定价、筹款定价，并研究定价规则及适用性。

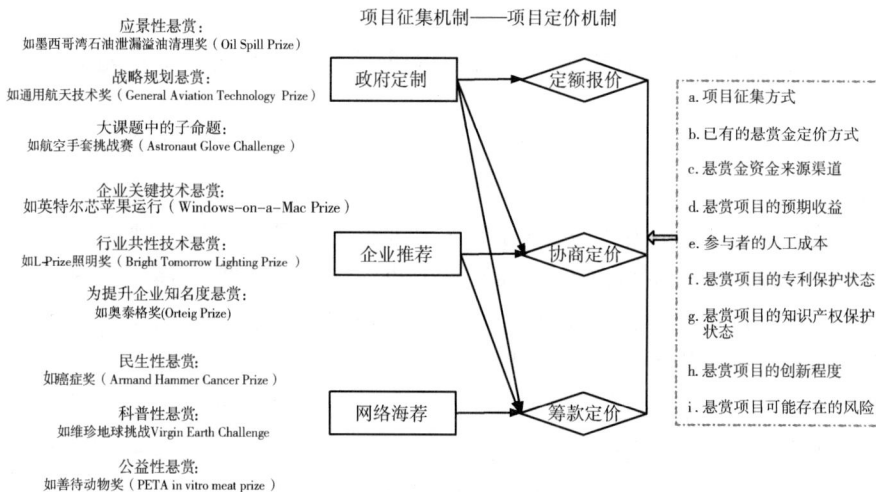

项目征集机制——项目定价机制

应景性悬赏：
如墨西哥湾石油泄漏溢油清理奖（Oil Spill Prize）

战略规划悬赏：
如通用航天技术奖（General Aviation Technology Prize）

大课题中的子命题：
如航空手套挑战赛（Astronaut Glove Challenge）

企业关键技术悬赏：
如英特尔芯苹果运行（Windows-on-a-Mac Prize）

行业共性技术悬赏：
如L-Prize照明奖（Bright Tomorrow Lighting Prize）

为提升企业知名度悬赏：
如奥泰格奖(Orteig Prize)

民生性悬赏：
如癌症奖（Armand Hammer Cancer Prize）

科普性悬赏：
如维珍珠地球挑战Virgin Earth Challenge

公益性悬赏：
如善待动物奖（PETA in vitro meat prize）

政府定制　企业推荐　网络海荐

定额报价　协商定价　筹款定价

a.项目征集方式
b.已有的悬赏金定价方式
c.悬赏金资金来源渠道
d.悬赏项目的预期收益
e.参与者的人工成本
f.悬赏项目的专利保护状态
g.悬赏项目的知识产权保护状态
h.悬赏项目的创新程度
i.悬赏项目可能存在的风险

图 5-1　国家科技悬赏制的项目"征集—定价"机制

（二）政府定制科技悬赏

政府定制科技悬赏可以追溯至第一次工业革命时期，随着工业革命的到来，社会上对各种提高生产力技术的需求空前增长，政府体制外的个体科研活动逐渐增多，为了实现个体研发与国家需求的统一，政府开始用悬赏奖的形式资助科学研究。1714 年英国政府悬赏资助的经度奖首次实现了国家导向和个人科学探索的统一；之后法国拿破仑时期为应对战争需要设立了食物储存奖；瑞典政府为应对消防事故设立了消防技术奖；荷兰政府为促进农业发展设立了提取蔗糖奖。整个 19 世纪的欧洲，科技悬赏奖成为政府资助和引导个人科研的主要方式。

随着大科学时代的到来，科学基金制的完善，专利制度的规范化，20世纪科技悬赏奖逐渐被科学基金制所取代，直到 20 世纪末期，随着美国联邦政府对科技悬赏制的再次启用，各国政府用悬赏方式资助科技创新又渐次增多。如美国能源部、国防部、航空航天局共资助了包括可佩戴能源奖（Wearable Power Prize）、机场安全技术奖（Prize for Faster Airport Security Technology）、宇航局百年挑战（NASA Centennial Challenges）等在内的20余项政府科技悬赏项目。英国国家科技资助委员会（Nesta）于2008年联合国家创新部（DBIS）以及联合国开发计划署（UNDP）共同发起了绿色挑战（the Big Green Challenge）等一系列科技悬赏。

1. 政府定制科技悬赏项目的特性

政府定制的科技悬赏奖一般具有应景性、战略规划性或大课题中的子命题的特性。

应景性悬赏是指针对某一时期的突出社会问题，政府为寻求最优解设立的悬赏奖项。1567年以来，各国政府设立的重大应景性悬赏至少有14项（见表5-1），如拿破仑三世为了促进工业和经济的增长、城市的发展，面临黄油供不应求问题设立的人造黄油奖（Margarine Prize）；南希尔兹政府在冒险号船难震惊当时的国民后，为奖励设计当时最好的救生艇而设的南希尔兹的救生船奖（Lifeboat Premium）；德州为了消除棉子象鼻虫设立的德州棉子象鼻虫奖（Texas Boll Weevil Eradication Prize）等。

战略规划性悬赏是政府为了促进国家的发展而设立的具有战略规划意义的悬赏项目，该项目的突破一般会对国家造成重大影响。1567年以来，各国政府设立的重大战略规划悬赏至少有16项（见表5-1），如美国国会为了消除垄断，促进科技发展设立的Rumsey蒸汽机发明奖；日本为了促进医疗事业的发展设立的Hideyo Noguchi非洲奖；美国能源部为了促进能源技术的突破设立的照明设计大赛（Bright Tomorrow）等。

大课题中的子命题是政府在某一大型项目中遇到技术难题向社会寻求解决办法的悬赏奖，它是大型课题的一个分支。1567年以来，各国政府设立的重大课题中的子命题的悬赏至少有5项，如爱尔兰国务委员会为了奖励涉及某种武器的发明设立的The Douglas奖励；美国军队为了奖励能够发明消除航海障碍的机器设立的军队航海工程师奖（Army Corps of Engineers Navigable River Prize）；美国航天局和Volanz航空公司（政府+企业）为了设计高度灵活多功能的宇航员专用手套设立的宇航员手套设计挑战赛等。

表 5-1　　　　　　　　　　　　政府主要悬赏奖特性分类

类型	年份	国家	名称	主要目的
应景性悬赏	1567—?	西班牙国王	西班牙经度奖	发现海洋上测量经度的方法
	1869	拿破仑三世	人造黄油奖	黄油面临供不应求问题
	1714—1773	英国政府	英国经度奖	找寻准确测量船的经度的方法
	1771	法国地方政府	替代食品奖	解决当时法国面临的饥饿问题
	1789—1849	南希尔兹政府	南希尔兹的救生船奖	为设计当时最好的救生艇
	1795	英国下议院	排水技术奖	鼓励公开发表和宣传排水方法
	1802	英国下议院	天花疫苗奖	预防天花
	1810—1813	法国政府	纺纱机奖	设计最好的纺纱机
	1870—?	法国农业部	葡萄根瘤蚜奖	应对农业和文化危机
	1903—1904	德州	德州棉子象鼻虫奖	消除棉子象鼻虫
	2004	政府和动物害虫控制合作研究中心	根除蟾蜍奖	对付有毒的外来物种蟾蜍
	2004	美国国会	生物盾牌计划	反对生物恐怖主义
	2005	国家工程院	格兰杰挑战	解决发达地区饮水问题
	2007—?	印度政府	Cisco I-Prize	奖励新奇的商业观点
战略规划性悬赏	1784—1785	美国国会	蒸汽机发明奖	消除垄断，促进科技发展
	1795—1810	拿破仑政府	食物储存技术奖	供应军队，刺激工业发展
	1801—?	后由政府组织	福特奖	纪念福特对电力发展的贡献
	1829	利物浦和曼彻斯特铁道部	利物浦和曼彻斯特铁路奖	奖励发明
	1855	英国政府	动力奖	奖励发明
	1869—1881	印度政府	Decorticating China Grass	促进纺织行业的商业化发展
	1874—1879	法国与意大利政府	灌溉奖	增加农作物产量，推广灌溉技术
	1875—1878	Wisconsin 立法机构	Wisconsin Prize	用机械替代马或者其他动物
	1919—1920	澳大利亚政府	英国-澳大利亚航空奖	奖励首个从英国飞澳大利亚的人

续表

类型	年份	国家	名称	主要目的
战略规划性悬赏	1994	教育部，商业与贸易部	布基纳法索科技奖	技术的创新与发展
	2006年始，五年/次	非洲政府	Hideyo Noguchi	促进医疗事业的发展
	2007	Congress——国会	保护石油能源的新选择	减少对外国能源的依赖
	2007—2008	加利福尼亚航空局与空间教育劳动协会	挖掘风化层挑战奖	促进风化层的开发
	2007年至今	美国能源部	照明设计大赛	奖励节能灯泡的发明
	2007年至今	美国能源部	H-Prize	促进能源技术的突破
	2008年至今	苏格兰政府	Saltire Prize	奖励商业和技术创新
大课题中子命题	1627	爱尔兰国务委员会	The Douglasp Prize	奖励涉及某种武器的发明
	1829	美国军队	军队航海工程师奖	奖励能发明消除航海障碍的机器
	2000	中国政府	中国节能冰箱项目	促进技术的发展
	2003年至今	美国国防部	DARPA汽车大奖赛	
	2007—2008	美国航天局和Volanz航空公司	宇航员手套设计挑战赛	设计高度灵活多功能的宇航员专用手套

资料来源：作者根据 Selected Innovation Prizes and Reward Programs Kei Research Note 2008：1 整理所得。

2. 政府定制科技悬赏项目的定价机制

根据已有的悬赏金定价方式、悬赏项目的预期收益、参与者的人工成本、悬赏项目的创新程度、悬赏项目可能存在的风险以及悬赏项目的专利和知识产权保护状态，政府可以采取定额报价、协商报价和筹款报价的定价方法。

定额报价是指政府事先规定科技悬赏奖的奖励金额，由项目申请者根据总金额具体细化项目成本进行项目报价的方法。这是一种"看米下锅"①

① 周莹莹：《拟成果购买制架构中研究项目价格的确定研究》，《科学学研究》2005年第Z1期。

式的报价方法。它的优点是可以让申请者看到奖励结果，激发申请者的积极性，将奖金限定在一定的范围内，有利于控制研发的方向；缺陷是申请者根据资金进行研究投入，有可能影响创新性结果的产生。

协商报价是指政府管理部门和项目申请人进行协商，最终达成一致协议确定项目的价格。协商报价可以充分考虑设奖主体和项目申请人对悬赏的要求，但协商报价需要花费一定的协商成本。

筹款报价是在科技悬赏奖的定价机制中引入了筹款机制，政府根据项目筹集的资金来确定悬赏金额。筹款报价涉及科技悬赏的多主体投资，调动了社会成员对科技悬赏的参与性。

3. 政府定制科技悬赏项目的本土化实践

政府定制科技悬赏项目与现行科技立项申报在流程上差别不大，都要经过项目通知、申报、评审和确定结果几个阶段。但在各个环节仍有细微差异：首先，在科技悬赏项目的通知环节对参与者的身份不做具体要求，体现了项目参与机会在社会成员间的平等原则；其次，在科技悬赏项目的申报环节，申报途径可以多样化，如纸质申报、网络申报和现场申报等；再次，科技悬赏项目评审环节更加注重解决方案的适用性和可行性，在所有解决方案中选择最佳解决办法；最后，科技悬赏结果的兑奖环节与现行科研资助体系最大的区别是，科技悬赏以结果为导向，对经公告无异议的遴选结果兑现奖励。

以国家安全监管总局办公厅关于组织开展 2013 年安全生产重大事故防治关键技术科技项目征集工作为例，政府主导下的科技悬赏项目一般流程为：（1）科技悬赏项目的通知。可以通过网络、电视、期刊、报纸等多途径进行科技悬赏项目的通知。如国家安全监管总局办公厅在政府网站上发布《国家安全监管总局办公厅关于组织开展 2013 年安全生产重大事故防治关键技术科技项目征集工作的通知》。通知的内容应包括悬赏项目、科技创新结果要求、申请时间限制、活动进行各阶段时间和流程、结果的公示和奖励以及其他与本次科技悬赏有关的事项。（2）项目申报。申请人可以采取网上申报与报送纸质申报材料相结合的方式进行申报。申报要填写专门的项目申报书以及会有一定的时间限制。申报要遵循政府有关部门规定的申报原则。如国家安全监管总局办公厅规定申报应遵循公平、公开、公正的原则，事故防控紧密相关原则，突出重点原则。（3）项目初审。有关部门对申报材料进行初审，并提出推荐意见。（4）专家评审。组织专家对推进的申报材料进行再一次审查，确定最终的入选项目。（5）遴选结果公告及兑现奖励。将遴选结果在媒体上进行公告，无异议的可以对其申报者兑现奖励。[①] 政府主导下的科技悬赏项目征集在每个程序的节点上都有着明确的行政规定。

（三）企业推荐科技悬赏

随着科技悬赏奖知名度的提高，越来越多的企业为了争取"眼球效应"开始发起科技悬赏奖。科技悬赏奖不仅是企业提高知名度的有效路径，同时也是企业解决关键技术和行业共性技术的重要手段。

1. 企业推荐科技悬赏项目的特性

企业推荐的悬赏项目一般具有企业关键技术、行业共性技术或提升企业知名度的特性。

企业关键技术是企业在市场竞争中生存和发展的重要影响因素，通常对企业在市场竞争中的成败具有关键性影响。如 Barrick Gold 公司为了增加冶金产量于 2007 年开始设立冶金奖（Unlock the Value Prize）；太阳能系统公司（Sun Microsystems）为了激励开源社区项目的创新在 2007—2008 年设立的创新奖项目（Open Source Community）等。

行业共性技术是某一行业为了解决该行业共同的技术难题，推动行业发展，行业内企业或组织设立的悬赏项目。如英国钟表研究所面对瑞士钟表的激烈竞争，为了提高英国制造手表的质量设立的钟表奖（Watch Prizes）；美国公用事业公司为了促进冰箱行业的发展设立的高效节能冰箱项目奖；Microsoft 为奖励为成功诉讼三大多产计算机病毒提供更多信息者设立的 Microsoft Virus Bounty 奖等。

提升企业知名度是当今企业立于市场不败之地的重要法宝。在国际家电市场中奉行谁掌握技术不一定成为领导者，也许是牺牲者；谁掌握公关就必定掌握市场话语权[②]的准则，这充分说明了企业影响力对现代企业发展的重要性。科技悬赏奖的社会关注度越来越高，一些企业为了夺取"眼球效应"开始加入到科技悬赏设奖主体的行列。如谷歌公司设立的谷歌安卓手机开发挑战赛（Google Android Developer Challenge）；2010 年戴安中

---

① 国家安全生产监督管理总局网站（http：//www.chinasafety.gov.cn/newpage）。

② 《影响 2009 年家电技术与消费趋势的创新成果推荐活动创新项目征集函》，《家电科技》2008 年第 Z2 期。

国有限公司对有关技术文献有奖征集活动；2014 年 IDAJ 中国区 CAE 技术年会有奖征集活动等。

2. 企业推荐科技悬赏项目的定价机制

企业不同于政府，不论是有关企业关键技术、行业共性技术还是提高知名度的悬赏奖项，其根本目的在于企业自身的发展。项目申请者则更希望将自身的条件纳入到企业推荐科技悬赏奖的定价因素当中。因此，企业推荐科技悬赏奖除了根据已有的悬赏金定价方式、悬赏项目的预期收益、参与者的人工成本、悬赏项目的创新程度、悬赏项目可能存在的风险以及悬赏项目的专利和知识产权保护状态进行定价之外，还应充分考虑项目申请人的意见。企业推荐项目较适合协商报价和筹款报价。

协商报价是企业和项目申请人，就有关技术问题的解决进行协商，最后达成一致，确定悬赏奖项的奖励金额。协商报价可以充分激励项目申请人研究的积极性，有利于悬赏问题的解决。

筹款报价是在企业悬赏定价机制中引入筹款机制，企业根据项目筹集的资金来确定悬赏金额。在筹款报价中，企业"量力而行"，一定程度上减少了企业悬赏投资的风险性。

3. 企业推荐科技悬赏项目的本土化实践

企业推荐科技悬赏项目可以采取两种征集模式，一种是开展创新锦标赛的形式悬赏；另一种可以利用互联网采取威客模式。两者最大的区别是创新锦标赛形式悬赏的参赛者有一定条件限制，参赛方案要经过层层筛选才能胜出。

锦标赛式悬赏流程为：（1）创新锦标赛项目公告。公告内容包括征集项目的基本条件、原则和方法，参赛选手的人数及条件限制，活动各阶段时间等。（2）项目申请。符合条件的参赛人员在规定的时间内向举办方递交材料。（3）项目甄选。这一过程要经过若干环节评比推选出获胜方案。（4）结果公示、兑现奖励。锦标赛的地位和奖金要比其他公开赛高很多，因此条件要求也比较严格。

以"影响 2009 年家电技术与消费趋势的创新成果"推介活动为例，威客模式科技悬赏的一般流程为：（1）公布创新项目的征集函。其中包括征集项目的基本条件、项目征集的原则和选择方法、征集方式、推介方式以及其他与活动有关的条件。如"影响 2009 年家电技术与消费趋势的创新成果"推介活动承办主体发布的"影响 2009 年家电技术与消费趋势的创新成果推介活动创新项目征集函"。（2）项目申请。可以采取网上申报与报送纸质申报材料相结合的方式进行申报。申报要填写专门的项目申报书以及会有一定的时间限制。如"影响2009年家电技术与消费趋势的创新成果"活动要求申请单位从家电信息网（www.sthea.com）或《家电科技》获得登记表，填写登记表并连同其他材料一并传真或寄送承办方。（3）项目推选。组织有关专家对征集的项目进行甄别筛选。（4）发布最终入选创新成果并兑现奖励。奖励既可以是奖金的形式也可以是技术推广的方式。

（四）社会海荐科技悬赏

社会海荐指除政府、企业之外，针对某一领域的特定问题由社会组织、个人、研究所等单独或联合设立的科技悬赏奖。目前科技悬赏奖的设立主体中大约51.29%为非营利组织；12.47%为个人；6.23%为联合组织；2.51%为研究所（见图5-2）。社会海荐悬赏项目已经占据科技悬赏项目总量的半壁江山。

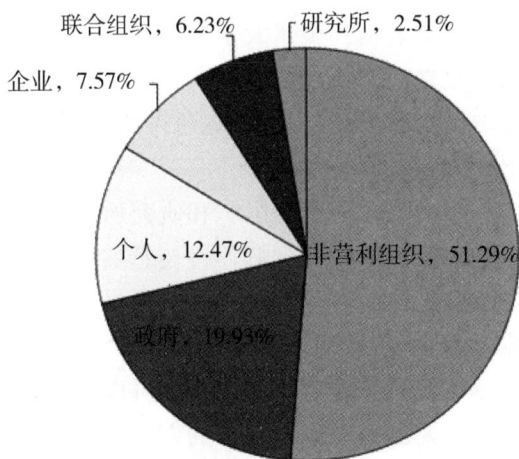

图5-2　科技悬赏奖设立主体百分比
资料来源：作者根据附录整理而得。

1. 社会海荐科技悬赏项目的特性

社会海荐的悬赏项目一般和社会成员的生活关联性比较大，具有民生性、科普性或公益性。

民生性科技悬赏奖主要是为了满足社会成员的生活需求，提高社会成员的生活质量而设立的，它与社会成员的生活息息相关。如俄罗斯亿万富翁 Yuri Milner 联合美国遗传技术公司前 CEO Art Levinson、23andMe 公司创立者 Anne Wojcicki、谷歌创立者之一 Sergey Brin 等人设立的生命科学突破奖（Breakthrough Prize in Life Sciences）；波兰水泥协会为实现可持续发展设立的关于可持续世界发展的具体思考的学生设计大赛；The Ajay G. Piramal 基金会为鼓励和支持对印度农村和边远城区高标准健康渠道有深远影响的大胆创意设立的 Piramal Prize 等。

科普性悬赏奖的根本目的是把人们已经研究出的科学知识、科学成果以及科学思想等向社会传播，使之被社会成员理解。如 X 大奖基金会为鼓励人们对月球的探索与开发设立的谷歌月球 X 大奖（Google Lunar X PRIZE）；飞机飞行效率基金会（Comparative Aircraft Flight Efficiency Foundation）为奖励私人飞行器的发展设立的私人飞行器挑战赛；佛罗里达空间研究会为促进太空探索设立的美国宇航局百年挑战（NASA Centennial Challenges）等。

公益性悬赏奖一般具有社会效益性和非营利性。如 Newcastle 煤矿协会为保护环境设立的预防吸烟奖；德州大学奥斯丁分校一毕业生组织的慈善项目为激励社会创新设立的德州社会创新奖；英国科学、技术与艺术基金会为促进环境的保护设立的 NESTA 大型绿色挑战奖等。

2. 社会海荐科技悬赏项目的定价机制

社会海荐项目大都是由个人、社会组织和研究所联合组织的，其受益对象也是不特定的社会成员，因此社会海荐科技悬赏奖的定价较易采取筹款定价的方式。筹款定价是在社会海荐科技悬赏项目的定价机制中引入筹款机制，主办方根据项目筹集的资金确定悬赏金额。其资金来源较为广泛，政府、企业、社会组织、基金会、个人等都可以对其进行资助。目前社会海荐科技悬赏的定价大都采取筹款定价的方式。据统计科技悬赏奖的资助主体中 NGO 占 24.72%、企业占 19.10%、个人占 20.22%、大众占 4.49% 等[1]。

3. 社会海荐科技悬赏项目的本土化实践

科技悬赏奖在我国的发展主要集中于社会海荐领域，如相沟乡开展的

---

[1]　曾婧婧：《1567 年以来世界主要科技悬赏奖研究》，《科研管理》2014 年第 9 期。

"十大民心工程"有奖征集活动、第一届中国大数据技术创新与创业大赛、中国绿色经济与供应链投资指南项目征集、中国条码技术与应用协会会标有奖征集活动、北京包装工业"十二五规划"重点项目征集活动等。其基本流程为：（1）科技悬赏项目设计。社会海荐科技悬赏项目一般为非营利组织、协会、个人等单独或联合基于某方面的社会问题或为了普及科学知识而设立。（2）科技悬赏项目通知。通过网络、媒体、电视、报纸和期刊等多种途径公告科技悬赏项目。尽可能广泛地传播社会海荐科技悬赏项目。（3）项目申请。申请人在规定的时间内将自己的材料上报承办方。（4）项目评选。从所有参选方案中选出最优解。（5）结果公告、兑现奖励。向社会公告甄选的结果，对经公告期无异议的方案兑现奖励。近年来，我国社会海荐悬赏奖的数量呈不断上升趋势。

作为立项拨款制和事业拨款制的有效补充，科技悬赏奖可以最大限度地发挥科技研究者的智慧才能，寻求到解决问题的最具创新性的办法，其自身的不足也会随着科技悬赏的发展而得以解决。我们应该充分借鉴国外科技悬赏的成功经验，建立科学完备的科研资助体制。

科技悬赏制的基础是科技悬赏项目的"征集—定价"机制，因此根据不同的征集方式制定不同的定价方法就显得尤为重要。当中还可以引进基金资助、与政府签订合同、税收、投融资等经济方法来完善科技悬赏制的"征集—定价"机制。每一个分支机制都应该制定具体的定价细则。

二　科技悬赏制的参与者"激励"机制

科技悬赏的最大优势就是应用解答者的集体智慧来解答创新问题，因此如何吸引更多的解答者参与科技悬赏成为学者研究科技悬赏的一个重要方面。Yang 等（2009）研究发现现金能够激励科技悬赏的参与者，奖金越高参与者越多[①]；Leimeister 等（2009）研究发现竞赛参与者存在学习、

---

① Yang Y, Chen P Y, "Pavlou P. Open innovation: An Empirical Study of Online Contests", Proceeding of the 13th International Conference on Information Systems, Phoenix, Arizona, USA, 2009.

奖励、自我推销和社交四个动机[1]；Ebner 等（2009）则发现现金和工作机会也是参与者的主要动机[2]；也有学者（Blohm，Bretschneider 等，2010）从"内在—外在"动机的视角研究解答者动机，其中外在动机指工作本身以外的事物，如现金奖励、来自他人的认可等，内在动机指个人为工作本身而工作，如晋升机会、工作带来的满足感等[3]。

我国最早的悬赏奖开始于 2000 年，主要以威客的形式存在，其解决的问题也主要集中于平面设计、网站与软件、方案与策划及工业制造几个方面。应用悬赏奖于科技创新的项目比较少见。侯文华和郑海超（2012）以我国威客网站"任务中国"（www.taskcn.com）的参与者为研究对象，得出结论为获得认可和任务的特征是激励解答者的主要影响因素[4]。曾婧婧（2013，2014）对 1567 年以来世界的科技悬赏进行了研究[5]，在我国初步提出了科技悬赏的理论构想[6]；田剑、王丽伟等（2011）对国外有关企业悬赏竞赛的文献进行了梳理，研究提出固定奖金奖励机制与竞价奖励机制、赢者通吃奖励机制与多奖项奖励机制相结合的多重选择型奖励机制[7]；孟韬、张媛等（2014）以企业悬赏为研究对象，基于技术接受模型，认为预期收益、努力期望、信任和促进条件四种因素会对大众参与悬赏的行为产生影响[8]。

①　Leimeister J M, Huber M, Bretschneider U, et al. "Leveraging Crowdscourcing: Activation‒supporting Components for IT‒based Ideas Competition", *Journal of Management Information Systems*, 2009, 26（1）, pp. 197‒224.

②　Ebner W, Leimeister J M, Krcmar H. "Community Engineering for Innovations: the Ideas Competition as a Method to Nurture a Virtual Community for Innovations", *R&D Management*, 2009, 39（4）, pp. 342‒356.

③　Blohm I, Bretschneider U, Leimeister J M, et al. "Does Collaboration Among Participants Lead to Better Ideas in IT‒based Idea Competitions? An Empirical Investigation", Sprague R H. Proceeding of the 43rd Annual Hawaii International Conference on System Sciences, 2009.

④　侯文华、郑海超：《众包竞赛———一把开启集体智慧的钥匙》，科学出版社 2012 年版，第 62—87 页。

⑤　曾婧婧：《科技悬赏奖：促进科技创新的利器》，《科学学研究》2013 年第 1 期。

⑥　曾婧婧：《1567 年以来世界主要科技悬赏奖研究》，《科研管理》2014 年第 9 期。

⑦　田剑、王丽伟、刘德文：《国外创新竞赛机制设计研究述评》，《技术经济》2011 年第 12 期。

⑧　孟韬、张媛、董大海：《基于威客模式的众包参与行为影响因素研究》，《中国软科学》2014 年第 12 期。

虽然国内外学者对科技悬赏以及科技悬赏的参与者激励因素进行过研究，但学者并未系统研究不同的激励因素对参与者的影响权重，特别是在参与风险与激励因素双重作用下，参与者的行为等问题。结合国内外学者的研究成果以及内容型激励理论（content-based incentive theory），我们将科技悬赏参与者的激励方式分为四个维度：货币激励、技术激励、荣誉激励、社会资本/社交激励，同时考虑到参与风险，对科技悬赏的参与者激励机制进行研究。本研究将丰富我国的科技悬赏理论，同时结合我国独特的环境探究适合本国科技悬赏的参与者激励机制。

（一）科技悬赏激励模型及研究假设

对参与者动机进行理论分析，由此将激励因素归为四个维度：货币激励、技术激励、荣誉激励、社会资本/社交激励；将参与者行为分为两个维度：参与行为、技术创新行为。由于参与者所承担的风险不同，会有不同的损失规避策略，故还应引入参与者对风险的评估这一控制变量。采用结构方程进行验证性因子分析、假设检验，分析每一种激励对其创新行为的作用（见图5-3）。

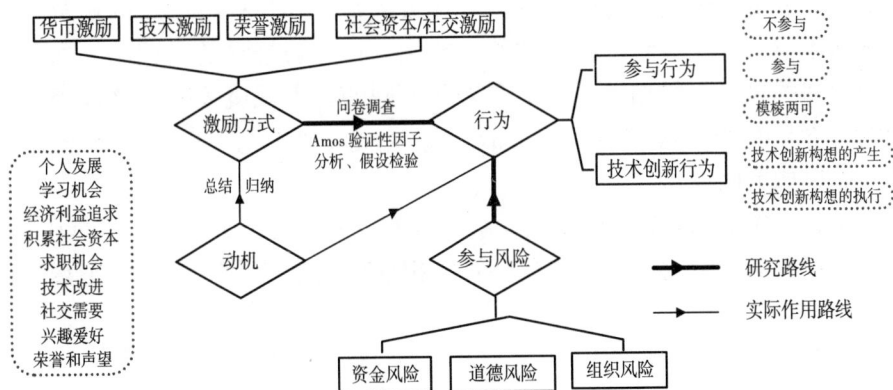

图5-3 悬赏参与者"激励方式——行为"关联

1. 参与者动机及激励方式分析

根据内容型激励理论（content-based incentive theory），分析激励方式首先应对起激励作用的具体内容进行研究，即研究参与者的参与动因。学界对此较为关注，归纳起来主要有以下动机①②③④：个人发展、学习机会、经济利益追求、积累社会资本、求职机会、技术改进、兴趣爱好、荣誉和声望等（Stallbaumer C.，2006；Brabham D C，2010；Davidian K.，2005；Bullinger A C，Moeslein K.，2010）。故参与者动机大致可以分为经济动机和非经济动机，与之相应，科技悬赏项目的激励因素也可以分为两种，一是经济激励，即货币奖励，这是科技悬赏普遍采用的方式，如早期经度奖、Orteig 奖、现代的 X-Prize 登月悬赏等均设置了高额的奖金吸引参赛者；二是非经济激励，如 NoAE Innovation Competition 的优胜者可以获得加入专家工作室的奖励。由于非经济激励更为复杂，故我们将进一步细分非经济激励为：技术激励、荣誉激励、社会资本/社交激励。针对以上四种激励方式，我们提出以下假设：

H01：解答者的实际参与行为与货币激励正相关。

H02：解答者的实际参与行为与技术激励正相关。

H03：解答者的实际参与行为与荣誉激励正相关。

H04：解答者的实际参与行为与社交激励正相关。

2. 参赛者对风险的预估

科技悬赏参与风险指由于环境的不确定性、科技创新过程的复杂性和参赛个人或组织的能力有限性等，而导致参赛者参与科技创新的投资达不到预期收益，甚至导致参赛失败的可能性。在参与悬赏的过程中，参与主体所面临的风险不尽相同，因此会采取不同的损失规避策略，这也极大地影响着参与者的技术创新行为。故还应该加入"参与风险"作为控制变量，提出如下假设：

H05：参与风险增大将会减少解答者的实际参与行为。

参赛者对风险的评估主要包括：承担前期成本的风险、输掉比赛的沉

---

① Stallbaumer C. "From Longitude to Altitude: Inducement Prize Contests as Instruments of Public Policy in Science and Technology", *U. Ill. JL Tech. & Pol'y*, 2006, p. 117.

② Brabham D C. "Moving the Crowd at Threadless: Motivations for Participation in a Crowdsourcing Application", *Information, Communication & Society*, 2010, 13 (8), pp. 1122-1145.

③ Davidian K. "Prize competitions and NASA's Centennial Challenges program", International Lunar Conference. 2005. http://www.ip.nasa.gov/documents/cc_ ilc_ paper_ 2005-09-08. pdf.

④ Bullinger A C, Moeslein K. "Innovation Contests-where are We?", *Innovation*, 2010, (8), pp. 1-20.

没风险、主办方不守承诺的风险以及本组成员半途而废的风险等①。故可将悬赏奖参与风险归纳为资金风险、道德风险和组织风险。资金风险主要包括承担前期成本的风险和输掉比赛的沉没风险；道德风险主要指主办方不守承诺，很多学者（田剑、王丽伟等，2011）指出企业悬赏的最大问题是组织者可能存在违约行为②；组织风险指本组成员由于个人能力或其他不确定因素等半途而废。据此研究每种风险对参与者实际参赛行为的影响力。

3. 参与者行为分析

科技悬赏的目的有两个：一是吸引更多的人参与；二是使参与者更好地实现技术创新。那么对应的参与者行为也有两种：一是参与行为；二是技术创新行为。

对于参与行为，除了激励因素外，也和个人特质有关。如年轻人比年长者更愿意参加（Bullinger A C，2010）③，技术权威人士则少有参加（Terwiesch C，2008）④。故我们将检验参与者个人特征与参与行为之间的相关性。

对于技术创新行为，有两种：一是采用现有技术；二是开发新技术。采用现有技术可以降低成本、减少团队成员的努力、降低风险、增加技术的可信赖度等；采用新技术可以借此平台实现新技术的商业化、获得实践经验，但同时也需要承担较大风险⑤（Kay L，2011）。我们将针对这两个维度，修订 Kleysen 等编制的 10 题项量表来测量参与者技术创新行为。

（二）研究方法

本研究主要通过问卷调查对悬赏制的激励机制收集信息，研究个人特征、激励方式、对风险的评估与个人参与行为以及个人技术创新行为的关系。我们将使用 SPSS19.0 对参与者个人特质、激励方式量表、风险的评估量表、技术创新行为量表进行统计分析；对"激励方式—行为"建立结

①　Kay L. "The Effect of Inducement Prizes on Innovation: Evidence From the Ansari X-Prize and the Northrop Grumman Lunar Lander Challenge", *R&D Management*, 2011, 41 (4), pp. 360-377.

②　田剑、王丽伟、刘德文：《国外创新竞赛机制设计研究述评》，《技术经济》2011 年第 12 期。

③　Bullinger A C, "Moeslein K. Innovation Contests-where are We?", *Innovation*, 2010, (8), pp. 1-20.

④　Terwiesch C, Xu Y. "Innovation Contests, Open Innovation, and Multiagent Problem Solving", *Management Science*, 2008, 54 (9), pp. 1529-1543.

⑤　Kay L. "The Effect of Inducement Prizes on Innovation: Evidence from the Ansari X-Prize and the Northrop Grumman Lunar Lander Challenge", *R&D Management*, 2011, 41 (4), pp. 360-377.

构方程模型（Structural Equation Modeling，SEM）；使用 AMOS 21.0 进行验证性因子分析，检验拟合度，通过显著性分析、路径分析验证假设。

问卷设计

问卷内容设计包括七个部分：人口统计变项、货币激励、技术激励、荣誉激励、社交激励、参与风险和参与行为。在国家科技悬赏制的参与者激励方式和技术创新行为方面，在借鉴国内外创新激励因素调查问卷（例如 Aalbers，2004；Moldovanu B、Sela A，2006）[1][2] 和大量文献研究基础上，利用 Lirket 量表设计方法，设计"参与者激励方式量表情境问题"，情境设计如："当您发现某项科技悬赏项目做出如下承诺后……这时您投入研发的时间和精力会……"从而引导调研对象进入各类情境。在参考 Kleysen 等编制的"技术创新行为测量量表"[3]，并综合调研反馈、专家及课题组讨论意见的基础上，形成"参与者测量技术创新行为量表问题"。参考 Kay L. 的文献[4]，并结合专家组意见和课题组讨论，设计"参与风险测量量表"。最后，形成研究变项的综合量表。

本研究的研究变项采用里克特五点量表，主要研究变项及相关文献资料来源如表 5-2。

表 5-2　　　　　　　　　　　　研究变项及问项来源

构　面	问　项	问项来源
货币激励 monetary incentive	MI1：悬赏组织者宣布，优胜者将获得大笔奖金。 MI2：悬赏组织者发布公告称对优胜者提供奖品，如 IPAD，旅游的机会。 MI3：悬赏组织者宣布，优胜者将获得参赛产品的优惠价格。	Aalbers（2004）、Moldovanu B，Sela A（2006）及专家意见和课题组讨论

①　Martine Aalbers. Motivation for Participating in an Online Open Source Software Community ［DB］. download. blender. org/documentation/bc2004/Martine_ Aalbers/results-summary. pdf.

②　Moldovanu B, Sela A., "Contest Architecture", *Journal of Economic Theory*, 2006, 126（1）, pp. 70-96.

③　Robert F. Kleysen, Christopher T. Street, "Toward a Multi-dimensional Measure of Individual Innovative Behavior", *Journal of Intellectual Capital*, 2001, 2（3）, pp. 128-132.

④　Kay L. "The Effect of Inducement Prizes on Innovation：Evidence from the Ansari X-Prize and the Northrop Grumman Lunar Lander Challenge", *R&D Management*, 2011, 41（4）, pp. 360-377.

续表

构　面	问　项	问项来源
技术激励 technology incentive	TI1：所悬赏的技术正是您工作所需。 TI2：悬赏组织者在竞赛中为您提供了一个学习提高的机会。 TI3：悬赏组织者将为优胜者提供实习的机会。	Aalbers（2004）、Moldovanu B，Sela A（2006）及专家意见和课题组讨论
荣誉激励 honor incentive	HI1：您发现该悬赏规格高，高手云集，如果获胜将提高自己的知名度。 HI2：获得此次奖励将对您的升职大有帮助。 HI3：参加这次悬赏比赛，将会获得同行专家对自己的认可。	
社会资本/社交激励 social incentives	SI1：您觉得参加此次悬赏，将会认识更多同领域的人，大大拓展自己的人脉。 SI2：组织者为参赛者提供了良好的互动平台，参赛者之间可以合作交流。 SI3：参加这次比赛，将增加主办方对自己的认识。	
开发新技术 participation behavior	PB1：在参与悬赏过程中，我会主动寻找新的技术或者方法。 PB2：在参与悬赏过程中，我会有一些新的创意。 PB3：在参与悬赏过程中，我会从不同的视角理解问题。	Kleysen 等（2001）及专家意见和课题组讨论
采用现有技术 participation behavior	PB4：在参与悬赏过程中，我总是会利用熟悉的并且擅长的技术解决问题。 PB5：在参与悬赏过程中，我认为用传统的观点视角理解问题更利于问题的解决。 PB6：在参与悬赏过程中，我更多的是在做既定方法的修修补补。	
参与风险 participation risk	PR1：在参与悬赏的过程中，我要承担大量前期成本。 PR2：在参与悬赏的过程中，主办方不守承诺。 PR3：在比赛过程中，输掉比赛的沉没成本比较大。 PR4：在参与悬赏的过程中，本组成员可能半途而废。	Kay L.（2011）及专家组意见和课题组讨论

1. 研究样本估算

SEM 分析是一种大样本分析技术，经验法要求在符合常态、无遗漏值及意外值的情况下，样本数至少为估计参数的 5 倍。而估计参数约为观察变数的 2 倍，因此，SEM 分析要求样本数至少为观察变数的 10 倍。本研究中共 22 个观察变项，计算结果样本需求大致为 220 个。在实际调查中共收集 342 个有效样本①，符合 SEM 分析的样本数要求。

2. 研究对象与抽样方式

科技悬赏与企业威客模式的共同之处在于：第一，设奖目的相同，应用解答者的集体智慧寻求最具创意的解题方法；第二，奖励方式相同，在获得满意方案后给予奖励，属事后奖励机制；第三，参与者范围相同，既可以是专业人士，也可以是业余爱好者。两者的最大不同之处在于科技悬赏应用解答者集体智慧解决科学技术难题；威客则应用于多类问题的解决，一般科技含量较低，如网站与软件设计、策划与文案，平面设计等。故我们挑选威客创意竞赛中参与过技术类悬赏的参赛者进行研究，采用问卷及实证方式研究悬赏参与者"激励方式—行为"之间的关系。

在确保量表有效的前提下展开正式调查：基于随机分层抽样方法，在悬赏奖平台开展问卷调查。调查对象主要是猪八戒网（m. zbj. com）、任务中国网（www. taskcn. com）上注册的解答者以及参与过悬赏竞赛奖的大学生。为了解决猪八戒网及任务中国网上存在低端解答者的难题，设计"您是否参与过技术悬赏类竞赛"问项对解答者进行筛选。

在本次有效调查样本中，性别以男性居多为 189 人，占调查总人数的 55.26%；女性为 153 人，占总人数的 44.74%。调查对象的年龄结构大多数在 15—50 岁之间，小于 18 岁（含 18 岁）的有效样本为 3 份；19—25 岁的有效样本为 237 份；26—30 岁的有效样本为 72 份；31—35 岁的有效样本为 18 份；36—40 岁的有效样本为 3 份；大于 40 岁的有效样本为 9 份。调查对象的受教育情况为高中及以下有 30 人，专科 45 人，本科 201 人，研究生 63 人，博士 3 人。

3. 测量模型：收敛效度验证

验证式因素分析或称测量模型分析（Confirmatory Factor Analysis, CFA）为 SEM 分析的一部分。测量模型可以正确反映研究的因素或构面，因此 SEM 研究在进行结构模型分析之前，应先进行测量模型分析。如果测

---

① 问卷预试：在校内选择 300 个曾经参加过创新竞赛的学生作为小样本实施预测试，利用 SPSS 19.0 和 LISREL 8.7 软件进行量表的效度和信度检查，对初始问卷进行必要的修订和完善。

正式调研：在确保量表有效的前提下展开正式调查：基于随机分层抽样方法，以任务中国网（www. taskcn. com）和猪八戒网（m. zbj. com）为平台，以网络问卷为主要方式设奖进行调研。

量模型配适度是可接受的，即可进行完整的 SEM 模型评估。本研究主要包括六个构面：货币激励（monetary incentive）、技术激励（technology incentive）、社会资本/社交激励（social incentives）、荣誉激励（honor incentive）、参与行为（participation behavior）和参与风险（participation risk）。对所有构面进行一阶 CFA 分析，结果显示（如表 5—3），所有构面的标准化负荷量（STD）均在 0.61—0.86 之间，除 MI3 的标准化负荷量为 0.544，但其仍属于可接受范围；组成信度（CR）在 0.67—0.88 之间；平均变异数萃取量（AVE）在 0.50—0.64 之间。符合 Hair, et al.（2009）及 Fornell and Larcker（1981）的标准，即因素负荷量大于 0.5；组成信度大于 0.6；平均变异数萃取量大于 0.5①。因此本研究的六个构面均具有收敛效度。

表 5-3   潜在构面收敛效度分析

构面	指标	STD	UNSTD	S. E.	C. R. (t-value)	P	SMC	1-SMC	CR	AVE
货币激励	MI1	0.610	1				0.372	0.628	0.676	0.507
	MI2	0.760	1.582	0.215	7.366	***	0.578	0.422		
	MI3	0.544	1.309	0.211	6.207	***	0.296	0.704		
技术激励	TI1	0.696	1				0.484	0.516	0.760	0.515
	TI2	0.785	0.95	0.096	9.934	***	0.616	0.384		
	TI3	0.666	0.916	0.105	8.718	***	0.444	0.556		
荣誉激励	HI1	0.660	1				0.436	0.564	0.734	0.512
	HI2	0.650	0.827	0.102	8.131	***	0.423	0.578		
	HI3	0.765	1.055	0.115	9.172	***	0.585	0.415		
社交激励	SI1	0.746	1				0.557	0.443	0.784	0.548
	SI2	0.723	0.87	0.085	10.276	***	0.523	0.477		
	SI3	0.750	0.994	0.093	10.653	***	0.563	0.438		

---

① Fornell C, Larcker D. F. "Evaluating Structural Equation Models with Unobservables Variables and Measurement Error", *Journal of Marketing Research*, 1981, (18), pp. 39-50.

续表

构面	指标	STD	UNSTD	S. E.	C. R. （t-value）	P	SMC	1-SMC	CR	AVE
参与风险	PR1	0. 710	1				0. 504	0. 496	0. 875	0. 638
	PR2	0. 833	1. 409	0. 123	11. 436	***	0. 694	0. 306		
	PR3	0. 855	1. 243	0. 107	11. 657	***	0. 731	0. 269		
	PR4	0. 788	1. 102	0. 101	10. 892	***	0. 621	0. 379		
参与行为	PB1	0. 655	1				0. 429	0. 571	0. 850	0. 586
	PB2	0. 702	1. 207	0. 136	8. 875	***	0. 493	0. 507		
	PB3	0. 725	1. 25	0. 137	9. 105	***	0. 526	0. 474		
	PB4	0. 661	1. 113	0. 132	8. 449	***	0. 437	0. 563		
	PB5	0. 745	1. 268	0. 136	9. 303	***	0. 555	0. 445		
	PB6	0. 691	1. 191	0. 136	8. 765	***	0. 477	0. 523		

（三）测量与结构模式分析

1. 结构模型整体配适度

SEM 分析要求必须有良好的模型配适度，配适度越好代表模型矩阵与样本矩阵越接近。本研究配适度指标参考 Boomsma（2000）、McDonald and Ho（2002）、Schreiber（2008）的意见，对 X^2 检定、X^2 与自由度的比值、配适度指标（GFI）、调整后的配适度指标（AGFI）、平均近似误差均方根（Root Mean Square Error of Approximation，RMSEA）进行评估[1][2][3]。结果显示（如表5-4）：卡方与自由度的比值为 2. 134；GFI 为 0. 964；AGFI 为

---

[1] Boomsma A. "Reporting Analyses of Covariance Structures", *Structural Equation Modeling*, 2000, (7), pp. 461–483.

[2] McDonald R P, Ho M H R. "Principles and Practice in Reporting Structural Equation Analyses", *Psychological Methods*, 2002, (7), pp. 64–82.

[3] Schreiber J B. "Core Reporting Practices in Structural Equation Modeling", *Administrative Pharmacy*, 2008, (4), pp. 83–97.

0.942；RMSEA 为 0.050。符合标准：X^2 与自由度的比值要小于 3，GFI 要大于 0.9，AGFI 要大于 0.9，RMSEA 要小于 0.08。因此本研究的模型拟合度良好，模型矩阵与样本矩阵较为接近。

表 5-4 　　　　　　　　　　结构模型整体配适度指标

	Chi/DF	GFI	AGFI	RMSEA
要求	<3	>0.9	>0.9	<0.08
模型指标	2.134	0.964	0.942	0.050

2. 假设检验与显著性分析

对一阶验证因子及模型的整体配适度指标分析之后，就可以进行整体运算。本研究构建的科技悬赏激励统计模型解释了不同激励方式及参与风险对参与行为的影响系数。理论上模型可解释变异（Square multiple correlations）等于 0.33 为中度范围，表示可接受。如图 5-4 所示，激励方式及参与风险解释了参与行为 46% 的可解释变异，为可接受范围。

货币激励对参与行为的影响是显著的（Coefficient = 0.24，p < 0.001），货币激励每增加一个标准差，参与行为就会增加 0.24 个标准差。假设 H01 得到支持，即货币激励对参与行为起促进作用。技术激励对参与行为的影响是显著的（Coefficient = 0.35，p < 0.001），技术激励每增加一个标准差，参与行为就会增加 0.35 个标准差。假设 H02 得到支持，即技术激励对参与行为起促进作用。荣誉激励对参与行为的影响是不显著的（Coefficient = 0.02，p > 0.1），因此假设 H03 得不到支持。社交激励对参与行为的影响是显著的（Coefficient = 0.11，p < 0.05），社交激励每增加一个标准差，参与行为就增加 0.11 个标准差。假设 H04 得到支持，即社交激励对参与行为起促进作用。参与风险对参与行为的影响是显著的（Coefficient = -0.16，p < 0.01），参与风险每增加一个标准差，参与行为就减少 0.16 个标准差。假设 H05 得到支持，即参与风险增大将会减少参与者的实际参与行为。

（四）研究结果

目前学界对科技悬赏的激励因素进行了研究，然而对于不同的激励因素对参与者的影响权重如何尚未进行探究。本研究在此基础上，对"四种激励方式和参与风险对实际参与行为的影响"构建模型并进行检验，解释

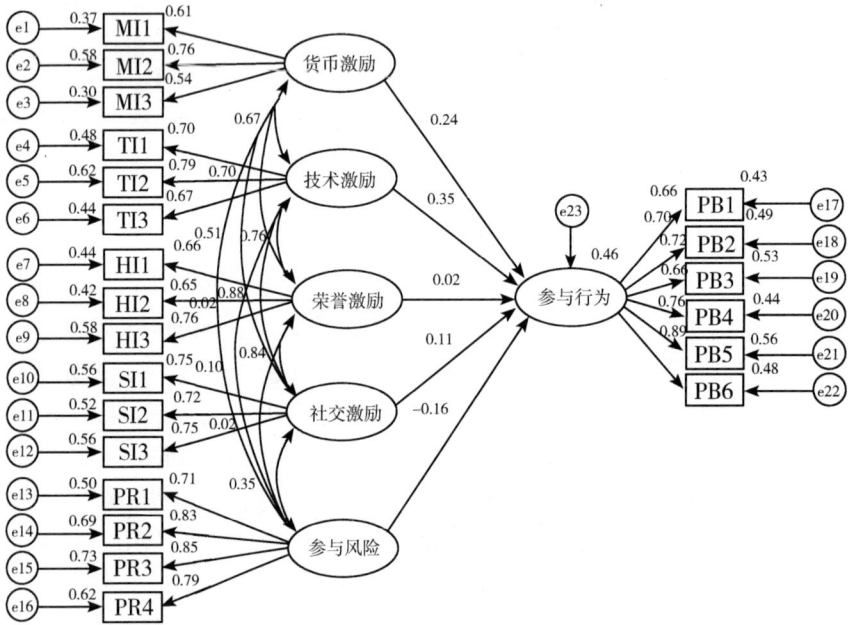

图 5-4　科技悬赏激励统计模型结构

其影响权重。此外，还试图解释个人特征对实际参与行为的影响。结果表明，除了一个假设没得到支持外，其他假设都存在不同程度的显著性。

检验结果证明，货币激励对参赛者的实际参与行为影响显著，起促进作用（H01）。该结论与 Yang 等一些学者的结论一致，现金激励对参赛者的实际参与行为起促进作用，奖金越高，参与热情越大，参与者越多[①]。原因可能为企业悬赏应用于企业难题，目的在于带来企业利润，故解答者参与动机主要为获得物质报酬。

技术激励与参与行为显著正相关（H02），即当参与悬赏越能够提升或完善自身技术技能和知识时，人们越可能参与悬赏难题的解决。该结论

---

① Yang Y, Chen P Y, Pavlou P. "Open Innovation: An Empirical Study of Online Contests", Proceeding of the 13th International Conference on Information Systems, Phoenix, Arizona, USA, 2009.

和之前的一些研究一致，如 Leimeister J M（2009）发现参赛者更希望通过参与竞赛获得学习的机会，实现个人发展①。

与前两个假设相反，我们发现荣誉激励对实际参与行为的影响不显著，H03 得不到支持。这一发现与一些研究及理论不一致，可能有以下几种原因。第一，科技悬赏适用于国家或企业等宏观层面，其知名度和美誉度较高，获得悬赏对个人荣誉影响较大。而我国新兴的威客创意竞赛模式主要应用于个人和一些中小型企业层面，其各方面影响力相对较小，不能对参赛者声望产生较大影响。第二，威客创意竞赛参赛者之间没有正式沟通渠道，项目竞选者之间不能沟通交流、不知道彼此的身份，这种竞争机制对参赛者声誉的提高影响较小。第三，企业高额悬赏的目的在于解决企业难题，带来自身利润，悬赏项目对参赛者无直接影响。因此参赛者参与悬赏的主要目的在于获得物质报酬或提高自身技能。

社交激励对参与行为的影响显著正相关（H04），即科技悬赏的参赛者视参赛过程为寻找和建立人际关系的机会，希望通过参赛扩大自己的人脉圈。这与 Howe（2008）等的研究结论是一致的，认为成功的悬赏竞赛可以满足解答者社会或情感等更高层次的需求，如果这些需求得不到满足，他们参与竞赛的意愿将会减少②。

参与风险是影响实际参与行为的另一重要因素，两者之间显著负相关（H05）。当参赛者预估参与风险越高时，参赛者可能越选择不参与的行为。其中承担大量前期成本和输掉比赛的沉没成本与参与风险的相关系数分别为 0.71、0.85，主办方不守承诺与参与风险的相关系数为 0.83，本组成员半途而废与参与风险的相关系数为 0.79（如图 2）。因此资金风险、道德风险及组织风险对实际参与行为影响力的比较还有待进一步研究。

在影响显著的情况下，比较分析货币激励、技术激励、社交激励和参与风险的影响系数。发现技术激励（Coefficient = 0.35）的影响最大；其次为货币激励（Coefficient = 0.24）；再次为参与风险（Coefficient = -0.16）；

①　Leimeister J M, Huber M, Bretschneider U, et al. "Leveraging Crowdscourcing: Activation—supporting Components for IT-based Ideas Competition", *Journal of Management Information Systems*, 2009, 26 (1), pp. 197-224.

②　Howe J. *Crowdsourcing: Why the Power of the Crowd is Driving the Future of Business*, New York: Crown Business, 2008, pp. 25-29.

最后为社交激励（Coefficient = 0.11）。

研究还试图对参赛者个人特征与参与行为的相关性进行解释。发现性别、收入、学历对参与行为的影响都不显著。而悬赏奖参赛者的年龄多集中于35岁以下，占总调查对象的96.49%。该结论与Bullinger A C（2010）的研究结论一致，认为年轻人比年长者更愿意参加竞赛；与Howe（2008）的研究结论部分一致。Howe认为在悬赏竞赛中，"民族、血统、性别、年龄、资格都不存在，唯一存在的是竞赛任务本身"①。

（五）政策建议

科技悬赏是促进科技创新的利器，构建和完善本土化的科技悬赏体制需要对科技悬赏制的项目"征集—定价"机制、参与者激励机制、竞赛奖励机制及成果退出机制进行系统研究。基于本研究结论，对科技悬赏的参与者激励机制提出如下建议。

第一，强化货币激励，开通社会资助渠道。物质报酬是参赛者的主要动因之一，早期的科技悬赏普遍设置了高额的奖金吸引参赛者。而参与悬赏的前期成本、输掉比赛的沉没成本都是阻碍实际参与行为的重要影响因素。高额的奖金不仅可以由政府资助，而且可由社会人士提供。随着科技悬赏的影响力日益扩大，NGO、企业以及个人均可成为科技悬赏的资助者。

第二，制定配套措施，减小参与风险。科技悬赏的参与风险主要包括承担大量前期成本、输掉比赛的沉没成本、举办方不守承诺以及本组成员半途而废。输掉比赛的沉没成本对实际参赛行为的影响最大，可通过建立"赢者通吃奖励机制与多奖项奖励机制相结合的多重选择型奖励机制"②对其进行弥补；通过建立科技悬赏信任机制将主办方和参与者的行为置于制度框架之内，避免主办方不守承诺。

第三，针对不同的潜在参与者设计不同的激励方式。如政府定制科技悬赏项目的潜在参与者一般为科学研究人员，动机为解决科技难题，此时应加大荣誉激励和技术激励的比重。企业悬赏主要应用于企业关键技术悬赏、行业共性技术悬赏、提高知名度悬赏，潜在参与者动机为获得物质报

---

① Howe J., *Crowdsourcing: Why the Power of the Crowd is Driving the Future of Business*, New York: Crown Business, 2008.

② 田剑、王丽伟、刘德文：《国外创新竞赛机制设计研究述评》，《技术经济》2011年第12期。

酬，此时应加大货币激励的比重。

三　科技悬赏制的竞赛"奖励"机制

政府以科技悬赏的形式举办竞赛，能充分挖掘和激发大众创新的智慧，增强科技悬赏竞赛奖励的激励功能，而能否根据不同目标相应地设计科学有效的奖励机制成为科技悬赏竞赛成败的关键。传统的企业资助型科技悬赏竞赛的目标较为单一：即选出最优解题方案。虽然这一目标符合现实中大多数情况，但是对政府资助型科技悬赏而言，还应考虑其他目的：提高行业技术水平和识别激励人才。然而在单一目标下，科技悬赏竞赛的奖励机制也过于单一，如果对不同目标的竞赛都采用同一种奖励模型，竞赛的目标与其奖励方式契合度不高，参赛者个人的投入在不同奖励模式下获得的回报也有差异，因此有可能导致竞赛存在主办方无法实现特定目标和参赛者的努力付出效率低下的风险，所以竞赛奖励模型还有进一步修正的必要。

(一) 现有竞赛奖励机制

现有研究罕有涉及科技悬赏竞赛的奖励机制，但是有许多学者从不同角度对创新竞赛及其奖励机制进行了研究，Taylor (1995) 用经典的成本收益模型对竞赛参与者的投入和收益进行分析，解决了最优决策的问题。[1] Che and Gale (2000) 考虑将约束引入模型，并研究在不同约束下竞赛举办者和参赛者之间的重复博弈问题。[2] Orrison (2004) 通过实验法观察竞赛者规模和奖金结构二者哪个更能增强参赛者的激励。具体来看，主要包括"委托—代理"、锦标赛制和拍卖制。[3]

[1]　Taylor C R. "Digging for Golden Carrots: An Analysis of Research Tournaments", *The American Economic Review*, 1995, pp. 872–890.

[2]　Che Y K, Gale I. "Optimal Design of Research Contests", *The American Economic Review*, 2003, 93 (3), pp. 646–671.

[3]　Orrison A, Schotter A, Weigelt K. "Multiperson Tournaments: An Experimental Examination", *Management Science*, 2004, 50 (2), pp. 268–279.

1. 委托制

委托制是指委托人与代理人签订一个研发合同，委托代理人作为研发主体独自或者与他人合作进行某个项目的研究和开发。[①] 一般来说，这种"委托—代理"研发合同都有确定的研发期限并配套有相应的转移支付，引入一个标准的"委托—代理"框架能够很好地解决委托制的激励问题。然而，研究成果的可验证性决定了代理人投资的积极性和确定性。比如许多工程技术类的创新成果是可以验证的，这类成果相对于社科类创新成果而言具有更成熟的市场化评估指标和更完善的评价体系，公认的权威机构可以对其价值和质量进行评估，委托人根据评估结果可以和代理人签订一个完全契约。但是当研发的成果难以标准化验证时，代理人进行科研投入的期望收益不确定，于是就可能出现代理人由于标准模糊导致投资不足的道德风险问题。该问题源于委托制中委托人与代理人呈现的是一对一的合同关系，代理人一旦选定，研发成果的质量完全取决于其本身的投入，因此解决上述难题的根本出路在于引入竞争机制。

2. 锦标赛机制

Lazear 和 Rosen 在 1981 年对锦标赛理论的研究，引发了许多学者对锦标赛参与规模、奖金构成、信息不对称性等问题的研究。锦标赛机制是指将锦标赛的竞技模式引入激励机制，即委托人通过选拔一定数量的符合资质的代理人共同参与研发，他们之间是相互竞争的关系，最后研发成果优胜者获得奖励。锦标赛机制的奖励一般为固定奖励，包括单一奖励和多奖项奖励。Orrison（2004）引入竞赛规模和奖金结构分别作为控制组和对照组进行实验研究发现，在竞赛规模一定的情况下，如果增加竞赛的获胜概率，那么参赛者倾向于减少智力和资金的投入。韩建军等（2005）在竞赛参与人成本不对称条件下，建立了一个竞赛组织者和多个竞赛参与者组成的竞赛博弈模型，结果表明无论竞赛参与人的成本函数为何种形式，对竞赛设计者而言最优的奖金设置是单项奖金模式，即把所有的奖金给予设计出最优产品的竞赛参与者。[②] Casas-Arce（2005）对竞赛规模进行实证研究，发现竞赛参与人员和规模与参与者的总投入有显著的负相关性，即规

---

① 周权雄、朱卫平：《国企锦标赛激励效应与制约因素研究》，《经济学》（季刊）2010 年第 1 期。

② 韩建军、谭德庆、郭耀煌：《不完全信息 R&D 竞赛费用支付方式比较》，《中国管理科学》2005 年第 6 期。

模扩大将会导致参与者总投入减少。[①]

3. 拍卖制

拍卖制的内涵是竞赛举办方通过参赛者提供的产出质量及其报价，进行权衡选择，确定最终的获胜方。与产出质量一道，将报价纳入考虑范围实际上给相对低质量产出的参赛者提供了机会，因为他们可以通过降低自己的报价来获胜。Fullerton 和 McAfee（1999）设计了一种预选赛拍卖模型，在不考虑参赛者异质性的情况下通过将竞争引入锦标赛制选出最有资格的竞争者。[②] 夏晓华等（2008）通过拍卖分析框架，假设竞赛组织者和参与者在完全信息条件下和不完全信息条件下，分析了固定奖励与线性奖励的适用性。[③] Richard. L. Fullerton（2002）提出一类新型的研发竞赛，即将锦标赛与拍卖机制相结合。影响参赛者获胜的关键因素是其产出的质量和报价，创新竞赛参与者中创新产出价值和报价差额最大的人获胜，即当产出价值相同时报价越低的参赛者更可能获胜。基于此，参赛者需要基于自身产出的质量进行报价，并根据竞争形势调整报价，如果参赛者中质量普遍不高，那么可以通过降低报价来获胜，如果不能降低报价，那么仍然可以通过提高创新产出获胜。[④]

另外，许多学者将锦标赛机制与拍卖制作了比较。闫威等（2012）以88名本科生和研究生为对象进行实验，通过改变竞赛参与人数来观察在不同参赛人数的方案下竞赛获胜概率的变化，并基于此对锦标赛制与拍卖制进行比较，得出结论：在竞赛规模较小时，拍卖机制下被试的努力水平和收益都优于锦标赛机制；规模较大时，锦标赛和拍卖机制的激励效果差异不是很明显。[⑤] 当举办方取消入场门槛的限制时，与锦标赛机制相比，拍卖机制下的竞赛将会更加激烈，而由此导致的参赛者的产出质量和投入水

---

① Casas-Arce P，Saiz A. "Do Courts Matter? Rental Markets and the Law"，*SSRN Electronic Journal*，2005. 11. 28.

② Fullerton R L，McAfee R P. "Auctionin Entry into Tournaments"，*Journal of Political Economy*，1999，107（3），pp. 573-605.

③ 夏晓华、王美今：《竞赛中的最优奖励：一个拍卖分析框架》，《经济学》（季刊）2008 年第1 期。

④ Fullerton R L，Linster B G，McKee M，et al. "Using Auctions to Reward Tournament Winners：Theory and Experimental Investigations"，*RAND Journal of Economics*，2002，pp. 62-84.

⑤ 闫威、陈长怀：《机会公平，倾斜政策与不对称锦标赛：一项实验研究》，《管理工程学报》2012 年第 1 期。

平也会更高。对于锦标赛机制而言，设置固定的奖金是非常关键的一环，然而科技悬赏竞赛的举办方由于无法获取到创新产品的详细资料，他们对创新成本和产出价值的估值能力有限，也就无法准确地决定固定的奖金额度。而拍卖机制则将这种对奖金额度的顾虑消除，通过参赛者之间的竞争和报价来避免信息不对称的问题，而直接把该问题转嫁给参赛者本人。Che & Gale（2003）的研究发现，与锦标赛机制相比，创新产出质量相对低的参赛者反而有可能通过更低的报价获胜，无疑加剧了整个竞赛的竞争激烈程度，实际上这对举办方而言更加有利，因此委托人将会选择拍卖激励机制而不是锦标赛激励机制。

现有研究用多种研究方法对创新竞赛的奖励机制作了比较深入的讨论，但是他们的研究都有一个前提的假设，即创新竞赛举办方的目标是"选出最优解题方案"，而对于政府资助型科技悬赏而言，还应该考虑：提高行业技术水平和识别激励人才。并且以上提出的奖励机制不能够适用于所有的目标，因此，本研究在借鉴前人研究成果的基础上，通过对国内外科技悬赏竞赛的案例的整理，试图分析政府资助型科技悬赏竞赛的特点。进一步地，研究还假设了在三种不同目标下竞赛奖励模型的构建，强化奖励机制应用的针对性，提高科技悬赏竞赛的激励效应，更好地实现竞赛目标。

（二）　基于多目标的政府资助型科技悬赏竞赛的特点

国外政府举办的科技悬赏竞赛由来已久。1714 年英国政府设立"经度奖"鼓励发明海上经度测量的方法；1785 年法国政府设立"食物储存技术奖"来寻找长时间储存食物的方法。国内近年来由于鼓励创新，政府也开始举办科技悬赏竞赛，如 2012 年武汉市设奖 1000 万元征集智慧城市顶层设计方案。由此可见，政府在科技悬赏竞赛中扮演着重要的角色，分析不同目标下政府资助型科技悬赏竞赛的特点，能够为组织者提供更具针对性的奖励机制参考条件。因此本研究搜集了国内外 30 个由政府或其职能部门出资举办的科技悬赏竞赛案例，包括中、美、英、法、荷、瑞典、澳大利亚和印度等国家，通过这些案例分析不同目标下政府资助型科技悬赏竞赛的特点，为我国政府进行科技悬赏竞赛提供借鉴。

无论何种目标的政府资助型科技悬赏竞赛，其本身具有区别于其他形式众包竞赛的特点。

首先，竞赛举办主体的权威性。政府作为科技悬赏竞赛的主体，在信息发布和规则制定中更为严谨和规范，参与者更容易对竞赛产生信任和支持。与此同时，由于其自身的权威性，政府举办的科技悬赏竞赛能够给参赛者带来强烈的积极预期，包括竞赛规则的稳定性、参赛过程的公平性以及奖励兑现的确定性。基于此种预期，参赛者为了获得最终的奖励在竞赛中积极付出努力。

其次，奖金额度大。将搜集到的政府资助型科技悬赏竞赛案例与现有的网络众包平台的案例进行对比发现，政府资助型的竞赛奖金动辄几十万元至上千万元，而国外的众包平台 innocentive 和国内的猪八戒网平均奖励金额仅为数千元。由此可见，政府资助型的科技悬赏竞赛奖金数量较大，能够吸引更多人关注和参与竞赛，有利于科技悬赏竞赛解答方案数量和质量的提高，提高竞赛举办效率，实现科技悬赏竞赛的目标。

最后，技术难度大。政府资助的科技竞赛一般都是涉及国计民生或者国家安全等重大项目的攻关，与解决单个问题不同的是，这种项目更多的是以一个系统工程呈现，其解决方案也非某一种方法或者技术而是一种方案体系，需要非常高的技术要求。同时，正是由于其技术难度大，获奖者多为公司或者团队，参赛者会根据自身情况选择以团队合作的形式增强竞争力，于是政府举办的科技悬赏竞赛会设置团队奖，如我国科技部主办的"第七届中国创新创业大赛"奖项为企业和团队各取前三名。倾向于团队合作的趋势能够减少个人参赛投入和失败的风险，增强资源整合和利益效率，能够从一定程度上促进科技悬赏竞赛的发展进步。

表 5-5 不同目标下科技悬赏竞赛的特点

目 标	特 点
选择最优解题方案	以解决问题的方案为导向，有十分明确的标准；强者可能被弱者淘汰 适用于解决特定难题
提高行业技术水平	设立低门槛；提出尽可能多的方案；设置多项奖励 适用于难度较小的领域
识别和激励人才	设立较高门槛；确保竞赛公平；侧重于个人奖项 适用于发现和培养创新人才

　　按目标不同，可将搜集的案例分为三类：第一类是选出最优解题方案；第二类是提升行业技术水平；第三类是识别和激励人才。[①] 如表 5-5 所示。

　　1. 目标为"选择最优解题方案"的科技悬赏竞赛的特点

　　选择最优解题方案即在所有参赛者提供的方案中，评选出一项最能够解决悬赏所提出问题的方案。目前，选择最优解题方案是科技悬赏竞赛中最常见的目标，以某一特定问题为导向的科技悬赏竞赛一定要有十分具体清晰的问题设置和评价标准，如此参赛者能够根据自身的实力预估自己获胜的概率，实力强的参赛者会对比赛有一个明确的积极预期，于是他会不遗余力地付出努力来争取获胜。实力弱的参赛者也了解付出何种努力能够得到何种回报，于是他们也会在预估自己受益为正的情况下积极竞争。这样一来，实力强的参赛者如果消极付出努力则面临可能被实力较弱的参赛者淘汰的风险。参赛者的成果取决于能力和投入两个要素，建立一种激励使得实力更强的选手付出更多的努力，能够最大化最优解题方案的质量。例如 2014 年 6 月厦门市政府悬赏 600 万元解决最后一公里配送难题，明确地提出需要解决的问题是最后一公里范围内难以配送的问题，一年内就产生了"易家配送柜"和"鸟箱"两个针对不同类型配送的最优方案。

　　2. 目标为"提高行业技术水平"的科技悬赏竞赛的特点

　　提高行业技术水平即科技悬赏举办方想要通过科技悬赏，征集针对某个问题的创意和技术，让参赛者的努力总和达到最大，从而提高全行业的技术水平。以"提高行业技术水平"为目标的科技悬赏竞赛要求最大化参赛者的努力总和，则需要参赛者提出尽可能多的方案，因此需要设立尽可能低的准入门槛，同时设置多个奖项的奖励，让每个参赛者都有赢得比赛的可能，以激励每位选手积极付出努力，推动该行业形成百花齐放的积极竞争态势。该目标下的科技悬赏竞赛适用于技术难度相对较小的领域，且成果的要求无须过于具体。例如，陕西省科技厅举办的"全国机器人创意设计大赛"，只限定了家用的主题，对成果未作具体规定，极大地激发了机器人设计业余爱好者的兴趣，为他们提供了一个展示创意的平台，同时也推动了机器人制造行业的发展。

---

　　① Moldovanu B, Sela A., "The Optimal Allocation of Prizes in Contests", *American Economic Review*, 2001, pp. 542-558.

3. 目标为"识别和激励人才"的科技悬赏竞赛的特点

识别和激励人才即竞赛组织者通过举办竞赛来聚集不同领域的参与者，并通过奖励激励优秀者参赛，通过评选识别和挖掘更多科技人才。在这一目标下，竞赛需要根据以前的成果对参赛选手的实力进行预估，尽可能提高实力强的选手赢得竞赛概率，同时为了确保公平还应当使实力更强的选手有更大的概率赢得竞赛。以"识别和激励人才"为目标的科技悬赏竞赛评选标准的重点应当是人，透过成果来挖掘人才的潜力，为科技创新培养后备人才。本研究所说的"识别和激励人才"类似于科研资助中的"人才奖"，能够形成以人为本的创新精神，将以往侧重于团队奖励的"项目奖"转变为侧重于个人奖励的"人才奖"。[①] 例如，1931—1942 年的"苏联技术进步奖"不限制奖项，只要符合条件即可获奖，共有多人获奖；2008 年开始，青岛市每年悬赏 50 万人民币奖励"科技最高奖"，要求是每年不超过 2 名，每年均有人获奖，对科技创新人才起到了极大的激励作用。

（三）最大化参赛者最大努力的竞赛"奖励"

按照 Moldovanu B，Sela A 的观点，在非对称信息条件下，假定一个单一奖励的全支付竞赛，记参赛者集合为 N = $\{1, 2, \cdots, n\}$，参赛者 i 为了获取奖励做出努力 x_i，努力 x_i 将产生一个成本 $c_i x_i$，其中 $c_i > 0$ 为其能力参数。需要注意的是，c_i 越小意味着 i 的能力越高，反之亦然。参赛者 i 的能力 c_i 是私人信息。所有参赛者的成本都相互独立，参赛者的成本服从于 $(m, 1)$ 上的分布函数 $F(c_i)$，且 $F' > 0$，具有连续的概率密度。假设最低成本对应的 m 严格为正，于是有 $m > 0$。付出最高努力的参赛者获得唯一的奖品；如果与参赛者最高努力相同，则奖品被平分。

在上述条件下的竞赛中，竞赛组织者并不清楚该项竞赛准确的实际价值，于是无法外生决定奖品数量，但是组织者可以明确地知道，其为该项竞赛所能支付的最大奖励为 M。一种奖励方案是设定固定奖励 M；另一种奖励方案则是竞赛组织者要求参赛者 i 在比赛之前做出与最终成果质量相关的投资 e_i，这个投资可以是对成果研发的实际投入，也可以是根据报价

①　钟书华、王炎坤：《我国科技奖励项目奖和个人奖研究述评》，《中国科技论坛》2005 年第4 期。

的数量来决定奖品的数量 W（e），其中，e =（e_1，e_2，…，e_n），W（e）与 e 均用货币度量，W（e）≤M。参赛者的投资不能降低其竞争成本，即无法改变参赛者 i 对应成本 c_i 的实际分布情况，但这些投资可能完全披露了参赛者成本的私人信息。这样，竞赛者 i 的问题转化为选择投资数量 e_i 和努力程度 x_i 以最大化自己的效用水平，即：

$$\text{Max } p_i（x_1，x_2，\cdots，x_n）W（e）-c_i x_i - e_i$$

其中，$p_i（x_1，x_2，\cdots，x_n）$

$$= \begin{cases} 1 \ x_i > x_j，\text{对所有} i \neq j \\ 0 \ x_i < x_j，\text{最少存在} j \neq i \\ 1 \ x_i \in \max\{x_1，x_2，\cdots，x_n\} \end{cases}$$

如果竞赛举办方的目的是让所有参赛者都尽可能地作出最大的智力投入，也就是最大化 E（xmax），xmax = max｛x_1，x_2，…，x_n｝。[①]

参赛者在进行创新产出的智力投入的过程中并不知道最终奖励的实际金额，参赛者也不知道自己的竞争对手处于什么样的智力水平和投资水平，于是参赛者的智力投入不仅仅取决于其智力投入的成本。在线性奖励方案下，最终奖品金额 W（e）= α+βe_i*，其中，参赛者 i* 是竞赛的获胜者，且 0 <α<M，由于投资数量必须是正数，假设 β>1。

在固定奖励制度下，参赛者努力水平的 Bayes-Nash 均衡为：

$$x_{fix}^i = \int_c^1 \frac{1}{t} MH(t)\, dt \quad x_{fix}^i = \int_c^1 \frac{1}{t} MH(t)\, dt$$

其中，H（t）=（N-1）F′（t）［1-F（t）］$^{N-2}$［1-F_{-N}（t）］$^{N-1}$，F 和 N 分别表示参加竞赛者的概率分布函数和人数，并且竞赛奖励金额越大，其为参赛付出的智力投入也就越大；而其资金成本投入越多，智力投入就越小。在给定的奖励金额水平下，即便参赛者之间具有不对称信息，参赛者的人数及其成本投入也各不相同，并且最终只会有一名参赛者获得奖励，但是奖励金额跟参赛者投入的智力成本和资金成本存在一定的替代关系。在任何一种既定的成本投入下，奖励金额越大那么参赛者的智力投入必然增加；而智力投入过程中成本的降低也会极大地提高参赛者智力投入的动机和意愿。也就是说，在既定的智力投入成本下，奖励金额的增加

---

① 此部分内容节选自 Moldovanu B, Sela A. "The Optimal Allocation of Prizes in Contests", *American Economic Review*, 2001, pp. 542-558.

能够增强对参赛者个体的激励；在既定的奖励金额水平下，参赛者的智力投入成本越小，其获胜的预期收益就越大，从而引导参赛者进行更多的智力投入，提高产出的质量。参赛者作为一个理性经济人，他会在奖励金额与自己智力投入和资金投入上进行权衡，选择最佳的智力投入水平。而当设置一个固定的奖励时，尽可能多地设置奖励金额，能够极大地提高任一水平投入的参赛者对获胜的期望，但是这种激励是对于全体参赛者而言的，并非针对某一个参赛者。因而，在这个纳什均衡中，要想提高所有参赛者的智力投入，举办方就要最大化地提高固定奖励金额，吸引所有人增加智力和资金投入。

（四）最大化所有参赛者的努力总和的竞赛"奖励"[①]

假设在一个淘汰赛中有四名参赛者 i = 1，...，4 争夺同一个奖励，这个奖励最终将被分配给比赛的优胜者。随机产生两对选手在半决赛进行竞争，两场半决赛的两个赢家获得参加决赛的资格，决赛的优胜者获得奖励，并且半决赛的输家不参与之后的任何竞争。本研究以全支付竞赛的模式对每两名参赛者进行匹配，每名选手付出自己的努力，付出更多努力值的参赛者获胜。

选手 i 对竞赛奖励的预期为 V_i，其中 $V1 \geqslant V2 \geqslant V3 \geqslant V4 > 0$，并且他们的预期是公共信息。假设每个进入决赛的参赛者能够无条件地获得报酬 k > 0，该报酬 k 与其在决赛中的表现无关，并且取 k 的极限令 k 趋近于 0。这种设计可以确保所有参加半决赛的竞争者都会积极地付出努力并产生价值，对半决赛中存在均衡而言是一个必要条件。在参赛者 i 和 j 之间的决赛中，他们付出的努力分别是 $e_i^F e_i^F$，$e_j^F e_j^F$。在 k 值下，参赛者 i 的收益为：

$$u_i^F [e_i^F, e_j^F] = \begin{cases} -e_i^F \, if \, e_i^F < e_j^F \\ \dfrac{v_i}{2} - e_i^F \, if \, e_i^F = e_j^F \\ v_i - e_i^F \, if \, e_i^F > e_j^F \end{cases}$$

①　此部分内容节选自 Moldovanu B, Sela A. "The Optimal Allocation of Prizes in Contests", *American Economic Review*, 2001, pp. 542-558.

$$u_i^F[e_i^F, e_j^F] = \begin{cases} -e_i^F \, if \, e_i^F < e_j^F \\ \dfrac{v_i}{2} - e_i^F \, if \, e_i^F = e_j^F \\ v_i - e_i^F \, if \, e_i^F > e_j^F \end{cases} \quad u_i^F[e_i^F, e_j^F] = \begin{cases} -e_i^F \, if \, e_i^F < e_j^F \\ \dfrac{v_i}{2} - e_i^F \, if \, e_i^F = e_j^F \\ v_i - e_i^F \, if \, e_i^F > e_j^F \end{cases} \quad (1)$$

同样的，参赛者 j 在决赛中的收益也是类似。而在选手 i 与 j 进行的半决赛中，选手 i 和 j 的收益为：

$$u_i^S(e_i^S, e_j^S) = \begin{cases} -e_i^S \, if \, e_i^S < e_j^S \\ \dfrac{E \, u_i^F + k}{2} - e_i^S \, if \, e_i^S = e_j^S \\ E \, u_i^F + k - e_i^S \, if \, e_i^S > e_j^S \end{cases}$$

$$u_i^S(e_i^S, e_j^S) = \begin{cases} -e_i^S \, if \, e_i^S < e_j^S \\ \dfrac{E \, u_i^F + k}{2} - e_i^S \, if \, e_i^S = e_j^S \\ E \, u_i^F + k - e_i^S \, if \, e_i^S > e_j^S \end{cases} \quad (2)$$

选手 j 在半决赛的收益同上。值得注意的是，在半决赛中每个参赛者的收益取决于决赛竞争者的预期效用。而同时，其预期效用又取决于在决赛中预期对手的实力。正是这一特点使得竞赛组织者可以通过人为操纵设计半决赛的竞赛方案。竞赛的设计者可以从竞赛方案集合 {A，B，C} 中选择半决赛的结构，其中：A：1-4，2-3，B：1-3，2-4 和 C：1-2,3-4。

论点 1 假设两个参赛者 i 和 j，并且 $0 < v_j \leq v_i$，他们在全支付竞赛中竞争唯一奖励。在唯一的纳什均衡中，所有选手在区间 [0，v_j] 内随机变化。参赛者 i 的努力是均匀分布的，而参赛者 j 的努力则取决于累积分布函数 $G_j(e)$ (E) = ($v_i - v_j + e$) /v_j。他们各自的预期收益是 $u_i = v_i - v_j$，$u_j = 0$。

根据 Orrison A，Schotter A，Weigelt K. 等学者的论述，对于方案 A：1—4，2—3。当 k 趋近于 0 时，参赛者 1 一定可以进入决赛。因为参赛者 4 无论在决赛中相遇哪一个（3 或 2），其收益极限趋近于零。而参赛者 2 和 3 存在信息和实力的不对称，当他们在决赛中对阵参赛者 1 时收益极限都将趋于 0，参赛者 1 的预期收益为正，但相较于对阵选手 2 有更高的胜算。然而，由于在决赛中与选手 4 相遇的概率趋近于 0，2 和 3 的位置变为对称，因为他们都知道将在决赛中遇到更强的选手 1 ，他们决赛的期望值趋近于 0 。因此，他们两个进入决赛并与选手 1 相遇的概率都是 1/2。

而在方案 B：1—3，2—4 中，在任何决赛中参赛者 4 遇到 1 或 3，都是比他更强的，其预期效用趋近于零。而对于参赛者 2，当在决赛中遇见选手 3 时有一个正预期值。因此在这个极限中，参赛者 2 进入决赛的概率是 1，而参赛者 3 在决赛中的预期收益不可能为正。因此，选手 1 进入决赛并对阵选手 2 的概率为 1 。

由于预期的决赛方案 B：1—3，2—4 比预期的决赛方案 A：1—4，2—3 更严格，从总努力上看方案 B：1—3，2—4 要优于方案 A：1—4，2—3。

（五）最大化最优参赛者的获胜概率的竞赛"奖励"

假设设计者选择编排方案是为了最大限度地提高最优参赛者的获胜概率。令 R 是所有选手的集合，并让 $\widetilde{F}(s)$ $\widetilde{F}(s)$ 是在给定编排方案 s 下进入决赛的选手的随机集合。在线性奖励制度下，参赛者投资水平的 Bayes-Nash 均衡为：

$$
e(c)=\begin{cases} -\dfrac{\alpha}{\beta}+\dfrac{\alpha}{\beta G(c)}, & c\in[c^H,1]\\[2mm] \text{在}[0,e^*]\text{上随机选择}, & c=c^※\\[1mm] \cdots\cdots\cdots\cdots\cdots\cdots\cdots\cdots\cdots\cdots\cdots\cdots\\[1mm] \dfrac{M-\alpha}{\beta}, & c\in[m,c^H]\cup[c^H,1] \end{cases}
$$

$$
e(c)=\begin{cases} -\dfrac{\alpha}{\beta}+\dfrac{\alpha}{\beta G(c)}, & c\in[c^H,1]\\[2mm] \text{在}[0,e^*]\text{上随机选择}, & c=c^※\\[2mm] \dfrac{M-\alpha}{\beta}, & c\in[m,c^H]\cup[c^H,1] \end{cases}\tag{3}
$$

参赛者努力水平的 Bayes-Nash 均衡为：

$$
x_{line}(c)=\begin{cases} \displaystyle\int_c^1 a\,\frac{1}{t}\,\frac{H(t)}{G(t)}dt, & c\in[c^H,1]\\[3mm] \displaystyle\int_c^{ch} M\,\frac{1}{t}H(t)\,\mathrm{d}t+\int_{ch}^1 a\,\frac{1}{t}\,\frac{H(t)}{G(t)}dt, & c\in[m,c^H] \end{cases}
$$

$$x_{line}(c) = \begin{cases} \int_c^1 a \dfrac{1}{t} \dfrac{H(t)}{G(t)} dt, & c \in [c^H, 1] \\[3mm] \int_c^{ch} M \dfrac{1}{t} H(t) \, dt + \int_{ch}^1 a \dfrac{1}{t} \dfrac{H(t)}{G(t)} dt, & c \in [m, c^H] \end{cases} \qquad (4)$$

在不设置最高的奖励上限的情况下，如果参赛者的成本投入不高于 c^*，当参赛者的成本投入越大时，最优投资额也越大；如果参赛者的成本投入高于 c^*，当参赛者成本投入越小时，最优投资额反而越大。也就是说，从投资的投入和收益比来看，参赛成本不高不低的参赛者会更倾向于继续追加投资额。正是因为举办方竞赛最大的奖励额 M 的存在，才导致成本在 [m, c^H] /c^* 区间内的参赛者，在其他条件相同的情况下他们的投资水平会趋同 $e^* = (M-\alpha)/\beta$。既然如此，参赛者只需要将自己的投入水平控制在 e^* 以上，即使参赛者获得奖励也会导致其成本超过收益。此时，e^* 与参赛者的类型不相关，没有任何一名参赛者会选择超过 e^* 水平的投入。若参赛者成本为 c^*，则 [0, e^*] 内的任意水平投资等于预期奖励补偿，参赛者对投资选择将不敏感。按照总努力值来比较编排方案 B：1，2 和 C：1—2，3—4 更微妙。在 C：1—2，3—4 的设计中，所有四种可能的决赛形式都有一个正的概率，因为两个更强的球员在决赛中期望回报为正，两个弱玩家的期望回报为 0。通过观察可以发现，在淘汰赛中，选手 1 和 2 进行的半决赛会比选手 1 和 2 进行的决赛产生更少的总努力值，因为半决赛中所有选手都参与竞争，为了最终赢得比赛，他们需要在决赛中发挥额外的努力。努力值的减少是由于选手 1 和 2 已经在半决赛对阵，而且努力值的减少不能从由一名实力强与一名实力弱的选手组成的决赛中得到补偿，编排方案 B：1—3，2—4 也在努力总和上优于 C：1—2，3—4。

在方案 B：1—3，2—4 中，选手 1 和 2 进行决赛的概率趋近于 1。因此，选手 1 的整体获胜概率等于他在决赛中胜过选手 2 的概率。在方案 A：1—4，2—3 下，选手 1 进入决赛的概率也极限趋近于 1，除非遇到选手 2 或 3（有相等的极限概率）。由于选手 1 在决赛中对阵选手 3 比对阵选手 2 更可能获胜，我们得到编排方案 A：1—4，2—3 在最大化最佳选手获胜概率上要优于方案 B：1—3，2—4。

从顶级选手获胜概率上比较方案 C：1—2，3—4 和 A：1—4，2—3 可以发现：选手 1 在方案 C：1—2，3—4 下比方案 A：1—4，2—3 更可能赢得决赛。但是，在方案 A：1—4，2—3 中选手 1 肯定能进入决赛，然而在方案 C：1—2，3—4 中只有小于 1 的概率能进入决赛，因为 1 要先胜过 2

才能进入决赛的角逐，事实证明，这种方案会导致 1 赢得决赛的概率更低，而且方案 A：1—4，2—3 总是能使选手 1 产生更高的整体获胜概率。[①]

当 $v_1 = v_2 = v_3 = v_4 = v_H > v_L$。在方案 A：1—4，2—3 和 B：1—3，2—4 下，用表示半决赛中 i 击败 j 的概率。基于这些概率来计算在赢了半决赛的条件下进入决赛的预期价值。在赢得了半决赛的条件下，选手 1 在决赛中遇见选手 2 的概率为 q_{23}^S（k）。这导致当决赛中的选手实力相当时，他们的回报都是 0。选手 1 遇见选手 3 的概率为 $[1-q_{23}^S$（k）$]$。由于选手 3 的估价 $V_L < V_H$，在这个情况下选手 1 的预期回报为 $v_H - v_L$。在任何情况下，只要进入决赛就可以获得额外的回报 k。因此，选手 1 赢得半决赛的预期价值可表示为：

$$q_{23}^S(k) \cdot 0 + [1 - q_{23}^S(k)](v_H - v_L) + k = [1 - q_{23}^S(k)](v_H - v_L) + k$$

类似的，选手 2 的预期价值表示为：

$$[1 - q_{14}^S q_{14}^S(k)](v_H - v_L v_H - v_L) + k$$

选手 4 在决赛中遇到选手 2 的概率为 q_{23}^S（K），遇到选手 3 的概率为 $1 - q_{23}^S$（K）。选手 4 在任何情况下的预期回报为 k，选手 3 也类似。鉴于上述计算值，观点 1 说明，获胜的概率和预期回报取决于以下方程组：

$$q_{14}^S(k) = 1 - \frac{k}{2\{[1 - q_{23}^S(k)](v_H - v_L) + k\}}$$

$$q_{14}^S(k) = 1 - \frac{k}{2\{[1 - q_{23}^S(k)](v_H - v_L) + k\}} \quad (5)$$

$$q_{23}^S(k) = 1 - \frac{k}{2\{[1 - q_{14}^S(k)](v_H - v_L) + k\}}$$

$$q_{23}^S(k) = 1 - \frac{k}{2\{[1 - q_{14}^S(k)](v_H - v_L) + k\}} \quad (6)$$

在 $q \in [0, 1]$ 的条件下对方程求解得出：

$$q_{14}^S(k) = q_{23}^S(k) = 1 + \frac{k}{2(V_H - V_L)} - \frac{1}{2(V_H - V_L)}\sqrt{[2(V_H - V_L) + k]k}$$

$$q_{14}^S(k) = q_{23}^S(k) = 1 + \frac{k}{2(V_H - V_L)} - \frac{1}{2(V_H - V_L)}\sqrt{[2(V_H - V_L) + k]k}$$

$$(7)$$

---

① 本部分节选自 Orrison A, Schotter A, Weigelt K., "Multiperson Tournaments: An Experimental Examination", *Management Science*, 2004, 50 (2), pp. 268-279.

代入论点 1，每场半决赛中预期的努力值为

$$\frac{k}{2} + \frac{1}{2} \frac{k^2}{[1 - q^S(k)](v_H - v_L) + k} \frac{k}{2} + \frac{1}{2} \frac{k^2}{[1 - q^S(k)](v_H - v_L) + k}$$

(8)

在这里，可表示为

$$\lim_{k \to 0} q_{14}^S(k) = \lim_{k \to 0} q_{23}^S(k) = 1 \lim_{k \to 0} q_{14}^S(k) = \lim_{k \to 0} q_{23}^S(k) = 1$$

(9)

实力弱的参赛者赢得决赛的可能性非常小，因此他们几乎没有动力付出额外的努力。这意味着，实力强的参赛者在半决赛中也不必付出很大的努力。此外，每一个实力强的参赛者都知道在决赛中将会遇到一个实力更强的参赛者，于是这很大程度上减少了强者对赢得半决赛的期望收益。

参赛者 1 和 2 在决赛中相遇的概率为 1（当 k 趋于零时）。由于他们两个都有相同的估值 v_H，所以决赛的预期总努力就是 $v_H v_H$。

对于编排方案 C：1—2，3—4。决赛将会在估值为 v_H 和 v_L 两位选手中进行。因此，由引理 1，在决赛中期望的努力是 $\frac{v_L}{2}(1 + \frac{v_L}{v_H}) \frac{v_L}{2}(1 + \frac{v_L}{v_H})$。

首先考虑在强的参赛者 1 和 2 之间的半决赛。由于这场半决赛的获胜者将在决赛中对阵一个弱的参赛者，1 和 2 决赛的预期收益均为 $v_H - v_L + k$ $v_H - v_L + k$。由引理 1，在这场半决赛中预期总的努力是 $v_H - v_L + k v_H - v_L + k$，请注意，若 k 很小，该总努力则小于由两个实力强的参赛者进行的决赛产生的总努力 $v_H v_H$。

现在来考虑在两个实力最弱的参赛者之间进行的半决赛。他们都有一个决赛的预期回报 k，因为这是在决赛中对阵一个估值为 $v_H v_H$ 的强大竞争对手的回报。因此，在这场半决赛中预期总的努力也是 k。在方案 C：1—2，3—4 下总努力的极限给出如下：

$$TE_C = \lim_{k \to 0} \left[\frac{v_L}{2} \left(1 + \frac{v_L}{v_H} \right) + v_H - v_L + 2k \right]$$

$$TE_C = \lim_{k \to 0} \left[\frac{v_L}{2} \left(1 + \frac{v_L}{v_H} \right) + v_H - v_L + 2k \right]$$

(10)

总结如下：

$$TE_C = TE_B = v_H > v_H - \frac{v_L}{2} \left(1 - \frac{v_L}{v_H} \right) = TE_C$$

$$TE_C = TE_B = v_H > v_H - \frac{v_L}{2}\left(1 - \frac{v_L}{v_H}\right) = TE_C \qquad (11)$$

Che Y K 和 Gale I. 认为总是存在一种方案可能让最强的两位选手参加决赛的概率为 1（当 k 趋近于 0 时）。假设有 1，2，…，8，八名选手参加比赛，第 1 轮：$M_{18}\, M_{18}$，$M_{27}\, M_{27}$，$M_{36}\, M_{36}$，$M_{45}\, M_{45}$；第 2 轮：$M^w_{(18)\,(36)}$ $M^w_{(18)\,(36)}$，$M^w_{(27)\,(45)}$ $M^w_{(27)\,(45)}$；第 3 轮：在半决赛的获胜者中进行决赛。上述参赛者 4 在方案 A：1—4，2—3 和 B：1—3，2—4 下第 1 轮被淘汰，同理可知，选手 8 也会在第 1 轮被淘汰。另外按照方案 B：1—3，2—4 中倒数第二名的参赛者也将在第一轮被淘汰，所以参赛者 7 也无法进入第二轮，同样地，参赛者 6 也在第 1 轮被淘汰。然而这种设计并不能淘汰参赛者 1 和 5，因为他们未来可能的对手信息是对称的。因此，半决赛可能的设计为 1—3，2—4 或 1—3，2—5。按照方案 B：1—3，2—4 的逻辑，在第 2 轮比赛中竞争双方的弱者被淘汰，于是能够保障最优秀的两位参赛者获得进入决赛的资格。

而在只有四名参赛者的比赛中，方案 B：1—3，2—4 具有独特的属性，它确保了两个最好的选手之间的决赛，如果选手数量 2^N $2^N > 4$，则会有更多的设计自由度。[①]

由本书的研究可知，在进行科技悬赏竞赛时，不同目标下的奖励机制设计应当作差异化处理。第一，当竞赛组织者需要实现某一领域或某一行业整体的进步和发展时，应当追求所有参赛者的努力总和最大化。在设计奖励机制时应该让每个参赛者都具有相应的正的期望收益，并且让实力相当的参赛者进行竞争，以激励他们增加投入，提高获胜的希望。第二，当竞赛组织者需要选拔出最优秀的解题方案，应当追求竞赛的优胜者付出最大努力。在设计奖励机制时应该让最优秀的参赛者具有较大的获胜期望，同时又要使其他参赛者保持争夺奖励的可能性，以此激励最优参赛者根据自身的成本和收益进行增加投入。第三，当竞赛组织者需要的不是行业发展，也不是最优解题方案，而是发掘和识别人才时，应当追求让更优秀的参赛者具有更大的获胜概率。在设计奖励机制时应当侧重于参赛选手的实力排序，在初次选拔中就应当获取参赛者的实力依据，可以选择让所有参

[①] 本部分节选自 Che Y K, Gale I., "Optimal Design of Research Contests", *The American Economic Review*, 2003, 93（3），pp. 646-671.

赛者缴纳一定数额的保证金，未能进入下一轮选拔的参赛者保证金不予退回，来激励实力更强的参赛者增加投入，减少实力弱的参赛者参与竞争的数量。

以上不同目标下的奖励机制选择可以适用但不局限于我国政府资助的科技竞赛。当前的科技竞赛绝大多数采用"参赛者提供作品—专家评审"的模式，并且均采用一次性评选，极大地增加了科技竞赛的偶然性，实力强的参赛者可能由于各种非智力因素被排除在获奖竞争者之外。除此之外，科技竞赛往往不会是单一目标，可能需要实现两个甚至更多目标，对于本研究提出的三种方案也可组合进行使用，多种方案组合的奖励机制设计构成了进一步研究的空间。

四　科技悬赏制的成果"退出—对接"机制

科技悬赏奖为取得某一领域的科技创新成果设立，但在"出成果"的基础上更要"用成果"，其最终目的是实现科技成果转化为现实生产力，服务于社会发展。然而，科研人员研发出科技成果，不论这种成果以理论或实物形态存在，其后期试验、开发、应用都是一个漫长的过程，需要大量的资金支持。这就存在一个基本问题：一旦悬赏成果从该奖项领域中退出，应该采取何种对接方式完成其后期转化？在我国目前的科研资助体系下，如何探索适用于我国的悬赏成果对接方式？为解决这些问题，本研究对政府资助型科技悬赏成果"退出—对接"机制进行研究，或许可为我国科技成果顺利转化提供理论指导。

（一）现行国家科研资助体制

按时间脉络，我国科研资助体制先后经历了行政拨款制和科学基金制。

1. 行政拨款制

20世纪50年代以来，依照"苏联模式"，中国构建了国家科技体制，与经济体制相同，实行计划管理。各级政府按照人头、科研机构或者科研项目进行拨款，以避免重复和竞争。行政拨款制的最大优点是集中力量解决重大科技问题，故从20世纪50年代往后的20年中，国家科研在核武器、空间技术以及基础科学领域表现不凡，这种行政拨款制适应了建国初期我国高度优先的国家安全需求，以及科技资源相对贫乏的特殊环境①。

2. 科学基金制

然而，这种按计划运行，缺乏竞争的拨款制度，在一定程度上也造成了低效率、缺乏活力等现象。1985 年 3 月，中共中央颁布了《中共中央关于科学技术体制改革的决定》，《决定》提出要改革行政拨款制，增加科研机构的活力。随后，中共中央又颁布了《关于科学技术拨款制度改革的暂行规定》，提出引入竞争机制，根据不同学科的特点，择优分类资助，并且对基础研究以及应用基础研究实行科学基金制。

3. 国家科研资助体制与科技悬赏制度的比较

科技悬赏奖与现行国家科研资助体制在其资助主体、客体、对象、运作流程以及管理模式上均存在差异（如表 5-6）。

表 5-6　　　　　国家科研资助体制与科技悬赏制度的比较

	行政拨款制	科学基金制	科技悬赏制度
资助主体	政府财政拨款	政府财政拨款，并可以接受国内外社会团体、机构和个人的捐赠	政府、企业、非营利组织、个人，亦可以是多个主体的融合
资助客体	基础研究以及应用基础研究	基础研究以及应用基础研究	应用研究和发展研究
资助对象	有门槛，对申请者资历有相应要求	有门槛，对申请者资历有相应要求	无门槛，对申请者无要求
运作流程	申请、评审、拨款、结题	申请、评审、拨款、结题	发布选题，组织评审，宣布获奖者
管理模式	过程跟踪式管理模式	过程跟踪式管理模式	目标管理模式

第一，在资助主体上，根据国际经验，科技悬赏奖的设奖主体可以是政府、企业、非营利组织、个人，亦可以是多个主体的融合。而我国现行的行政事业包干制仅限于财政拨款，而科学基金制虽可以接受来自其他团体及个人捐赠，然而实际却并不多见，故政府仍是科学基金制的资助主体。这也就决定了两者在经费来源渠道的不同，以及筹资手段的不同。

---

① 曾婧婧、钟书华：《省部科技合作：从国家科技管理迈向"国家—区域"科技治理》，《科学学研究》2009 年第 7 期。

第二，在资助客体上，科技悬赏奖的设奖领域是具有较强技术突破性且结果难以预测，以及与时代紧密结合的领域。若按照经济学分类，则可将其描述为"技术上无法排他，在市场上需求弹性较小"的科技领域，若从科研类型来分，科技悬赏奖更多的奖励应用研究和发展研究。而现行的事业包干制和科学基金制则更多关注基础研究以及应用基础研究。这样，三者在资助对象上，就可以相互补充与完善。

第三，在获得资助的对象上，1985年之前的行政拨款制以及现行的科学基金制将科研资助的享有人限制在体制内部，对申请者的背景、学历、职称甚至是级别均有相关规定。相比之下，科技悬赏奖由于其不设门槛，因此历年的获奖者中不乏业余科研爱好者。如此一来，消除了体制内与体制外、有资历者与无资历者之间的机会鸿沟，更有利于激励创新。

第四，在运行流程和管理模式上，现行的国家科研资助体制是按照基金申请、评审、拨款、结题的流程运作，采用过程跟踪式管理模式，为获资助者提供了可靠的经费来源，促进了基础研究的稳定发展。然而，这种模式使竞争发生在申请入口处，必然会导致申请者花大量的精力去撰写申请书；科技悬赏奖则是按照发布选题，组织评审，宣布获奖者的运作流程，采用目标管理模式，使得竞争发生在成果出口环节，这样也使得申请者将精力由以往的关注申请书的撰写转移到关注成果的取得上。

政府资助型科技悬赏成果具有战略性、普惠性和创新性特征，因此将其分为企业定制可商业化成果、基础研究类成果及政府定制公益性成果。我国科研资助形式包括科技拨款制、科学基金制、科技贷款、成本补偿及定额补助等①，其中科技拨款制和科学基金制占主导。科技拨款是国家财政资金的直接拨付，用于支持重大科技项目建设及各类科研单位科研工作，适用于支持政府定制的公益性成果；科学基金制是基础科学研究资助的主要形式，适用于支持基础研究类成果。由于企业定制成果具有商业化特性，适用于企业直接支持。在此基础上，提出三种"退出—对接"模式：企业购买、科学基金资助及科技拨款购买。通过明确每种对接模式特性，构建机制如图5-5所示：企业定制且可商业化的科技成果采用企业购买方式退出；基础研究类成果与科学基金制对接；政府通过技术招标或网络征集的公益性较强的悬赏成果与科技拨款购买对接。

---

① 朱九田、周莹莹、杨国军：《我国科研资金投入体制的演化》，《科技进步与对策》2005年第3期。

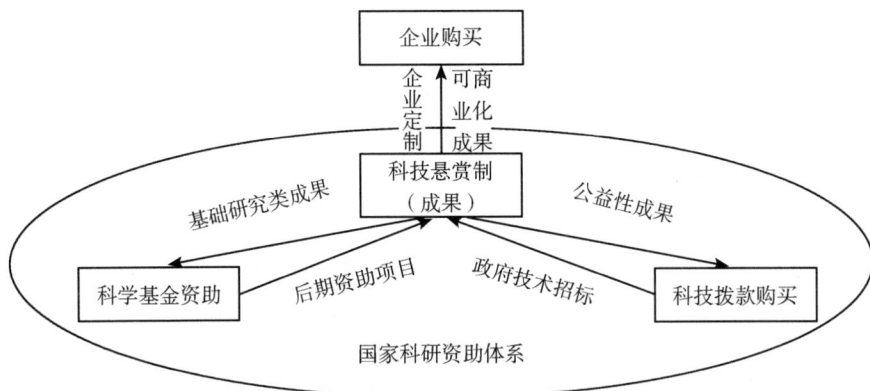

图 5-5　科技悬赏制与现行国家科研资助体系的对接

提出以上对接模式的前提是科技悬赏奖完成悬赏目标，悬赏奖金随即退出。如果科技悬赏奖未完成目标，则需根据悬赏奖金来源讨论退出方式：若来源于政府主体或企业主体，则奖金仍退给相应资助主体；若通过筹款的方式获得，鉴于筹款主体目的是资助具有公益性质的科技成果，相应的奖金可由设奖组织代为保管，用以资助推动社会发展的创新项目。对政府资助型科技悬赏成果与我国科研资助方式对接机制进行研究兼具科学性与实践价值。政府资助型科技悬赏成果具有战略性、普惠性和创新性特征，因此将其分为企业定制可商业化成果、基础研究类成果及政府定制公益性成果。

（二）企业购买科技悬赏成果的"退出—对接"机制

1. 悬赏成果与企业购买对接可行性

企业购买的科技悬赏成果主要有两个来源，即企业定制科技悬赏与政府资助科技悬赏。企业定制科技悬赏是企业以解决某项技术难题为目的，以一定奖金激励，在一定范围内专门征集科技创新成果，最终实现悬赏目标的过程。在这个过程中，资助主体由企业充当，而政府可能适当给予政策优惠或奖金补贴。而在政府资助科技悬赏中，政府出于某种目的设立科技悬赏奖，而企业看重获奖成果的市场潜力，从而支付一定金额的费用向政府购买其所有权；政府出于大企业的平台效应的考虑而与其合作，将某项科技悬赏项目成果交与某个企业，利用其商业资源继续进行技术创新与开发，而企业必须首先出资购买这一悬赏成果。在这一过程中，通过后期企业购买，实际悬赏奖金已经转嫁由企业承担，企业成为实际资助者。

2. 企业购买具体方式

企业购买的具体方式包括定制购买、申请购买和协作购买。在这一对接方式中，政府在悬赏成果研发者与企业之间起中介作用。

（1）定制购买

定制购买是指企业出于解决技术难题的需要设立或申请以政府名义设立科技悬赏奖，其定制的科技悬赏成果最终由企业购买，这是一种最直接、最高效的购买方式。企业可以采用悬赏成果资本化的方式，即企业通过分析和评估该项成果的市场价值及潜在收益，将其转换为资本，以股权形式反馈给该项成果的持有者，通过合同明确双方权益及义务，从而形成一种利益共享和风险共担机制。在这种机制的约束下，可以督促成果持有者在成果后续试验、推广和应用过程中积极建言献策，改进成果运用中的问题。

（2）申请购买

申请购买是指某项科技悬赏奖由政府设立，但企业认为该项科技悬赏成果具备商业开发的价值和潜力，向设立该项科技悬赏奖的政府提出申请，购买该项成果的所有权。通过悬赏挑选出来的成果质量必然有所保证，具备科学性和可行性，有望在较短时间将无形成果转化为有形产品。基于此项前提，政府对提出申请购买的企业进行审查，在确认其具备一定的创新能力和条件的情况下，政府以中间人的身份，将该项成果交由该入选企业实行转化。在这种购买方式下，企业适用买断的形式，即以一定数量的资金买断该成果，对其实行独占，实际占有其所有权和使用权。这样可以使企业自由制定开发战略，避免不必要的纠纷。

（3）协作购买

协作购买是指政府出于某种目的设立某项科技悬赏奖，为实现悬赏成果的后期转化，与有一定市场地位与创新能力的科技企业进行洽谈协作，通过转让合同授予企业使用该项成果的权利。这种购买方式类似于许可证贸易，即技术许可方将其交易标的使用权通过许可证协议或合同转让给技术接受方的一种交易行为。企业支付一定数额资金购买悬赏成果的使用权，按照所签合同约定对该项成果进行开发，而悬赏成果的所有权仍由研发者享有。此种购买方式适用于专利或专有技术的悬赏成果。

（三）科学基金资助科技悬赏成果的"退出—对接"机制

1. 悬赏成果与科学基金资助对接可行性

科学基金制是基础科学研究资助的主要形式。我国科学基金制始于1982 年，是为支持我国基础类科学研究而建立起来的科研管理模式，依靠科学家建立评议审查制度，通过招标竞争择优支持而合理有效地使用科研经费，适应了我国科技体制变革的要求①。科学基金制面向全国、公平竞争的运行机制，充分调动了科研工作者的科研激情；通过科技创新竞争活动，促进基础研究资源的合理配置和人才、资金、设备等要素组合优化；通过竞争择优支持的经费管理模式，促进基础研究经费合理利用。科学基金制既保证了基础研究活动与国家创新发展目标一致，又不违背科学自身发展规律。然而，科学基金制采用入口竞争的机制②，即在项目申报时严格评议审查，只要入选即可获资助，但对项目实施过程及结题质量要求并不高。而科技悬赏制需求导向创新、结果导向评审及出口竞争等优点恰可以弥补科学基金制的某些不足。因此，基础研究类科技悬赏项目成果与科学基金制对接是加快基础研究类科技成果转化的重要方式。

2. 科学基金资助具体方式

（1）直选

直选是指科学基金专家评审组织在众多科技悬赏奖中直接挑选符合国家发展科学技术方针政策以及该类学科领域要求的悬赏成果，使用科学基金进行资助，支持该成果完成后期转化和产业化。在此种情况下，科技悬赏奖获奖者获得悬赏奖金和科学基金支持，可以自由选择自行转化或合作转化的方式，统筹规划利用资金，制定科技成果开发战略。而政府安排专门人员监督科学基金使用情况。

（2）申请合作

申请合作是指政府或其他组织设立科技悬赏奖，认为其悬赏成果对基础研究具有重要价值，而推荐科技悬赏获奖者向科学基金申请资助，双方

---

① 胡明晖、乔冬梅、曾国屏：《我国科学基金制的演变、评价与政策建议》，《武汉理工大学学报》（社会科学版）2006 年第 5 期。

② 姚玉鹏：《对我国科研资助体系存在问题及深化体制改革的思考》，《中国科学基金》2011年第 1 期。

合作完成后期转化的形式。该成果通过科学基金委员会的评审后，科学基金委员会提供一定数额的资金，以资金入股，获奖单位以技术、设备及土地入股，按现代企业制度组建公司，双方签订协议按比例占有股份，共同合作完成该项成果的试验及开发工作。这种合作模式与科技企业孵化器类似①，而科学基金投入的社会效益将远大于其经济效益，因此，在完成该悬赏成果的转化工作的同时，也可吸引相关科技企业合作，开展科技成果研发和转化工作，发挥科技资源的集聚效应，使其得到优化配置和充分利用。

（四）科技拨款购买科技悬赏成果的"退出—对接"机制

1. 悬赏成果与科技拨款购买对接可行性

科技悬赏中政府定制项目成果适用于科技拨款购买对接。政府定制科技悬赏主要是指政府根据科技发展计划或目标的要求，以奖金激励，向全社会征集科技创新成果。从国外科技悬赏奖发展历程来看，政府定制科技悬赏奖的组织主体一直由政府担当，而资助者由政府为主转向政府、个人、NGO 等多元化主体发展，但政府仍是其中主要资助力量（见表5-7）。由于政府定制科技悬赏项目所具有的公益性和服务价值，其后期成果转化适用于与科技拨款对接。科技拨款制是政府依照国家政策及科技发展目标要求对科学技术活动给予直接资金支持的资助方式。科技拨款制按照计划目标进行拨款，与现有科技计划有机衔接；作为科技投入的重要组成部分，集中资金解决重大科技问题，有利于科技资源的优化配置。将政府定制科技悬赏成果与科技拨款购买对接，既保证了悬赏成果后期转化的资金来源，又提高了科技拨款的使用效率，二者相得益彰，不失为一种合理的尝试。

2. 科技拨款购买具体方式

适用于科技拨款购买这一方式的主要是政府定制的悬赏成果，通常是涉及民生的重大公共建设项目，例如交通、环保、地震等相关事业。其具体的方式主要有直接购买和资金入股两种。

（1）直接购买

直接购买是指政府在确认某项科技悬赏成果实践可行的前提下，通过

---

① 汪艳霞、钟书华：《孵化—加速对接：科技园区创新服务新趋势》，《中国科技论坛》2014 年第 11 期。

表 5-7 　19 世纪欧洲政府定制科技悬赏奖

奖项名称	年份（年）	当时的金额	组织者
英国经度奖（British Longitude Prize）	1714—1773	£ 20000	英国政府
消防发明（Invention the Progress to Stop of Fires）	1734—1761	20000 crowns	瑞典政府
从当地植物中提取蔗糖奖（Prize for Sugar from Native Plants）	18 世纪中期	20 ducats	荷兰农业促进学会
苏打碱制造奖（Prize for Producing Alkali Soda）	1775—1789	2400 livres	法国科学院
食物储存技术奖（Prize for Food Preservation Techniques）	1795—1810	12000 francs	法国国家工业促进会
纺纱机奖（Prize for a Flax Spinning Machine）	1810—1813	$ 1000000 livres	法国政府（拿破仑时期）
钻井工艺奖（Art of Piercing or Boring Artesian Wells Prize）	1818—1821	3000 francs	法国国家工业促进会
涡轮机奖（Turbine Prize）	1823—1827	6000 francs	法国国家工业促进会
苹果和梨子奖（Apple and Pear）	1826—1847	1000 francs	巴黎皇家园艺学会
军队航海工程师奖（Army Corps of Engineers Navigable River Prize）	1829	$ 1000	美国军队
曼彻斯特铁路奖（Manchester Railway Locomotive Prize）	1829	£ 550	利物浦和曼彻斯特铁路
奎宁替代物奖（Premium for a substitute for Quinine）	1849—?	4000 francs	巴黎药学会
鸟粪替代奖（Substitute for Guano Prize）	1852—?	£ 1000	英国皇家学会

续表

奖项名称	年份（年）	当时的金额	组织者
布雷昂奖（Breant Prize，奖励霍乱的治疗方法）	1854	100000 francs	法国皇家科学会
动力奖 Screw Propeller Reward	1855	£ 20000	英国政府
消灭马提尼克矛头蝮奖（Prize for Destruction Bothrops of the Lanceolatus）	1859—?	1000 francs	气候适应学会
根除苎麻奖（Prizes for Decortication China Grass）	1869	£ 5000	印度政府
葡萄根瘤蚜奖 Phylloxera Prize	1870—?	20000 francs	法国农业部
威斯康星农业机械奖 Wisconsin Prize for Mechanical Substitute for Horses	1875—1878	$ 10000	威斯康星州政府

与该成果研发者签订购买协议，用科技拨款资金直接买断悬赏成果的所有权，从而成为该项成果的所有者，拥有对其处理的自由使用权。这种方式适用于获奖者是个人或团体，他们具备优秀的研发能力，但缺乏充足资源和条件对研发成果进行继续开发和推广。而政府作为值得信赖的主体，将通过某种制度安排将该项成果交由具备开发能力的合作企业或组织机构承担该项成果的后续试验和应用工作，将其用于指导实践。这种方式既充分调动了科研工作者的创新激情，又满足了政府科技攻关的需要，促使科技成果快速转化为现实生产力。

（2）资金入股

资金入股方式适用于科技悬赏成果所有者已经注册企业，具备一定创新能力和科技资源，拥有成果转化所需的技术条件。获奖者既拥有较强的研发能力，又有将研发成果产业化的决心。对于这类科技型创新企业，要完成科技成果转化需要大量资金支持，而政府科技拨款为其提供了资金保障。与现有科技拨款支持企业科技创新活动的形式不同，资金入股是政府与科技悬赏获奖者所在企业签订合作协议，政府以投资的形式拨款给该企业，企业获得资金后必须出让相应部分的股权作为交换，等到悬赏成果到达推广应用阶段，通过股权转让方式政府资金得以退出。此种方式类似于风险投资①，但是，经过科技悬赏出口竞争脱颖而出，其成果质量及实践的科学性有所保证，从而降低了政府投资的风险性，也实现了国家科研资金的合理利用。然而，由于科技成果转化是一个漫长的过程，短时间内政府资金无法退出，因此，此种方式的实现需要国家大量的财政资金支持。

在"创新驱动发展战略"背景下，将科技悬赏奖作为对我国科学基金制和行政拨款制等科研资助体制的补充，构建政府资助型科技悬赏项目的成果"退出—对接"机制：企业定制科技悬赏成果采用企业购买方式退出；基础研究类成果与科学基金制对接；政府定制科技悬赏成果与科技拨款购买对接，并对其具体实现方式进行研究，不失为一种科研管理制度创新的有益尝试。然而，任何制度创新不能一蹴而就，在现行科研资助体系下，其具体实现条件和程序还需进一步优化，以真正发挥科技悬赏制的优势，为我国科研资助体系的完善提供理论指导。

---

① 李玲娟、欧晓斌：《科技成果转化中风险资本的退出机制研究》，《科学管理研究》2016年第2期。

中篇

科技悬赏制的实践

第六章　科技悬赏制的应用边界

科技悬赏奖是解决目标明确但实现目标的路径不明确时的有效工具。随着近年来公共部门此类奖项使用的增多与对其理解的加深，科技悬赏奖项制度化日益提上日程。首先包括识别科技悬赏奖项使用条件，进而探究政府部门科技悬赏奖政策的生成机制。

一　识别科技悬赏制的适用条件

通常意义上，科研资助方式按照资助对象，资助时机可以分为四种：基于项目申报的事前资助，对某一特定机构进行阶段性资助，通过购买成果的方式进行事后资助，以成果为前提的事后资助。从法律意义上说，所有这些都被广泛地定义为资助赠款，但从管理角度来看，它们具有重要和实质性的差异。

最常见的类型就是基于项目申报的事前资助。也就是说，资助者是基于研发过程进行资助，科学基金的资助就属于这一种。由于受资助者的工作将按照所申报的项目申请书进行，严格遵守预期流程，因此这种类型的资助可以确保过程的合规性，但是对于研发成果却难以保障，即缺失对于研发成功的保证。第二种资助者选择的类型是对某一特定机构进行阶段性资助，例如以提升大学等科研机构综合实力为目标的资助。这种类型的资助客观上为研发创造了条件，使得获得资助的科研机构及其研究人员能够有更宽松的环境追求技术创新目标，但同样的，由于缺乏对受资助者的足够限制，使得这种资助方式也不能确保成果的产出。第三种类型是通过购买成果的方式进行事后资助，例如政府的技术采购合同，但在这种情况下，付款人是资助者而非产品的接收者，难以及时给出关于技术产品质量的反馈。最后一种类型就是以成果为前提的后资助措施，例如科技悬赏奖，即只有在取得具体科研成果后才会支付资助。

经验法则认为，基于成果的奖项，即科技悬赏奖是解决目标明确但实现目标的路径不明确时的有效工具。通过吸引不同领域的人才，科技悬赏奖可以引导问题解决者向着这一领域专家不太可能关注的方向前进，所以这种奖项会激励参赛者提出更多可能的方案，有些甚至是出乎意料的，但其中可能也蕴含着真正的解决方案。

研究表明①，有三个基本问题可以帮助资助者做出选择并找到最适合的资助方式。第一是寻求解决问题的本质是什么？第二是有多少参与者可能会致力于这项工作？第三是他们是否有意愿以及有能力承担风险？按照这种顺序处理，创建决策树（图6-1），以帮助资助者选择实现目标的正确方式。

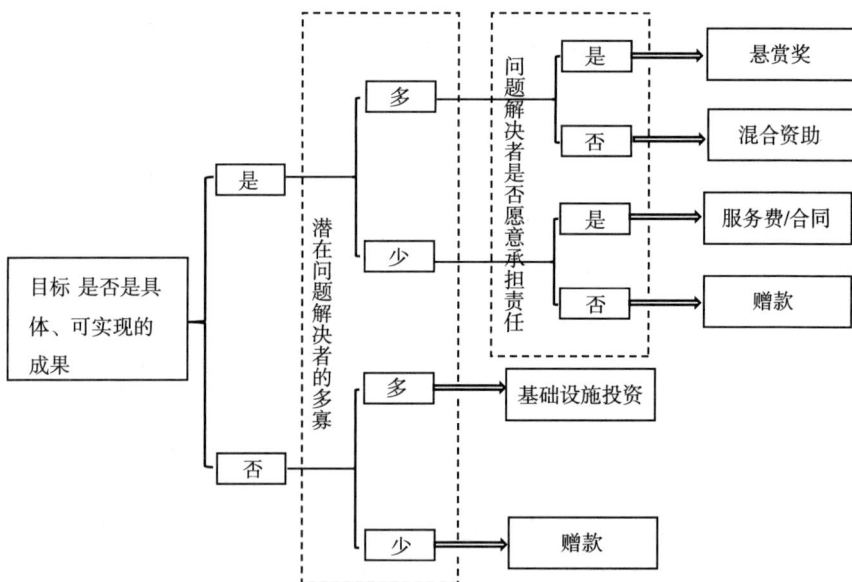

图6-1　资助方式选择：科技悬赏奖和其他科研资助方式

资助者在选择资助方式时首先要考虑的问题是：要达成的目标是一个

---

①　McKinsey & Company, "And the Winner is... Capturing the Promise of Philanthropic Prizes", *Mckinsey & Company*, 2009, pp. 36-38.

具体的可实现的成果还是一个更加普遍的改进。对于这个问题的思考可以先试着提几个问题：目标是可衡量的吗？它是具有"变革"性质的吗？（并非基础研究？）能否可以在合理的时间框架内实现这一目标？如果对于以上问题的答案都是"是"，则应该避免采用项目申报的方式进行资助，因为这种方式的效果可能难以预测，或用时过长。

资助者其次要考虑的问题是：既定目标的潜在问题解决者的多寡。有时这很容易衡量，例如对于一个很难的数学猜想可能只有很少的数学专家会有机会证明。而对于潜在问题解决者较少的具体目标时，最佳的资助方式应是通过技术成果购买的方式进行资助，因为同少数的问题解决者的直接交流接触可以避免通过使用科技悬赏奖项产生的间接费用。但实际上由于现实因素常常使问题复杂化，很难直接确定解决人数的多寡。例如由于对新领域的不了解，资助者很难准确地识别出最佳的问题解决者，那么通过科技悬赏奖的手段吸引来自四面八方的潜在人才也不失为一种合理的方式。

最后，资助者应考虑科技悬赏参与者是否有意愿并能够承担相应的风险。这一点与以下因素相关：经济成本与时间成本、收益与潜在的具有商业价值的收益以及对于成功可能性的判断等。而风险其实也是这个问题的核心，因为以成果为基础的科技悬赏奖可能会因问题解决者对于风险的考量，出现缺乏足够参与者的局面。在这种情况下，使用一种混合资助结构，如科技悬赏奖与成果购买相结合的方法可以在一定程度上降低参与者的风险认知。

正如决策树所显示的那样，当我们要解决的问题是一个明确的目标并且能够吸引许多有能力且愿意承担风险的参与者时，科技悬赏奖的方式是最佳的选择。例如围绕一系列特定的构想或技术挑战建立起来的InnoCentive就是一个庞大的致力于问题解决的社区，在这里人们可以利用自己的资源解决问题并寻求回报。

总而言之，科技悬赏奖是解决特定社会问题，实现特定社会目标的有效工具。但它远不是唯一的工具，也不能适用于所有问题的解决。因而要将遇到的问题分解成几个部分，并为每个部分呈现出的不同特征选择适当的工具。当其中一个或多个部分满足上述我们概述的条件时，使用科技悬赏奖才是解决问题最恰当的方式。

二　政府部门科技悬赏奖政策生成机制

随着政府对科技悬赏类奖项的使用日益增多以及对科技悬赏政策有效设计深入理解，将科技悬赏奖项制度化，使其成为科学技术政策的常态正式进入议程①。

（一）　科技悬赏奖提案生成

对于政府部门作为科技悬赏奖的发起人和资助主体时，在识别出科技悬赏奖的使用范围后，下一步便是如何为科技悬赏奖的使用生成一系列具体的提案。首先上级部门应给予下级部门一定的指导，帮助其识别在何领域能够使用科技悬赏奖以期在实现机构目标的同时兼顾公共利益。政府部门应指派一名专业人士作为科技悬赏项目负责人，承担识别科技悬赏奖应用机会的职责，同时负责建立悬赏项目库。与此同时，应给予项目负责人适度的预算保证，以支持研讨会、在线咨询和计划拨款的顺利进行。值得注意的是，以上流程都应以公开透明的方式进行，以便在政府机构决定退出某一科技悬赏实施过程时，私人赞助商便可直接介入。

对于最有前景的提案，机构应授权由外部专家学者组成的跨学科工作组来担任获奖设计师，这些工作组将就奖项获胜的条件、资格、规模等方面进行探讨决断。除此以外，政府还可以选择与具有专门科技悬赏奖的设计及管理经验的基金会合作。

此外，国家科学技术政策办公室或国家经济贸易委员会也可以建立一个跨部门的协作平台，以便各科技悬赏项目负责人之间的交流合作以及经验分享，使项目负责人在积累经验的同时促进科技悬赏奖的实施。

（二）　对科技悬赏奖的实施授权

若政府部门已经形成了科技悬赏奖的提案，上级政府应授权给执行层政府以具体实施这一提案，即确认实施科技悬赏奖的合法性。例如美国国会通过了一项法令，该法令允许美国国家科学基金会、美国能源部、美国

---

① Kalil T. , *Prizes for Technological Innovation*, Brookings Institution, 2006, pp. 18-19.

国防部高级研究计划局和军事服务部门实施科技悬赏竞赛等。上级政府应赋予机构自由裁量权，使其可以尝试不同的科技悬赏方式，特别是应该界定在知识产权、悬赏规则和奖金金额等方面的自由裁量权。因为很多科技悬赏奖的发起以及最后的颁布需要跨越多个财政年度，因此对于自由裁量权的有效界定，使得可以在提供具有法律约束力的奖项的同时不受年度拨款程序的限制。另外，科技悬赏奖计划应定期由权威性的第三方组织进行评估，如国家科学院，以帮助政府机构在实施悬赏奖项过程中更好地识别机会，吸取经验教训。

理想的情况下，科技悬赏奖的授权应允许和鼓励政府机构尽可能多地与非营利组织和私营部门合作，因为这些组织或部门在公共关系、资格确认、招募额外的商业和慈善资金来源以及其他后勤问题上发挥着重要的作用。例如 X 奖基金会的首席执行官彼得·迪亚曼思（Peter Diamandis）曾设想通过电视真人秀来举办比赛，以捕捉"五千万美国人的思想和心灵"。而这可能就不是公务员们会首先关注的主题，因而政府同其他组织在悬赏奖项开展广泛的合作也势必可以相互积累优势，相互促进。

此外，国家间也应开展合作，通过与其他国家政府进行交流协商，不仅可以确保悬赏奖项的顺利实施，也有助于解决共同关注的问题和促进其他国家尤其是发展中国家的创新，例如开展疫苗研发的国际科技悬赏。

（三）政策制定者应考虑的因素

政府作为科技悬赏奖的主要设奖者应该优先考虑如下问题：科技悬赏奖的目的、科技悬赏奖的管理、科技悬赏奖的奖金筹措以及在制定奖项制度时可能考虑的其他因素[①]。

1. 奖项目标

实践中科技悬赏奖项的目标可以是多元的。尽管主要侧重点在于为具体科技问题找到新的解决方法，但一些学者认为，由政府主导科技悬赏奖还有其他一些潜在目标，这些潜在目标包括新技术的宣传、吸引社会对棘手或被忽视的公共问题的关注、教育公众特别是激发学生对创新和研究的

---

① Deborah D. S. , "Federally Funded Innovation Inducement Prizes", *Congressional Research Service*, 2009, pp. 19-23.

兴趣以及扩展相关领域的创新和研发投入等①。

在具体科技悬赏实践中，政策制定者应在制定奖项制度时尽可能列出科技悬赏的主要目标与潜在目标，并建立实现这些目标的机制。例如决策者若想以激发学生对科技的兴趣为目的设置科技悬赏奖，他们应该在一开始具体说明这一目标，并鼓励各机构采取行动实现这一目标。此外，若奖项目标涉及扩展相关领域的创新和研发应用，还可以建立起政府与学界的合作网络来实现这一目标。

2. 奖项管理

政策制定者对于科技悬赏奖项的管理不仅包括上述奖项适用范围，还包括截止日期、奖项管理员、参赛者选择、评审程序、知识产权②、社会责任③以及公共关系等问题。由此产生的管理费用可能会超过奖项获得者的经济报酬。

政府对于科技悬赏奖的管理有两种方式：第一种是设立一个专门管理奖项的部门；第二种是由一个非营利组织代表政府机构进行奖项管理。当然，还有一些专家认为可以将这两种方式结合，即随着熟悉与管理专业奖项行业的兴起，通过政府专门部门与这类组织进行协作，可以在奖项的设计和管理过程中引入更多专业知识和经验，从而使奖项流程专业化。然而，采用这种方法也会面临一些挑战，例如政府对奖项评审质量的控制可能会降低。

3. 资金筹措

科技悬赏奖项需要筹措资金包括两个方面：一是提供给参赛者的悬赏金；二是奖项的管理费用。甚至在某些奖项下，管理成本可能会超过授予获奖者的奖金。但如果奖项不设立经济奖励，那么唯一的成本是奖项的管理费用。

政府主导的科技悬赏奖，资金与人员的来源由各种渠道构成。有些奖项完全由政府机构提供资金和人员。部分奖项则由政府机构提供资金，但

①　Brunt L, Lerner J, Nicholas T, "Inducement Prizes and Innovation", *The Journal of Industrial Economics*, 2012, pp. 657-696.

②　Thomas J R. "Intellectual Property in Industrial Designs: Issues in Innovation and Competition" [July 1, 2008]. *Congressional Research Service Reports*. pp. 1-25

③　Brougher C. "Federal Liability for Flood Damage Related to Army Corps of Engineers Projects", *Congressional Research Service*, Library of Congress, 2008, pp. 1-19.

外部的非营利组织提供工作人员的支持。在其他情况下，奖项也由私人组织资助，由政府机构提供工作人员支持。

一般来说，奖项参与者在前期难以从政府机构中直接获得资助，因此他们必须另寻资助。对于实力较强资源丰富的参赛者而言，这可能不是一个主要问题。但对于在校学生或者规模较小的企业而言，他们的融资能力在一定程度上影响了其竞争力。

对于由政府部门提供资金的科技悬赏而言，虽然资金均由上级部门拨付，但除非有针对科技悬赏奖的特定拨款，否则比赛难以顺利开展。由此引出的问题是，举办科技悬赏奖对于政府部门而言是一种选择还是一种要求。对于这个问题的不同回答决定着政府部门能否获得足够支持科技悬赏奖顺利实施所需的预算。如果一个部门没有为科技悬赏奖设立特定资金，或者上级部门没有作出指定的拨款，那么授权的科技悬赏奖可能会因资金短缺而停滞。这样的情况一般需要从现有的项目中拨出资金。

此外，对悬赏资金管理的另一个财务问题是，如果在指定时间内没有参赛者达到科技悬赏标准，如何处理预留的资金？奖金是否会投放到下一奖项周期？是否需要宣布悬赏结束？是否应该降低或修改科技悬赏标准？这需要政策制定者根据奖项的实施情况，定期对奖项进行改善。

4. 其他因素

总体而言，政策制定者在设计科技悬赏奖时还需要考虑如下因素：参赛者的资格，提出科技悬赏需求的机构雇员是否允许参与竞争？普通公众或者外国人员是否允许参与竞争？谁来评判比赛结果，如果出现对结果不满意，是否可以允许提出上诉？是否需要对整个科技悬赏奖进行评估，如果需要，是谁来评估等。依据所需要考虑的问题列出制定科技悬赏奖的思考清单（表6-1）[1]。

表 6-1　　　　　　　　　制定科技悬赏奖时需要考虑的问题清单

1. 奖项目标是一般性的，由政府部门提供奖金目标的概述，还是具体的，需要向参赛者详细说明关于奖项竞赛的指示。
2. 在确定奖金目标和管理奖金方面，机构应具有多大的灵活性？
3. 奖项主题应该是什么？谁应该来选择它？

---

① Stine D D. "Federally-Funded Innovation Inducement Prizes", *Library of Congress. Congressional Research Service*. 2009, pp. 1-32.

4. 奖项的目标应该是什么？例如，技术进步、教育目的和公众意识的相对重要性程度是什么？
5. 应该设置一个与奖项相关的时间表吗？
6. 是否应该有与该奖项相关的货币激励？如果是的话，奖项额度是多少？如果没有，与获奖相关的宣传是否足以鼓励优秀选手参与？应该有中介费用吗？
7. 谁有资格参加比赛？例如政府所有、承包商运营的实验室雇员是否应该被允许参与竞争？如果是这样，他们能使用政府资金和设施吗？公民、公司或外国人员是否允许参与竞争？
8. 谁来管理这个奖项？例如，由一个政府机构独立管理这个项目，还是与其他政府机构或非政府组织合作？或是与专业奖项组织开展合作？
9. 奖项是得票最多者获胜还是表现最好者获胜？
10. 如果奖项没有获胜者，奖金将会怎样处理？
11. 奖项成功的标准是什么，由谁来制定？
12. 谁来评判比赛？是否应该有上诉程序？
13. 是否需要对奖项进行评估？如果是，那么由谁来评估，以何标准进行评估？

第七章　科技悬赏奖的设计

设计科技悬赏奖应该遵循四个步骤：首先，应该系统化科技悬赏奖的具体目标；其次，了解利益相关者需求，分析潜在参与者的动机；再次，根据参与者动机并制定出奖项的激励策略招募人才；最后，具体设计奖项的内容，主要包括确定参赛者、定义参赛者权利、创建竞赛规则和设置奖项四方面内容。

一　设定奖项目标

科技悬赏奖在为解决某一领域难题，促进社会利益方面发挥着重要作用。但科技悬赏奖之所以有效，其前提是要有明确、可实现的目标。可制定好这些目标并非易事，例如 1959 年，物理学家查德·费曼（Richard Feynman）提出以 1000 美元奖励制造出一个不超过 1/64 立方英寸的电动马达。但是在第二年，一位工程师运用传统方式设计出了解决方案，并符合费曼设计奖项的条件，但却未能达到费曼所希望的那样促进纳米技术的发展。对奖项设计者的调查发现，多数科技悬赏奖设计者认为"制定目标和任务"是有效科技悬赏奖项最困难的部分。一般而言，科技悬赏奖的目标由两部分组成：第一，是资助者必须定义一个广义的愿景（例如，鼓励月球探索）；第二，在此愿景之下确认具体的科技悬赏目标，以促进这一愿望达成，并设立相应科技悬赏奖的技术指标①。

① Mckinsey & Company, "And the Winner is … Capturing the promise of Philanthropic Prizes", *Mckinsey & Company*, 2009, pp. 39-43.

（一）广义愿景

从历史的实践来看，科技悬赏发起和资助主体主要是政府，例如美国能源部、国防部、航空航天局共资助了包含机场安全技术奖（Prize for Faster Airport Security technology）等 20 余项政府悬赏项目。除此以外还有公共部门、社会组织及知名人士等，但无论是何种主体，科技悬赏奖都负有和发起者一样的使命和愿景，不仅是为了解决某一领域特定的难题，更是为了增进社会利益。例如延长寿命（Mprize）、提高公众阅读水平（Booker Prize）等。因而科技悬赏奖的基础是发起人的愿望。同时，有效愿景还应满足如下要求：首先，应符合资助者的需要，以确保奖项具有长期承诺；其次，这种愿景要控制在参与者的能力范围之内，包括时间、人力、资源以及专业知识等，以建立起一个真正有机会实现愿望的科技悬赏奖项；最后，这种愿景又是社会迫切需要的，以最大的动力激发参与者创新，激发评委、志愿者、媒体和观察者参与。

（二）具体的科技悬赏目标

将广义愿景细化为具体目标，是科技悬赏中最为关键的环节，决定了科技悬赏的成败。因为能否制定出好的目标也是对是否可以使用悬赏奖解决这一问题的最后检验，如果发起人愿景不能转化为科技悬赏奖可以实现的目标，那么最好还是尝试其他方式，否则只会以失败告终。例如 Netflix 奖获奖目标是能够对公司在线电影推进算法产生 10% 的改进，一旦实现，"将对我们的客户和我们的业务产生重大影响"。而安萨里 X 奖主要目标是获得一枚由私人出资、成本低、可重复使用的火箭进入太空，这反过来也将有助于激励私营航空业的发展。可以看出，这两个奖项的目标都非常明确具体。正如一位奖项设计的受访者说，"机构关注的是投入，但奖项关注的是产出"。最佳的科技悬赏奖项要想将愿景转化为有效目标，主要可以按照两步路径进行：识别瓶颈和障碍，以及设计出克服这些障碍的目标。

1. 科技悬赏奖障碍识别

无论是政府部门还是其他组织发起颁发的科技悬赏奖，其目的都是为了解决问题、寻求积极变革，那前提便是清楚识别阻碍这种变革的障碍。用在 InnoCentive 就职的 Alph Bingham 的话来讲就是："要提取阻止我们克服挑战的阻力，然后找到一种可以将这些障碍转为具体目标的方法。"X 奖基金会的障碍识别就是一个较好的例子。X 奖基金会有一个专门致力于研究科技悬赏奖项目标的奖项开发小组。这个开发小组汇集了相关学者、分析师和行业专家，搜集了他们对于某项问题的观点和数据，此外开发小组还召集了问题专家小组，共同商议讨论相关悬赏领域的瓶颈以及可能出现的潜在问题。另外，基金会还会向专业风投公司寻求帮助以明晰失败的风险。

许多工具方法都可以帮助分析问题并确定需要解决的障碍。其中，目标分解是衡量解决问题效度的有效方式。例如，如果我们的目标是要降低癌症的死亡率，那么我们就应把关注点放在各种癌症的发病率和死亡率，即是否能够预防癌症的发生以及改进癌症患者的治疗过程。首先这里的目标是衡量治疗癌症的药物哪种有效，一般而言就是癌症的死亡率和改进癌症的程度，但是如果以死亡率来看的话，对于一类高发病率的癌症（本身具有高病发，高治愈的特点）那么这类药物对于死亡率的降低并不显著，但却是非常有效。而且由于高病发那么死亡数也会比较高，那么如果仅以死亡率作为衡量标准，对于这类药物的效果就会被低估（因为对死亡率影响不大）（这里主要和其他药物也以死亡率为衡量标准而言）。因此对于悬赏目标的设定，取决于要解决的问题本身的性质。

此外，奖项的发起人还应思考以下一个关键问题：即解决问题的主要障碍到底是由于缺乏正确的解决方案，还是由于已验证合理的方案得不到有效实践和推广所致。如果是后者，则问题可能来源于需求不足或者缺乏实践以及支持的配套设施（见图 7-1）。

实践证明，成功的科技悬赏奖设计都需要进行全面的科技悬赏障碍分析。Changemakers 以及 X 奖基金会一般会花费 3—12 个月的时间来完成一整套障碍分析。当然，有些瓶颈及障碍较为容易识别，但无论具体情况如何，对于前期工作的充分准备会大大提升后期工作（目标设定、奖项设计以及管理）成功的可能性。

障碍及瓶颈识别可以有以下两种途径：一种是对现有文献的研究梳理以提取问题；另一种是通过召开访谈以及研讨会咨询相关领域专家顾问。而这一识别过程需要预留足够长的时间，以便为科技悬赏奖的设计奠定较强的事实基础。例如进步设计汽车 X 奖的问题识别环节，就经历了长达 12 个月的多次修改。事实上，科技悬赏奖设计需要的问题识别就是将待解决

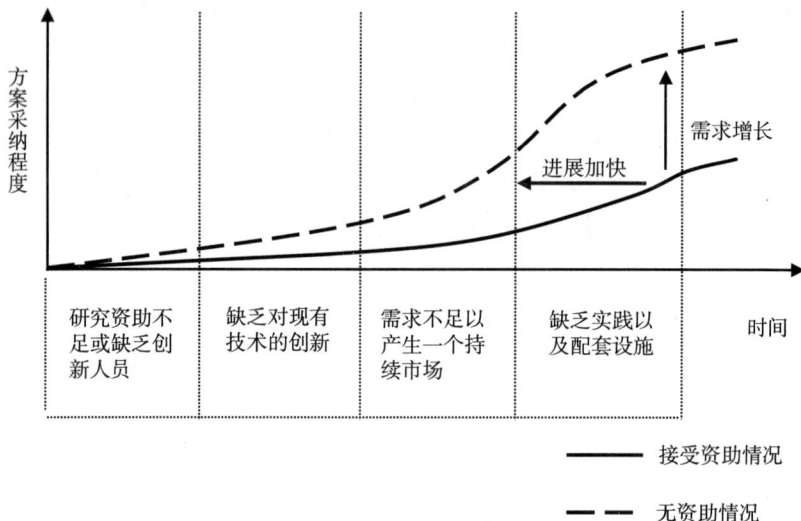

图 7-1　创新方案采纳 S 曲线

问题定义为一个可以不断发展并修正的问题框架，在这个框架下可以将不断发现并将遇到的问题分解为各个子问题，对子问题进行分析与归并，基于此形成了问题解决导向型科技悬赏奖项的基础。

2. 科技悬赏奖目标标准

在识别问题及瓶颈的基础上，科技悬赏奖项发起人下一步要做的就是设计奖项目标。对于这一问题，X 奖基金会的彼得·迪亚曼迪斯（Peter Diamandis）表示，奖项必须是在具有"超级可信度"基础上颁布的，只有这样才能赢得全球关注以及吸引到可靠的团队。挑战必须是大胆但可信的，并被公众视为是有价值的和鼓舞人心的。换句话说，一个成功的奖项目标设计必须要通过"SMART"测试，即要回答如下几个问题：悬赏的奖项目标是否具有价值、是否具有激励作用、是否具有可行性、是否是以成果为导向以及是否有时限性。

首先，科技悬赏奖的目标要有价值，这意味着向着更宏大目标迈出有意义的一步。以进步汽车 X 奖为例，它要求参赛团队要开发出一款能够实现每加仑 100 英里燃油效率且有市场前景的汽车，并且要同时满足各种以消费者和安全为核心的标准。如此，这项奖项的目标不仅囊括了提高燃油效率目标，还包含了安全性能的要求和消费者友好型的特性。如果目标实现，这对于汽车行业来说将是一个显著的技术飞跃。正如该奖项高级主管所解释的那样，"我们希望参赛团队开发出来的汽车是有市场的，是能够真正销售出去的汽车，而不是像让一个 13 岁的孩子躺在看起来像棺材一样的汽车里行驶的那样"。

其次，科技悬赏奖的目标要对参赛者和利益相关者起到激励作用，能够发现这个目标与更大图景的融合性。对于参赛者而言，赢得奖项以及领取奖金不是唯一的激励因素。仍以进步汽车 X 奖为例，奖项运营公司的克里斯汀·林赛（Cristin Lindsay）解释说，"我们计划给悬赏参与者的汽车张贴一个标签，以证明他们的汽车达到了里程标准"。但对于汽车这种具有成熟标准的传统行业，这一标签对于各汽车企业而言都将是一个具有吸引力的全新考量，也必然会给整个行业带来激励作用。此外，通过强调获奖汽车的"可销售性"，X 奖基金会允许参赛者专注于他们的核心业务——销售汽车，而非鼓励他们去制造那些不太可能在销售现场找到的不切实际创新的"测试车型"。

再次，科技悬赏奖的目标应是客观可行的，个人或团队应该能够了解如何参与竞争并可以获悉成功的概论。例如 Netflix 奖是通过创建一个在线排行榜来解决此问题，他们会定期根据参赛者的近期表现更新排行榜，这样既可以展现参赛者的目标进度，也给了其他竞争对手开发更好解决方案的方向。

复次，科技悬赏奖的目标应是成果导向的，即科技悬赏必须以成果来兑奖。Idea Crossing 的生产副主席 Nyssim Lefford 指出，"明确的目标是一种良好的体验——它不仅更有趣也能更激发工作"。例如 Netflix 奖和进步汽车 X 奖的目标都为赢得奖项提供了直接、客观的衡量标准，即都坚持了成果导向。前者是要求参赛者将预测 Netflix 的客户喜欢的影片的效率提高 10% 以上；后者则要求参赛者开发出一辆满足每加仑 100 英里燃油效率且兼具安全性和客户需求的汽车。

最后，悬赏的奖项目标应是有时限的，因为参与者和大众的关注度是有时限的，因此需要确定适当的时限以保持关注度。但是一般而言，时间越短，关注度会越高，但这往往与高难度悬赏所需要的长期投入相矛盾，一个折中的办法是，在一个较短的周期设立小的奖项来保持关注度。Netflix 的一位前高管认为，科技悬赏目标很难在规定时间内完成，因为"10% 这个数字其实就像是一次在黑暗中的尝试，我们不知道挑战是在下周就被解决还是永远也不会"。所以他们通过每年给目前完成度最高的参赛者颁发 5 万美元的"进展奖"来解决这个问题。

二　分析利益相关者动机及需求

设计科技悬赏奖时应广泛考虑涉及的利益相关者，包括当前或潜在的参与者，即问题解决者、潜在的投资者、政策制定者、媒体及普通大众等。以 M-prize、FIRST Robotics 以及布克奖为例，M-prize 其关注焦点不仅限于现有的科学家群体特别是遗传学家，也关注社会公众，因为对于该奖项结果的应用推动力量是来自希望支持这项工作的社会公众以及相关私人投资者；而 FIRST Robotics 这个利益相关群体的范围则更广阔，不仅包括那些参与竞争的学生，还包括那些热爱教育和指导青年人的教师、家长、社区企业以及工程师群体；对于布克奖而言，购买小说的大众和竞争奖项的作家一样，都是该奖项的主要利益相关者①。

为了更好地了解科技悬赏奖的利益相关者，发起人可以根据以下四个问题对利益相关者进行分析（图 7-2）：

潜在竞争者或提名者、提名人、裁判	教师/导师、更大利益群体的成员
谁会直接参与奖项竞争？	谁会对参加者产生直接或间接影响？
谁会想要成为奖项的潜在资助者？	谁会直接或间接地从奖项中获利？
金融或其他赞助商、投资者	获胜解决方案的潜在消费者

图 7-2　利益相关者分析

在了解了利益相关者有哪些人的基础之上，我们还应对其动机进行分析。经济学家詹姆斯·洛夫（James Love）认为"一个成功的奖项就是激励人们去做你想让他们做的事"。罗伯特·萨顿（Robert Sutton）则

---

① 本部分节选自 Mckinsey & Company, "And the Winner is … Capturing the Promise of Philanthropic Prizes", *Mckinsey & Company*, 2009, pp. 45-47.

从另一个角度论证了这一点，他指出"一个成功的奖项是让人们去做他们想做的事——它只会帮助他们更成功地去做"。因此，只有在科技悬赏目标可以满足团体或个人的动机时，科技悬赏奖才能发挥作用。当然，确定利益相关者并了解其动机并非易事，Changemaker 的查理·布朗（Charlie Brown）认为，即使奖项能够找到最重要的利益相关者，但想要了解他们的动机却非常困难，往往耗时耗力，部分原因是利益相关者的动机非常广泛。

对于参与者而言，影响其参与行为的动机至少有以下几种：物质、荣誉、社交、学习机会、自我挑战等，并且对于不同级别的科技悬赏，不同的参与者，其动机的序列可能不同。例如，对于级别较高的科技悬赏，参与者可能更加重视荣誉及学习机会，而并非单纯的物质激励。如美国国家航空和宇宙航行局（NASA）挑战项目的前负责人肯·大卫迪安（Ken Davidian）指出，至少有四种核心因素可以促使参赛者加入竞争，"目标、荣誉、挑战以及物质——物质往往是最后一位的"。或者更准确地说，对于 NASA 组织的挑战赛，参与竞争动力来自于对挑战目标的内在兴趣、对成为胜利者的认可和声望、对解决问题过程本身的挑战以及任何形式的物质激励。因此，哪种动机最重要或者起混合作用，是取决于问题和问题解决者的。一个行之有效的了解动机的方法，就是与其中代表性参与者进行交流。例如通过观察潜在竞争者是如何完成类似的任务然后进行访谈，以获得一手观察资料。此外还可以开发一款面向潜在参与者的简单问卷方案，对其进行测试，以了解其奖项偏好和需求动机。

三　选择科技悬赏奖类型

一旦奖项的发起人有了明确的目标和对利益相关者的了解，那么下一步就是专注于选择最合适的奖项类型。

科技悬赏奖类型不应简单划分为"奖励"型和"认可"型，或者是二者的融合。实际上我们可以根据奖项的目标将奖项主要划分为六个类型：范例奖、博览会奖、网络奖、参与奖、市场方案解决奖和点解奖（表7-1）。

表 7-1　　　　　　　　　　　　　　六种奖项类型

奖项类型	奖项目标
范例奖	在特定领域内设定标准或引起社会关注
博览会奖	关注一个领域内一系列最佳实践、想法等
网络奖	建构或加强特定的社区
参与奖	通过奖项过程教育或改变参赛者的行为
市场方案解决奖	效仿市场激励机制，通过竞争降低成本，暴露潜在需求
点解奖	解决一个需要创新的具有挑战性的问题

（一）范例奖

范例奖是可以在一个特定的领域定义卓越的奖项，这类奖项通常用于制定学科议程、发表规范声明和影响公共舆论等。例如科学类的范例奖可以激发对于获奖者的赏识，并鼓励其他投资人了解他们的成就；而经济、和平、文学类的示范奖则可以引发社会对于有关政策和文化的探讨。并且这类奖项还往往赋予获奖者更高的社会地位，即获奖者不仅能够影响所属学科领域的研究方向，还能引起更广泛的社会舆论探讨。当然，范例奖也有其局限性，由于范例奖具有在某项研究领域里设定标准的特质，往往是在获奖人取得标志性突破相当长的时间后才予以授予，而这也降低了范例奖的时效性。

（二）博览会奖

博览会奖的目的在于广泛收集某一科学研究领域的创意清单。他们往往以博览会的方式呈现出新的想法和创新。英国皇家农业学会（Royal Agricultural Society of England）在 19 世纪和 20 世纪颁发的技术创新奖章就是最好的例子。并且，伴随着互联网的发展，这种类型奖项的应用更加广泛，互联网为参与者提供了开放且便利的在线论坛以展示其创意。例如荷兰的野餐绿色挑战（PICNIC Green Challenge），其目的是关注"以消费者友好方式减少温室效应并促进可持续性"的生活方式，这一奖项在 2008 年共收集了 235 个参赛作品，虽然这一科技悬赏最终也选出了获胜作品，但其更重要的目的在于让更多创意呈现在公众面前。一方面，让公众了解更多的可持续性生活方式，起到科普作用；另一方面，参赛者也可借助这一呈现平台达到技术学习与能力展示的目的。

(三) 网络奖

网络奖的目的是为了建立与加强悬赏参与者、投资者以及其他利益相关者之间的互动关系，一般是通过建立互联网论坛来创造一个交流平台，并引领相关技术的发展。El Pomar 奖就是一种典型的网络奖，通过设立 El Pomar 奖，吸引致力于提供优质服务的相关非营利性组织，使其与科罗拉多州非营利社区建立联系，同时向他们提供潜在投资者的信息，并建立联系。网络奖在建立连接，识别行业瓶颈方面发挥着巨大作用，特别是当主办方需要了解某一综合性问题的研究短板时，则迫切需要来自这个领域的不同主体进行协商交流，以识别出领域发展障碍。

(四) 参与奖

参与奖旨在通过设立科技悬赏奖来影响与改变整个行业或者目标群体的行为以提升其绩效。例如，通过设置大学生人工智能挑战赛，以提高大学生对于人工智能的关注；通过设立环保奖，来提升公众的环境保护意识，并通过该奖项，了解具体且行之有效的环境保护行为；政府通过设立节能冰箱奖励，以提高整个电器行业的节能意识，并致力于生产出更为环保的家电产品。第一机器人竞赛（The FIRST Robotics Competition）就是一个典型的例子，它是一个针对全球高校举办的机器人竞赛。每年由来自各个高校的学生、教练和顾问组成参赛团队，在六个星期的时间里搭建重达 54kg 的机器人参加比赛完成任务，例如将球投进目标，将碟片飞入目标，栏杆悬挂，在平衡木上保持平衡。竞赛的主题每年都会发生变化，以维持团队的新鲜感和热情，同时为参赛团体提供更加公平的竞争环境。同时，竞赛团队都会收到由几部分组成的竞赛标准（规则），同时被允许并且鼓励他们订立预算，购买或制作专门的机器人部件。FIRST 机器人竞赛（FRC）是 FIRST 组织的四个机器人竞赛项目中的一个。另外三个分别是 FIRST 少儿乐高联赛（Jr. FLL），FIRST 乐高联赛（FLL），FIRST 科技挑战赛（FTC）。第一机器人奖的目的不是为了颁发奖金，更多的是通过这一奖项培养学生成为科学和科技领域的领袖。正如 FIRST Robotics 竞赛创始人、发明家迪恩·卡门（Dean Kamen）所解释的那样，"我们邀请到白宫的获奖者并不是得分最高的，而是合作最好的团队、公司和学校"。

（五）市场方案奖

市场方案奖是为了解决由于市场失灵所导致的创新不足的问题。具体而言，市场失灵的表现包括投资不足、基础供应有限、消费者对创新产品的潜力缺乏了解等。市场方案奖模拟自由市场机制，通过动员潜在人才、降低产品成本、吸引新供应商、展现市场潜力和开发潜在需求等来实现其功能。最近最著名的例子是 1996 年设立的 1000 万美元安萨里 X 奖，它通过发起一项实现可重复使用的载人航天飞船的竞赛，吸引了共计 26 支队伍参加比赛，同时也吸引到了联合研发方面投资。伯特·鲁坦（Burt Rutan）的"太空船一号"（SpaceShipOne）在亿万富翁保罗·艾伦（Paul Allen）的资助下，最终于 2004 年获得该奖项。此后，投资者又投入了超过 15 亿美元来发展私人航天产业。该奖项推动了美国私人航天工业的发展，并承诺未来任何想体验成为宇航员的人，只需 20 万美元的票价，就可以乘坐维珍银河飞船去太空旅行。

（六）点解奖

点解奖主要是致力于解决在某个领域具有挑战性、需要创新的问题，尤其通过动员人才和资金来解决目前还没有明确解决方案的问题。许多现有和新兴的"开放创新"平台，如 InnoCentive 和 NineSigma，都是致力于悬赏点解奖，通过代表他们的客户（通常是大公司和基金会），向由问题解决者组成网络平台发布悬赏难题并提出技术"挑战"。目前在线商业模式正是采用点解奖的方式进行方案征集以解决相应难题。例如 Local Motors 是一家专门研发下一代车型的汽车公司，它采取了在线竞赛的方式利用外部设计师来实现汽车设计。点解奖是借助新兴的"群体智慧"浪潮而设立的，即指利用大众创新者的智慧来提出想法或解决问题，从而实现大规模协作式创新。

因此，科技悬赏奖的发起人应当在目标明确、对利益相关者的需求足够了解的基础上，根据悬赏目标和要解决的问题选择合适的科技悬赏奖类型。

四 设计奖项内容

在目标明确、了解相关者需求并据此确定奖项类型后，下一步便是设计科技悬赏奖内容。在这一环节中主要有四项任务：确定参赛者、定义参赛者权利、创建竞赛规则和设置奖项内容（图7-3）。同时每一项任务又都包含了一系列具体的操作规则。

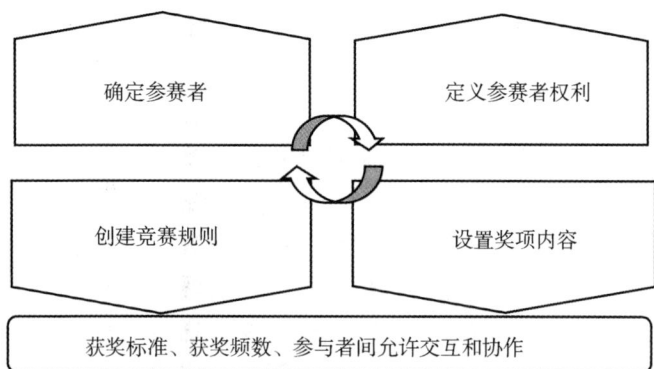

图7-3　奖项设计四项主要任务

（一）确定参赛者

奖项类型的确定可以在很大程度上决定参赛者的规模和构成。例如在特定领域奖励卓越的范例奖：普利兹克建筑奖、英国文学布克奖和世界粮食与农业奖等，往往只授予被提名的贡献者，因此候选者规模较小。但是对于市场方案奖和点解奖而言，选择较大规模参与者则更合适。例如18世纪的经度奖，对参与者的资质不设限制，以最大限度地吸引参赛者，倘若经度奖委员会一开始就设置了参赛资格，将参与者资格限定在希望以传统方法解决"经度"问题的天文学家和制图专家上，那么钟表匠约翰·哈里森（John Harrison）可能就永远也不会研发出航海钟。

当然，并非所有的科技悬赏都应该不设门槛，对参与者资格的恰当限制以及参赛门槛费的适当收取，可以控制参赛者规模，保障参赛者质量，一般而言，参与者的积极性会随着参赛者规模的扩大而下降。例如，伊布拉欣奖（Ibrahim Prize）的候选人仅限于非洲国家元首，其依据是认为实现非洲更好治理的关键在于有效的政府最高领导层。"进步汽车X奖"则为参赛者限定了技术资格门槛和财务资格门槛，并要求参赛者预先支付一笔准入费，以此吸引真正的参赛者，并避免时间和精力的浪费。大量案例研究表明，成功科技悬赏奖的关键在于减少参与障碍，提升参与积极性，门槛的设立将会增加其参与障碍，但同时也会提升参与者积极性，所以应该权衡考虑。[①]

（二）定义参与者权利

成功的科技悬赏奖应使悬赏参与者获得除悬赏金以外的收益。例如给参赛者提供相应机会，增加参赛者的不同体验，让参赛者得到技术的提升等。以 Netflix 奖为例，它是针对最佳协作过滤算法的公开竞赛，用于预测电影的用户评级，2006 年 10 月，Netflix 发布了一个包含 1 亿电视收视率的匿名电影评级数据集，让参与者利用数据挖掘，机器学习和计算机科学提高电影评级的准确性。对于参赛者而言，这样海量大数据本身就具有很强的研究价值且往往难以获得，因此很多参赛者参与悬赏的目的除了获取奖金之外，更是为了研究此数据，此举不仅起到了激励参赛者的作用还使公司收获了赞誉。

此外对于点解奖、市场方案奖和博览会奖，是以参赛团队的成果达到了预期标准为条件兑奖。因此，对于这类科技悬赏奖，确定知识产权归属至关重要。如果悬赏金资助者是私人赞助商，特别是借用科技悬赏奖为公司开发新技术或解决公司面临的技术难题的企业，往往都会提出声明控制一系列知识产权——专利权、版权以及商标权等。而由政府机构或者 NGO 组织发起并资助的科技悬赏奖却对知识产权的归属确认并不严格，对于政府机构或者 NGO 组织而言，创新以及由创新产生的影响力本身更重要，因为这种影响力最终会推动社会的进步，产生巨大的社会公共福利。例如 X 奖基金会，并不强调基金会对于知识产权的所有，而是以团队协议的形式明确规定了利益相关者各方的知识产权权利和义务，以调动各方的积极性。

一般而言，科技悬赏奖的资助者对知识产权的控制越多，这个奖项需要投入的费用就越高。在特殊情况下，当科技悬赏的主办方或者出资者要求获胜者放弃所有的知识产权仅获得悬赏金时，悬赏资金就类似于专利垄

---

① McKinsey & Company, "And the Winner is... Capturing the Promise of Philanthropic Prizes" (2009) http：//www.mckinsey.com/app_media/reports/sso/and_the_winner_is.pdf（accessed July 8, 2011）.

断理论中的"影子价格"。① 这样的价格有时会高得让人望而却步（取决于创新的性质，甚至可以高达数亿美元）。

对于利益相关者权利的界定同样适用于赞助者和媒体。例如 X 奖基金会在悬赏开始时就详细规定了赞助商以及各媒体可享有的权利。一方面，该基金会允许悬赏参与者出售其团队的赞助权以筹集资金；另一方面，X 奖基金会保留了所有的媒体权利，以逐步积累基金会的品牌效应。

（三）制定悬赏规则

悬赏规则一般包括三个要素：获奖标准、获奖频数、参与者间的协作。根据不同的科技悬赏类型，悬赏规则也有所不同。

1. 获奖标准

据调查，超过 1/3 的科技悬赏发起人认为确定奖励标准是非常困难的环节。一方面，要尽量详细客观以最大限度地保障公平，减少悬赏过程中的纠纷；另一方面，用简洁清晰的标准吸引更多的参与者，同时不应过于复杂而扼杀创新也非常重要。因此，总体而言，应从以下三个方面来考虑获奖标准：主观与客观的权衡、简洁清晰、反复修正。

主观与客观的权衡：对于大多数奖项来说，获胜标准应该越客观越好，即标准应该能够用具体的数字进行精确的描述。例如，Netflix 奖项使用均方根误差（Root Mean Square Error）来评估参与者的提交，均方根误差是提高准确性的一种统计标准；而安萨里 X 太空飞行奖则是根据具体的飞行高度和飞行频率来选择获奖者。当然，对于某些类型的科技悬赏奖而言，其获奖标准却难以量化。例如，伊布拉欣奖（Ibrahim Prize）是苏丹裔英国企业家莫·伊布拉欣于 2007 年创办的政治性奖项，每年颁发，表扬"发展本国、使人民摆脱贫困、促进永续而公平的繁荣"的非洲国家领导人。获奖条件是曾任非洲国家的国家元首或政府首脑、卸任三年以内、以民主方式选出、遵守宪法规定的任期限制，并在任内表现杰出。而对于"杰出"的判断是一个很难量化的标准，更多的是取决于公众的主观意愿。值得注意的是，在少数情况下，客观的标准有可能适得其反。例如布克奖（Booker Prize），这是当代英文小说界重要的长篇小说奖项。此奖原只授予英联邦及爱尔兰的作者，但自 2013 年起，只要该书以英文写作并曾在英

---

① György Simon, "Ex Post Examination of Macro-economic Shadow Prices", *Economics of Planning*, 1965, 5（3）, pp. 80-93.

国出版即可参赛。布克奖评选委员会主席约翰·萨瑟兰（John Sutherland）认为："对于一部好小说的定义，有多少人的意见就有多少人的意见。在法律上，你有判例法和判例来帮助你。在文学作品中，评委们会在同一部小说中看到不同的东西。"当然，布克奖之所以能够激发公众兴趣也可能与这种主观性有关。例如，布克奖评委之间的公开分歧（甚至是偶尔高调辞职）可能会使该奖项具有更广阔的公众基础，以鼓励更多的人谈论书籍。

简洁清晰：成功的悬赏奖项应为参赛者提供清晰、易懂和简单的获胜标准，使其在实现预期目标的同时给参与者最大的创造空间。许多颁奖者为了涵盖一切可能发生的情况或避免纠纷，都试图对标准进行过度设计。但规则越多，潜在的参与者（或提名者）就越容易感到困惑或气馁。NASA 百年挑战创始人之一 Ken Davidian 认为"理想的规则应该不超过一页纸"。

反复校正：成功标准要经过多次反复校正。从 X 奖基金会到 Idea cross-seek 都会向包括参赛者、主题专家和其他颁奖者等各方征求草稿意见。此外还可以利用互联网开放论坛对早期提案进行审查。在最终定稿之前，奖项发起人往往都要经过三次或三次以上反复校正才能形成最终的获奖标准。

2. 确定获奖频数

奖项发起人在确定竞赛规则时，另一项重要的工作是奖项类型是一次性奖项还是多次连续性奖励，二者各有其适用性。前者适用于认可成就类奖项以及可以最大限度地发挥成果的影响力，例如点解奖和市场方案解决奖；后者适用于参与类奖项，连续性的多次奖励有利于在多届悬赏中不断调整规则，并逐渐建立起同行间的参与交流网络。

当然，单次奖励和多次连续性奖励也可以混合使用。点解奖和市场方案解决奖虽然是单次奖励，但同时也可以不断向竞赛投入新资金以增加附属奖励来增强其影响力。例如，Mprize 的主要目标难以在短期内实现，这会导致社会舆论关注度下降，从而影响参与者的积极性，最终威胁到其依赖大量捐助支撑的融资模式。因此，Mprize 在最终悬赏奖的基础上，增加了"中期进展奖"，以鼓励媒体和参与者持续关注。

另一种混合解决方案发生在阶段竞争，通过逐步缩小获胜参与者的范围，最典型的例子是布克奖（Booker Prize）对"长名单"和"短名单"

提名者的管理。通过公布所有入围者的名字，然后随着时间的推移逐步缩小名单直至最终将获胜者筛选出来，该奖项产生了巨大的宣传效果，并推动了对所有提名书籍，而非仅仅是那些进入候选名单的书籍的宣传。

3. 是否允许参与者间的协作

竞赛规则的最后一个要素是是否允许参与者之间产生互动协作。对于某些科技悬赏奖来说，参与者之间的互动要么没有必要，要么可能不利于问题的解决。例如普利策奖这样的范例奖，是不需要参与者通过互动来实现奖项目标的。另外，参赛者的互动也可能会造成知识产权方面的纠纷。

当然，对于大多数科技悬赏奖而言，协作可以极大地促进创新，而点解方案或市场解决方案奖就是为了鼓励协作而设计的。[1] 合作对参与奖和网络奖至关重要，因为这类奖项的目标就是在于加强社区功能、教育公众和提高参与者技能。例如 Changemakers 就允许参赛者在阅读其他参与者回答或与他人进行交流的基础之上修改他们提交的解决方案。

(四) 设置奖项内容

在确定了悬赏参与者、界定权利、明确比赛规则之后，主办方最后需要考虑的就是设置科技悬赏内容。对于科技悬赏奖项赞助商而言，这似乎是一个悬赏金价值的问题，在他们看来只要提供一笔可观的悬赏奖金，则必然会产生大量的媒体报道。然而，在对巨额悬赏金的研究中，发现悬赏金额多寡与它所产生的曝光量之间并没有必然关联。所以，科技悬赏奖主办方应该拓宽视野，综合考虑悬赏奖的种类、数量和金额等因素，然后根据悬赏策略设计最优悬赏金，即并非越多越好。

科技悬赏奖大多以现金或现金等价物的形式出现，其奖励金额大小取决于以下要素：参与者所需的资源、奖项收益、获奖难度、参与者自身动机和期望的行为以及其他利益相关者。奖项开发者在设计奖金数额时应仔细考虑每一个因素。

例如美国国家航空航天局（NASA）为百年挑战赛设置了相对较低的悬赏奖金额，一个内在原因在于，百年挑战赛的目标是要寻找"民间发明家"，而这种数额较小的奖金则可以避免大企业垄断竞争。与此相反，X奖基金会在悬赏一种廉价、可大规模推广的结核病诊断药物时，其目标群

---

① Freeman C., "Networks of Innovators: A Synthesis of Research Issues", *Research Policy*, 1991, 20 (5), pp. 499-514.

体是现有的知名药品研发企业，所以他们相应地调整了奖金的规模和结构，即悬赏奖励包括 5000 万美元的奖金以及帮助其推广药物的承诺。

　　总体而言，科技悬赏奖励的金额大小主要取决于现有市场的规模、性质以及开发新市场的潜力。正如"太空天使网"（Space Angels Network）负责人、颁奖机构顾问伯顿·李（Burton Lee）指出的那样，创新的后续市场越大，一开始需要的奖励金额就越小。

　　此外，科技悬赏的激励不仅来自于悬赏金，对于参与奖、网络奖和博览会奖来说，虽然悬赏金额不高，但获奖本身带来的荣耀、参与其中获得的归属感、相关技能的提升则也是激励因素之一。如科学社会学家罗伯特·默顿（Robert Merton）曾对科学家进行研究的各种动机进行分析，发现其中的经济收益动机排名并不高①。正如肯·大卫迪安所指出的那样，他参与美国国家航空航天局（NASA）挑战赛的动机主要是参与太空探索的满足感，自己的贡献能被美国国家航空航天局（NASA）认可，而现金收益的动机被排在最后。因此，科技悬赏奖发起人应注意使用非物质奖励，例如许多年轻的数学家，即使是在获得终身教职之后依旧着迷于赢得菲尔兹奖。他们的热情与奖金关系不大，他们追求的是菲尔兹奖能够在该领域为他们带来学术影响力和学术声望。

---

　　① Namer, Gerard, Merton R K, Storer N W. "*The Sociology of Science. Theoretical and Empirical Investigations*", *Revue Franaise de Sociologie*, 1975, p. 44.

第八章　科技悬赏奖的运行流程

一项设计良好、运行顺畅、实施有效的科技悬赏奖运行流程应主要包括：吸引高质量的参与者，通过竞争过程吸引注意力、激情和创新，在社区内或公众视野中庆祝获奖者，并确保该奖项的潜在影响最大化。我们将这些活动分为四个相关运行环节：吸引、竞争、颁奖、宣传（图8-1）[①]。

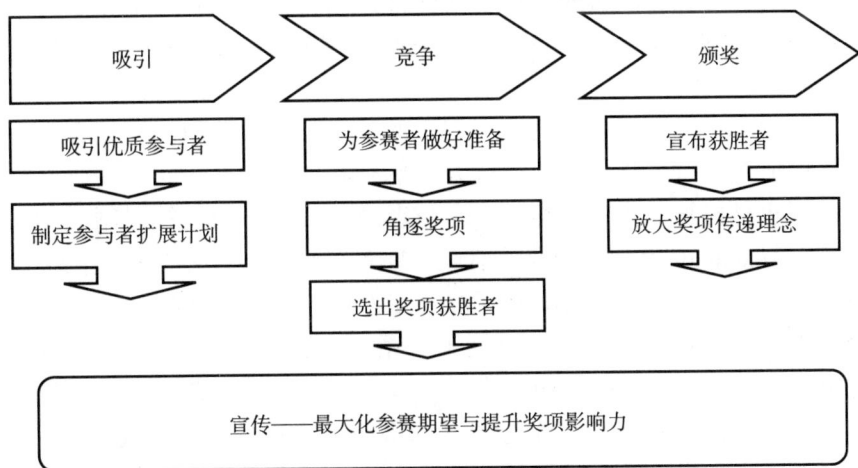

图 8-1　悬赏奖项管理的四大环节

科技悬赏奖的运行流程管理至关重要，因为科技悬赏奖的影响力不仅只体现在颁奖的那一刻，其影响力从一开始设置悬赏题目就已经在发挥作用了。然而，在实践中，将整个流程的影响力都发挥出来的科技悬赏奖却并不多见。同样，科技悬赏奖的成本也不仅仅是在颁奖那一刻的悬赏金支出，在整个过程中的管理宣传费用也非常可观。正如《声望经济》（*the*

---

①　本部分节选自 Mckinsey & Company, "And the Winner is ⋯ Capturing the Promise of Philanthropic Prizes", *Mckinsey & Company*, 2009, pp. 60-68.

Economy of Prestige）一书的作者吉姆·英格里什（Jim English）所指出的那样："如果奖项发起人不明白除了奖项本身的'经济资本'之外还需要付出多少努力和投资，那么奖项必然会失败。"赞助商可能会认为，一个现金价值为 5 万美元的奖项，每年需要大约 6 万—7.5 万美元的管理成本。但根据奖品种类和致力领域的不同，例如如果包括提高公众对奖品存在的认识、鼓励人们提名和申报、发起宣传活动在内的整个管理项目，实际花费可能会达到 50 万美元或更多。实际上也有许多奖项专家批评了悬赏奖项目前存在的管理过程中投资不足的倾向。

　　除了确定科技悬赏各运行环节之外，认识到各环节之间不是相互割裂的，而是一个动态过程也至关重要。例如，一个科技悬赏奖项前期若没有吸引到足够多的参赛者，那么颁奖方就会动态调整资金的分配，如削减颁奖晚会等流程的资金，而用于宣传投资。所以奖项的发起人在奖项管理中应随时准备动态调整。另外，目前一些科技悬赏也尝试着将部分悬赏环节外包出去，例如 Idea Crossing、InnoCentive、NineSigma、Spigot 和 BigCarrot.com 等科技悬赏项目就是将奖项的设计甚至执行外包出去，并在奖项外包的过程中，产生了一系列的有创意的管理工具，例如在线托管和协作工具。但值得注意的是，这种外包方式也有其局限性，会受到基础设施的覆盖范围、科技悬赏奖项的类型、参与者类型、资金规模等限制。例如邓普顿奖（Templeton Prize）、世界粮食奖（World Food Prize）和美国国家航空航天局（NASA）百年挑战（Centennial Challenges），在将其管理流程的一个或多个步骤外包出去时就遇到了一系列问题。对邓普顿基金会而言，将评审工作外包出去，一方面，降低了基金会对被提名者的选择和质量控制；另一方面，也使得围绕评选开展的讲座等支持性活动变得更加困难，因此，该基金会目前已经取消了外包评审这一做法，而是采取内部评审的方式确保科技悬赏的质量；由于资金约束，美国国家航空航天局（NASA）将其几乎全部预算都用在奖金激励上，因此必须最大限度地降低行政成本，于是只能与非营利组织合作进行管理，这样的后果之一便是宣传投资不足，从而限制了潜在社会资本的投入。

一　吸引优质参与者

科技悬赏奖运行流程的第一步就是吸引参与者。Idea Crossing 首席执行官阿尼尔·拉蒂（Anil Rathi）认为，"吸引参与者参加比赛是非常重要的，因为如果方法得当，那奖项规模就会迅速扩大"。

　　吸引参与者的首要目标是明确目标群体是谁，在哪里以及潜在目标群体有哪些？以便在此基础上定向宣传，以确保目标群体能够及时接收到相关信息。同时，对参与者的吸引工作不应仅限于悬赏开始阶段，随着悬赏的进行以及影响力的扩大，持续吸引参与者、相关赞助商、经销商的工作也必不可少。例如进步汽车 X 奖在一开始便已经吸引了数量可观且能力较强的参与者，但随着悬赏的进行，主办方仍然不遗余力地继续派遣员工到全球各地招聘更优秀的参赛者，以扩大赛事的影响力从而确保悬赏质量；主办方同时也参与了汽车行业的各种会议，以吸引大型制造商参与奖项竞争。除了亲自招募参与者外，谷歌月球 X 奖采取的会议方式也是一个行之有效的办法，例如其主办方曾在欧洲围绕着悬赏主题举行过一个相关国际会议，以确保国际竞争者知晓此奖项，增加优质参与者的数量。另外，通过与专业人才机构建立长期稳定的合作，以确保优质参与者也是一个拓展参与者渠道的好办法。例如通过历届奖项，Idea Crossing 与世界各地很多商业和工程学校都建立了联系；同样的，InnoCentive 则创建了一个逾 16.5 万名悬赏参与者的网络。

二　开展奖项竞争

　　并非每一个科技悬赏奖都有竞赛环节，但竞赛本身的确是一个促进参赛者交流，发挥参赛者创造力的环节。科技悬赏奖的发起者应重点关注以下三个方面以最大限度地发挥竞赛的功能，即为参赛者做好竞争准备，角逐奖项，以及选出奖项获胜者。

（一）为参赛者做好竞争准备

　　在正式竞赛开始之前，科技悬赏主办方应尽可能地为参赛者做好准备工作，包括搜集资金资助渠道的信息、搭建交流平台、甚至为参赛者提供专家咨询方案。例如，在 FIRST Robotics 悬赏竞赛中，参赛团队只有 6 周时间来组装他们的机器人参加区域竞赛，因此在比赛开始前，主办方为参赛者提供了一系列帮助，包括从资源到信息，再到特定的工具以及联系资助所需要的资本。此外，FIRST Robotics 竞赛主办方还为参赛团队提供工程师导师，付费的机器人工具包，以及筹集资金的协助；思科的 I-Prize 为参与者提供了一套在线协作工具，以促进参赛者创新思想的涌现；Changemakers 悬赏竞赛中则要求所有参赛者都将他们的作品发布到共享平台上，这使得参与者可以通过浏览别人的解决方案开发新思路，实质上实现在竞争中积累，在合作中收益。Ashoka 的前任董事长认为，"当我们问参赛者，对他们来说，比赛最重要的是什么时，我们得到的回答是'我们从每个参赛项目中都挖到了点子'"。

（二）角逐奖项

在角逐奖项阶段，主办方应关注包括时间、竞赛环境以及对参与者支持等方面的内容。例如，Changemakers 竞赛设计了允许参与者根据比赛的进程随时改变他们提交方案的规则，该奖项允许参与者在开发平台上随时分享自己的方案，并获取其他参赛者的思路从而优化自己的方案，鼓励参与者之间合作以及创新思想整合，这种管理模式对于建立一个可持续性问题解决社区来说是非常具有意义的。但是，这种管理模式也有其天然的弊端，过多地依赖其他人的创新思想，容易陷入从众的"群体思维"风险，而扼杀了创新思维。此外奖项竞赛是以远程还是面对面方式进行也会影响奖项的结果。在 Changemakers 计划中，15 名最终入围者经常被邀请参加由竞赛主办方举办的碰头会，在那里他们可以与评委和潜在投资者见面，交流思想，巩固现有关系并发展出新的合作关系。

（三）评选获胜者

并非所有的科技悬赏奖都需要评审委员会，当规则简单明晰标准客观时，科技悬赏奖的评审结果可以由电脑给出，例如 Netflix 公司的奖项要求参赛者在线提交他们的解决方案，这样评审结果可以即时展示在自动排行榜上。但对于大多数科技悬赏奖，评审委员会及其结构对于决策过程和结果至关重要。奖项分析师吉姆·英格里什（Jim English）认为，"初期确定哪些人有资质进入评审委员会是一个悬赏奖能否顺利颁出的关键"，一般情况下，具有声望同技术资格可以画等号，但是对于不同的奖项，则重点可能不同。例如范例奖，其获奖标准有一定的主观性，因此需要选择具有学术地位及声望的评审专家，例如诺贝尔奖、伊布拉欣奖和普利策奖等，这些奖项的影响力决定了其评审委员会专家也应具有较高的可信度与声望。而对于点解奖和市场方案解决奖，获奖标准更为客观，因此评委的技术资格非常重要，而其社会地位与声望就不那么重要了。

为了更公正地选出获奖者，科技悬赏主办方应该对评审标准作出尽量清晰的界定，特别是对某些关键词提出指导性的意见。例如如果"创新"和"领导力"是获奖标准，那么如何定义它们呢？当不仅仅是单一目标时，评委应该考虑多重标准吗？如果是，他们应该如何衡量这些标准并给予恰当的权重？对于这些主观标准的认定不仅仅是评审委员会的责任，更需要科技悬赏奖主办方在一开始就进行界定。此外，如果条件允许，还应确保评委们在正式比赛开始之前就充分参与，以便在挑选获奖者时，他们能得到所需的所有信息。例如，在评审开始前的几个月，世界粮食奖和 El Poma 奖的工作人员就将每个参赛者的详细资料，包括预算、组织结构和项目的详细信息等都以文件形式发送给评委。

最后对于获胜者的选择，最基本的要求是明确标准并在整个悬赏过程中保持一致，切勿随意变更。为了确保这一目标的达成，有些奖项会开展对评委的培训，例如 FIRST Robotics 竞赛和 Odyssey of the Mind 都曾组织开展评委专家培训会，确保专家们的评价标准与主办方一致，并且在比赛中始终如一。当然，由于不可抗拒的因素会导致评审委员会的专家们难以参与整个悬赏过程，因此备选专家库的建立也非常重要，例如，El Poma 奖和世界粮食奖都建立了备选专家数据库，以应对由于评审专家变更对比赛结果造成的影响，以最大限度保障公平。

三 奖项颁发

奖项的颁发是科技悬赏竞赛的最后一个环节，其不仅是对少数获奖者的奖励，也是对评委、赞助商和社区的感谢，并且这一环节对于主办方而言也可以产生较大的社会影响力。这一阶段主要包括两个方面的内容，即宣布获奖者以及宣传奖项传递的理念。

（一）宣布获胜者

宣布获奖者的方式应与奖项目标相一致。旨在影响公众认知的科技悬赏奖侧重于制造出引人注目的场面和吸引大量媒体报道。例如，邓普顿奖的获奖者通常会在白金汉宫的典礼上接受爱丁堡公爵的颁奖。侧重于加强联系的奖项往往不太强调获奖者的地位，而更倾向于将所有利益相关者聚集在一起，以建立关系和交换思想。颁奖典礼为科技悬赏奖的发起人提供了可以阐明选择标准以及最终选择获胜者的理由的场合，以及一个可以阐述科技悬赏奖理念和宗旨的机会，这对于科技悬赏奖的影响力至关重要。例如评审委员会可以解释为什么认为某一个方案或者某一个参与者是优秀的，以此形成对这个领域研究方向以及研究前沿的聚焦，借机影响公众理念，增强科技悬赏奖的影响力。为了实现这一目的，许多科技悬赏奖的颁奖过程与相关学术会议结合在一起，这种结合不仅为评委和奖项管理者提供了一个阐明获奖者成功原因的机会，并最终引领研究走向。

（二）宣传奖项传递的理念

在颁奖环节，除了宣布获奖者之外，更重要的是扩展奖项传递的信息和理念，从而扩大该科技悬赏奖的影响力，吸引到更多利益相关方，以提升所有参与者的价值。以市场方案解决奖为例，对于大多数的 X 奖而言，难题的解决只是变革式创新的第一步，紧跟着的是知识产权的交易、新产品的研发以及新市场的开拓，与此相关的，一方面，需要吸引到足够的资本投资方的介入；另一方面，也需要让公众更多地了解这一技术变革，更大程度上接纳新产品，进而开发新市场。此外，这种宣传还可以确保奖项能为社会创造价值。在宣布获奖者环节，不仅仅要宣布获奖者的名字，更应该宣传他们获奖的缘由以及背后的事迹，以树立榜样，招揽人才，为社会创造价值。另外，扩大奖项影响力的第二种途径是建立一个网络社区，让利益相关者借此交流想法和加强联系。例如对于网络奖而言，利益相关者对于社区平台认同感越强，这类奖项就越成功；同样的，所有密尔肯教育奖的获奖者都会受邀参加一个全国性的教育会议，他们可以与其他教育界的同行交流，分享思想，加强联系。

四　奖项宣传

科技悬赏奖的宣传应该贯穿整个悬赏的始终，即从最开始的目标设定、奖项竞赛到后期的奖项颁发。要保持与目标群体、普通社会公众、资助者、大众传媒等信息沟通渠道畅通。为了确保有效宣传，有两个方面的注意事项：一是确保信息能够抵达相关受众，包括资助者，参赛者等利益相关者；二是要通过各种渠道传达出能够"吸引眼球"的信息。例如布克奖就是成功地将宣传整合到整个颁奖过程中的范例之一；Changemakers 则是通过社交博客网站发布竞争信息进行宣传；FIRST Robotics 竞赛每年都会在美国国家航空航天局（NASA）卫星电视和互联网视频上播放比赛发布公告以达到扩大宣传的目的。因此，为了能够实现从始至终的宣传目标，我们通常不能为科技悬赏奖的整个流程设置严格的预算计划。事实上，与悬赏金本身相比，科技悬赏的行政运行费用也是非常大的一笔开支，其中宣传成本与管理成本占到了绝大部分比重。

第九章　科技悬赏奖的后期管理

科技悬赏奖的生命周期并非在奖项颁发那天就结束，其影响力会持续很长一段时间，因此对于奖项后期管理尤为重要。在这一阶段追加投资，可以优化解决方案、开拓技术应用市场。另外，参与者可以进一步沟通交流并利用已有参赛经验解决其他问题，奖项的发起人和赞助商也可以从奖项的设计和颁发中吸取教训，提高未来举办奖项的能力与影响力。倘若没有对获奖时期的投入，那么奖项的影响力将会大打折扣，相较于颁奖环节会对获奖者产生直接的积极影响，奖后阶段的投入则会给奖项发起者带来更多的收益。但是在具体实践中，却少有主办方关注到这一点。总体而言，科技悬赏奖后期，奖项发起人主要有三项关键任务：第一，促进科技悬赏奖成果转化以实现更大的收益；第二，对科技悬赏奖本身作出评价总结以实现改进；第三，评价悬赏奖项并做出改进、通过奖项遗留的"财富"建立奖项的"品牌效应"。

一　促进科技悬赏奖成果转化

针对特定的问题，仅仅依靠科技悬赏奖本身，通常并不能立即获得广泛的社会效益。布鲁金斯学会（Brookings Institution）的托马斯·卡利勒（Thomas Kalil）认为，科技悬赏奖项发起人若希望在某一领域实现突破性改变，则不应该孤立地看待一个奖项，更需要关注如何应用奖项以及如何扩大奖项的影响力。在后科技悬赏阶段，奖项发起人还可以通过传统的赠款、开拓新的服务项目、投资基础设施等其他办法，扩展科技悬赏奖的应用并提升其影响力，以更大程度促进社会利益。[①]

[①]　Mckinsey & Company, "And the Winner is … Capturing the Promise of Philanthropic Prizes", *Mckinsey & Company*, 2009, p. 69.

促进科技悬赏奖成果转换有多种方式，X 奖基金会将结核病奖与预先市场承诺计划（An advance market commitment，AMC）相结合，即捐赠人委托买下大量的待开发疫苗供应给穷国，如果药物制造商能提供符合规范的产品，价格可以预先决定，以确保通过该奖项开发出的结核病诊断方案都能得到采纳并获得市场份额，该计划是一个双赢的结果，一方面药物公司获得了创新的激励；另一方面捐赠人也避免了研究资金的中断。变革者（Changemakers）竞赛和厄尔波马尔（El Pomar）奖则会帮助赢得科技悬赏奖的参与者获得更多资金投入，以促进这些获胜者的悬赏成果产业化。最著名的科技悬赏奖成果转化的例子是 1996 年设立的安萨里 X 奖，其奖励金额仅为 1000 万美元，却推动了超过 15 亿美元的投资。安萨里 X 奖的目标是制造一款可重复使用的载人飞船，其最终结果是促进了私人航天工业的发展。该奖项共吸引了 26 支队伍参加比赛，比赛结束时在联合研发方面共收到超过 1 亿美元的投资，在亿万富翁保罗·艾伦（Paul Allen）的资助下，伯特·鲁坦（Burt Rutan）制造的"太空船一号"（SpaceShipOne）最终于 2004 年获得该奖项。但该奖项的影响力却远远没有结束，此后，又有超过 15 亿美元的投资被用于发展私人航天产业。时至今日，任何想成为宇航员的普通公众只需要支付 20 万美元的票价，就可以乘坐维珍银河飞船去太空旅行，而所有这些都是基于当初为获得安萨里 X 奖而开发出的应用技术。

二　评估科技悬赏奖并做出改进

根据科技悬赏奖目标对奖项影响力进行评估并在此基础上进行改进，是科技悬赏奖成功应用的关键一步。正如迪安·卡门（Dean Kamen）所说，"如何定义一个奖项并对其进行科学评估，直接决定了该奖项的级别"。但一项对颁奖者的调查显示，很少有颁奖者会定期评估其奖项影响力。超过 40% 的受访者表示，他们"从未"或"极少"评估过奖项的影响力，另有 17% 的受访者表示"每隔几年"才评估一次，只有 23% 的受访者表示会科学评估奖项的影响力[1]。

---

[1]　Mckinsey & Company，"And the Winner is ⋯ Capturing the Promise of Philanthropic Prizes"，*Mckinsey & Company*，2009，pp. 71-72.

　　奖项评估的关键是颁奖者对该奖项在实现其核心目标方面取得的成果定期进行结构化评估，此外还应该对奖项战略、设计和实施过程中不同因素的相对重要性定期进行科学评估。例如虽然可以相对容易地通过增加奖金数额以消除通货膨胀的影响，但根据奖项目标对评估流程、奖品种类，乃至比赛结构进行及时调整以适应社会经济环境的变化可能更加重要。

　　以变革者（Changemakers）悬赏奖项为例，它不仅对参赛者提交的参赛方案数量进行分析评估，还对比赛期间网站上的对话数量进行调查评估。由于讨论区在颁奖后仍然开放，颁奖者可以在赛中和赛后了解参赛者的参与情况并对奖项影响力进行评估。除了上述指标，变革者（Change-makers）还会通过跟踪比赛实施阶段参赛者凭借参赛方案获得的资金来衡量奖项影响力。另一个典型的科技悬赏奖第一机器人（FIRST Robotics）也会跟踪一些指标以获得对奖项效果的评估，如每年持续合作的团队比例（目前为92%），以及保荐人保留率（目前约为90%），此外该组织还委托布兰代斯大学（Brandeis University）对奖项进行了一系列详细的影响评估。

　　具体而言，奖项设置目标是对科技悬赏奖进行科学评估的最根本标准，不同的目标对应着不同的评估问题并包含一系列具体的评估指标（如表9-1所示）。对奖项效果进行科学评估，并以此为基础进行全面改进，是应用科技悬赏奖的重要后续工作，这就要求颁奖者对奖项的改进措施保持开放的态度，无论是在颁奖期间还是比赛期间，都应积极地对奖项影响力和效果进行评价，以更好地做出奖项改进决策。实践中，大量的悬赏奖都在科学评估的基础上对其管理流程进行着动态调整，即使是布克奖（Booker Prize）这样久负盛名的悬赏奖项，多年来也不断在其评奖方法上做出重大改变，以更好地实现其奖项设置目标。

表9-1　　　　　　　　　　　　悬赏奖项评价及其指标

奖项目标	关键问题	具体指标
识别卓越	我们是否正在为卓越制定标准？	采用解决办法的比率 向获奖者颁发的奖项
识别和吸引新人才	我们是否有非传统问题的解决者参加？	问题解决者的数量和种类

奖项目标	关键问题	具体指标
聚焦特定社区	聚焦某一社区是否是我们解决该问题的首选？	对该社区的后续投入，投入该问题领域的时间
建立新社区	我们是否在建立连接更多的问题解决者的社区？	联系增加（共享、合作）社区/网络的增长
调动资本	我们是否为待解决的问题吸引到更多资本或资源？	对该领域问题的有效投入
教育和提高技能	我们是否使参赛者习得更高的技能	参赛者人数 参赛者技能的提升
影响公众感知	我们是否需要改变公众的认知	公众的态度及认知

三 打造科技悬赏奖"品牌效应"

虽然大多数科技悬赏奖并未形成像诺贝尔奖和普利策奖那样的名声和品牌效应，但仍然可以通过寻求一些有效的策略，并借助颁奖后遗留下来的财富，为打造科技悬赏奖的品牌效应奠定基础，从而增强该奖项在未来影响变革的能力。

获奖者名单是科技悬赏奖最直接的遗留财富，但颁奖后的遗留财富应不仅限于获奖者名单。如果获奖者愿意承担一些奖励后的义务，那么该奖项筛选出的这批获奖者人力资本及其知识成果，无疑将构成奖项"品牌效应"的直接基础。例如，变革者（Changemakers）就把竞赛期间产生的创意和知识成果汇集到一个在线图书馆，并按照主题进行分类组织。无论是在与水资源、劳动力相关的主题方面，还是在与农村发展相关的主题方面，当今和未来的社会活动家、企业家都可以通过在线图书馆获取丰富的思想源泉和知识资源。也正是基于此，X奖基金会（X PRIZE Foundation）、创新中心（InnoCentive）和思想交叉（Idea Crossing）等机构正在不断总结经验，力求帮助客户打造独特的科技悬赏奖品牌。

此外，科技悬赏奖的遗留财富还包括从参与者和获奖者身上所识别出的"认知资本"。假设某个科技悬赏奖有200或300个参与者，尽管他们中的大多数人并没有获奖，但在赛后的很长一段时间里，通常几乎所有人之间都会继续保持着联系，这就是从他们身上识别出的"认知资本"。这种认知资本为这一领域相关问题的解决者建立了联系机制，方便他们在新问题出现时迅速找到解决方案，并为个体企业家的社会创新提供支持，同时也为后续的比赛提供了框架指引。

科技悬赏奖的遗留财富仅仅是奖项品牌效应的基础，打造一个强势的科技悬赏奖品牌还需在以下几方面进行努力。首先，奖项的目标设置必须与时俱进。其次，评奖委员会必须选出有说服力的获奖者，即获奖者需具备令人信服的想法和成果。最后，奖项组织者必须有效地记录奖项对获奖者和社会所产生的影响。此外，在打造科技悬赏奖品牌时，还需要重视奖项名称及所使用的相关素材的知识产权保护问题，同时也要避免过度保护。只有这样才能有效建立起科技悬赏奖的品牌效应，进而增强它们在未来影响变革的能力。

第十章 现阶段科技悬赏奖面临的
问题及未来的发展方向

目前科技悬赏奖面临奖项设置不当、资源重复浪费以及缺乏商业化激励等问题。为较好地解决上述问题，科技悬赏奖资助者的多元化、资助效率的提升，以及奖励风险管理优化将成为科技悬赏奖未来发展的主要方向。

一 现阶段科技悬赏奖面临的问题

自 1714 年英国政府悬赏 2 万英镑用于征集精确测定船舶所处经度的方法至今，科技悬赏奖先后经历了从繁荣到没落，再到新生的三个不同阶段。19 世纪中叶的美国，科技悬赏奖的发展高度繁荣，甚至出现使用科技悬赏奖励制度取代专利制度的呼声。然而到了 19 世纪末，随着发明创新专职人员的出现，科技悬赏奖项逐渐被用于表彰过去成就的奖项所取代。再到 21 世纪，科技悬赏奖的应用又如获新生般地出现了。根据麦肯锡咨询公司的一份报告，1991 年之前的奖项中有 97% 被用于表彰人们过去取得的成就；而在 1991 年之后设立的奖项中有 78% 被用于激励解决某些实际问题。科技悬赏奖发展至今，因其目标明确、成果容易衡量、与公众关系密切并且能够吸引较多参赛者和赞助商等原因，在科技奖项领域体现出独特的优势，但其健康持续发展也仍然面临着诸如奖项设置不当、资源重复浪费、缺乏商业化激励等一系列问题。①

---

① Wei M. "Should Prizes Replace Patents? A Critique of the Medical Innovation Prize Act of 2005", *BUJ Sci. & Tech. L.* 13, 2007, pp. 9 21.

（一）奖项设置不当

奖项的设置是否合理是科技悬赏奖有效运行的关键。如果奖项的奖励过低，那么悬赏机制将不足以激励研发；但是如果奖励过高，那么就会出现资金浪费，而且也会因为道德风险等原因影响悬赏的激励作用发挥。因此，奖项价值衡量与信息不对称问题是奖项设置中的主要障碍。难以较好地衡量奖项的社会价值是奖项设置面临的一个主要问题。由于科技悬赏奖通常遵循事后奖励原则，且悬赏项目大多与公众利益相关，但是有关社会效益的价值却很难衡量，进而导致科技悬赏奖项本身的价值难以确定，并最终影响科技悬赏奖项的设置科学性。以药物研发的科技悬赏奖为例，由于药物通常具有广泛而持久的社会效益，因而药物的社会效益很难衡量，而制药公司对此研究也较少，在此背景下，一旦奖项组织者低估了药物的社会价值，并对奖励额度设置过低，制药公司就可能在成本和奖励的考量中放弃参与竞赛，最终导致很多悬赏制药的奖项无法达到实现社会利益的目的。

信息不对称是科技悬赏奖设置中面临的另一障碍。这主要体现在奖项发起人与参赛者对悬赏内容所获信息的不对称，尤其是与研发成本有关的信息方面[①]。在信息对称条件下，奖项发起人可以根据研发成本与社会效益综合权衡，并科学设置奖励额度。但参赛者通常并不会披露研发成本，悬赏奖项发起人通常只能根据社会效益设置奖励额度，在这种情况下，所设置奖励额度的高低将对参赛者的行为产生直接影响。如果奖励额度设置过低，参与者在成本与奖励的考量下不能保证奖项的参与度，进而奖项也就起不到激励的作用；但奖励额度设置过高无疑又会导致资金浪费。

为了设置出合适的奖项，奖项发起人需要足够了解奖项利益相关者尤其是参与者的诸如兴趣、动机、背景、工作方式、激励和竞争等多方面的信息。为此，最基本的方法是与代表性的个体进行交流或观察其在类似情况下的行为；其次，奖项的发起人还可以与专业科技悬赏奖项管理公司进行合作，汲取类似科技悬赏奖设置中的经验教训，或进行小规模的模拟实验，以设置出能够有效发挥激励作用的奖项。

---

① Eric, A. A. "Patents or Prizes: Monopolistic R&D and Asymmetric Information". *International Journal of Industrial Organization*, 1997, pp. 369-390.

（二）资源重复浪费

由于科技悬赏奖的设计理念是鼓励人们发挥智力潜能，针对一类目标明确但方向不明的问题寻找解决方案，所以采用悬赏的方式在激励专业人员参与的同时，也鼓励引导大众的广泛参与。但是这种方式也可能会造成参赛者将资源投入重叠或相似的领域，产生资源的重复投入，导致规模不经济[①]。

虽然可以通过设置相对宽泛的奖项标准，以促使参赛者尽量在不重叠的领域进行探索，但这样又会导致奖项标准的不明确，进而制约悬赏奖项目标的实现。例如 1959 年，物理学家查德·费曼（Richard Feynman）为促进纳米技术的应用发展，提出以 1000 美元奖励制造一个不超过 1/64 立方英寸的电动马达，尽管在第二年一位工程师达到了费曼设置奖项的要求，但仍然使用的是传统的制造方法，未能实现费曼所希望的促进纳米技术发展的目标。

另有一些奖项采取强制参赛者发布进度报告来减少重复，同时这种方式也有助于团队间相互学习与合作。如 Changemakers 通过按主题将比赛期间产生的创意和知识成果汇集到一个在线图书馆，使得参赛者能够自由浏览彼此的阶段性成果，并在此基础上进行方案的修改，既避免了研发资源的重复浪费，也强化了参赛者之间的协作关系。但这种办法也会带来问题，首先是知识产权方面的界定；其次是这样的要求会对部分参赛者产生负激励，比如参赛者可能寄希望于使用其他团队的中间成果，而减少自身的研发投入。

（三）缺乏商业化激励

奖项赞助商通常会要求完全控制获奖成果的知识产权，特别是那些利用奖项开发新技术或创新的企业类赞助商，这样的要求虽然使赞助商的利益得以保障，但是却会造成参赛者解决方案的商业化可能消失[②]。如果获奖方案无法使参赛者获得专利或者比赛要求必须将方案公布于众，这可能

---

① Davis L., "Intellectual Property Rights, Strategy and Policy", *Economics of Innovation & New Technology*, 2004, pp. 399-415.

② Kieff FS., "Property Rights and Property Rules for Commercializing Inventions", *Social Science Electronic Publishing*, 2000, pp. 697-754.

会使参赛者缺乏商业激励进而丧失参赛动机。当然，如果科技悬赏奖项有着较强的公共利益属性，商业化可能反而会导致过度营销等社会福利损失，使用悬赏的方式可能更有助于获奖成果社会效益的实现。

对于公共利益较弱或不具备公共利益的参赛成果，奖项发起人可以通过明确知识产权所有权，允许参赛者将参赛作品进行市场化经营的方式提升参赛者的参与积极性。此外，奖项发起人还可以将奖项的奖励与市场承诺挂钩，例如 X 奖基金会在开发一种廉价的、可大规模开发的结核病诊断药物时，就将奖项与价值近 5000 万美元的高级市场承诺（AMC）捆绑在一起，这样就对参赛者产生了商业化激励。

（四）管理成本较高

成功的科技悬赏奖从奖项设计、目标设定、悬赏实施到奖项颁布都需要投入大量的资源与精力。一般而言，一个现金价值为 5 万美元的科技悬赏奖，根据科技悬赏领域的不同，每年所需投入的管理成本从 5 万—50 万美元不等。即从奖项设置到实施以及最后颁奖环节，其成本主要用于提高公众对认识的宣传费用、鼓励人们申报与参与的推广费用、吸引相关投资的渠道费用等。此外，任何奖项在分配时都难以避免引发争议，因此还需要在奖项管理成本的基础上将解决奖项纠纷或实施奖励公平合理分配的成本考虑进来。

二　科技悬赏奖未来的发展方向

科技悬赏奖发展历程表明了其对技术创新的巨大推动作用和实现社会利益的可能，同时这一奖励形式也被越来越多的国家和企业所认可并采纳。未来的科技悬赏奖将朝着三个方向进一步发展，即科技悬赏奖资助者的多元化、科技悬赏奖资助效率的提升以及科技悬赏奖奖励风险的管理优化。

（一）科技悬赏奖资助者的多元化

未来科技悬赏奖项的资助者应是多元的，即不仅包括传统的政府投资主体，更应该吸引产业界、慈善机构、风投机构等非传统的投资主体。这些多元化的赞助者将进一步扩大科技悬赏奖的应用范围，推动科技发展，提升社会利益。一般而言，赞助商增加资助的意愿将随着参与者数量的增加而增强。①

18—19 世纪，大部分科技悬赏奖资金来自国家或通过皇家学院和协会给予，然而，现在这一情况发生了相当大的变化，由企业赞助的科技悬赏奖项正蓬勃发展。根据统计，21 世纪以来，由企业资助的科技悬赏奖已经占到了总数的近三成，并且有进一步扩大的趋势。一些公司甚至通过独立赞助的形式成功地运行了自己的科技悬赏奖，例如网飞（Netflix）是采取独立赞助和运营的方式。当然，更多的情况则是公司间通过合作的形式来资助并运营科技悬赏奖。例如，阿育王基金会（Ashoka）的变革者（Changemakers）竞赛是由花旗银行（Citibank）、史泰博（Staples）、国家地理（National Geographic）和耐克（Nike）等知名品牌赞助的，这些公司的经理们希望通过科技悬赏奖的方式与社会各界企业家以及创新者建立联系以获得解决问题的新思路。新加入的奖项赞助者及其合作伙伴运用各自占有渠道以及比较优势将比赛相关信息传递给更广泛的受众。新加入的资助者的优势不仅体现在可以利用新渠道争取人才及获得解决方案，还可以通过科技悬赏奖的宣传来扩大品牌影响力，同时也将直接或间接地增加社会效益。

另一个值得注意的现象是，在过去 10—20 年的时间里，涌现出了一大批致力于慈善事业的私人投资者，由于这些私人投资者的财富很大一部分是来源于高科技产业，因此他们更热衷于投资具有创新性、结果可衡量、风险可控的技术领域，而科技悬赏奖正是满足了他们的投资需求。此外，这些私人投资者具有较强社会责任感、乐于为创新付费并且致力于慈善事业。例如，霍佩拉普（HopeLab）是由董事会主席潘·奥米迪亚（Pam Omidyar）（易趣创始人皮埃尔·奥米迪亚（Pierre Omidyar）的妻子）创建的奖项，其目标是为寻找让孩子们能更积极地参加体育活动的产品创意，其更深层的用意是通过开发有趣、有效的体育产品，以帮助解决儿童肥胖问题。

最后，政府本身正在重新定义并进入科研资助领域。以美国政府为例，在 20 世纪的大部分时间里，美国联邦政府倾向于通过拨款、竞标合

---

① Mckinsey & Company, "And the Winner is … Capturing the Promise of Philanthropic Prizes", *Mckinsey & Company*, 2009, pp. 27-29.

同和专利制度来资助技术创新活动。但现在情况表明，科技悬赏奖这种激励方式又开始回归，原因是人们相信以结果为导向的奖项在促进创新方面可以起到同样或者更有效的作用。2006 年布鲁金斯学会（Brookings Institution）有关科技悬赏奖的报告被广泛引用，其报告论证了科技悬赏奖相对于传统政府科研资助工具的优势：它降低了风险，吸引了大量背景各异的问题解决者，而且比传统的赠款管理更有效。此外，作者还建设性地提出了高达数亿美元可能的政府科技悬赏奖，建议美国国家航空航天局将其预算的 2%—3% 用于设置科技悬赏奖，并建议将高达 40 亿美元的奖金和预先市场承诺资金用于疫苗研究。华盛顿政府及其他 42 个有影响力的组织也表达了同样的观点。美国国家工程学会（NAE）也呼吁国会在其政策组合中增加科技悬赏奖的使用。基于公众舆论的转变，国会议员们已经开始探索将科技悬赏奖作为一种常规的刺激创新的方式，并提出了将 800 亿美元用于新药开发，3 亿美元用于汽车电池，1 亿美元用于氢能源的倡议。这表明未来的科技悬赏奖正朝着多元主体混合奖励体系方向发展。

（二）科技悬赏奖资助效率的提升

相较于一般奖项，科技悬赏奖一大优势在于吸引投资的能力。被悬赏产业的发展、新的协作技术的出现以及一系列新的悬赏实践都将对未来科技悬赏技术的价值产生积极意义，并扩展科技悬赏奖适用范围。[①]

长期以来，科技悬赏奖的应用一直是分散的，且缺乏广泛的认可和最佳实践的案例，并且往往缺乏专业的管理。在缺乏相关专业知识的情况下，奖项发起人一般会例行公事般地设计和管理自己的奖项项目，这极大地限制了科技悬赏奖的资助效率。但如今，一个可识别的"科技悬赏奖产业"开始出现，并以专业化的奖项管理部门的发展为特征，出现了专业的奖项参与者与潜在奖项投资者，这为科技悬赏奖的发展提供了宝贵的实践经验，极大地提高了科技悬赏奖的资助效率。

诸如思想交叉（Idea Crossing）、创新中心（InnoCentive）、忍者（NineSigma）、龙头（Spigot）和大胡萝卜网（BigCarrot.com），这类的组织就可以提供从奖项目标设定到比赛过程细节的全流程指导，并直接承担部分或全部奖项设计和管理的工作。其中，Idea Crossing 推出了一个可以在线

---

① Mckinsey & Company, "And the Winner is … Capturing the Promise of Philanthropic Prizes", *Mckinsey & Company*, 2009, pp. 76-77.

托管和管理奖项的方案，大大简化了奖项赞助者的管理流程，并强化了他们在奖项实施过程中的控制权。InnoCentive 则运营着一套完善且受严格控制的系统，这使其拥有能够向由来自 200 多个国家，16.5 万多名潜在参赛者组成的社区发布挑战信息的能力，大大提高了科技悬赏奖的实施效率。X 奖基金会基于 1000 万美元安萨里 X 奖的成功运营，将其章程扩展为一个以奖项为中心的"管理机构"，旨在推动最佳科技悬赏奖管理实践，并计划在之后 5—7 年推出约 10 个类似规模的科技悬赏奖。目前该基金会正与主要的企业和慈善赞助商合作，设计大型的联合品牌悬赏奖，例如进步汽车 X 奖，谷歌月球奖等。

此外，这类专门的科技悬赏奖管理机构也在奖项的资金资助方式上不断创新。以 X 奖基金会为例，为了在能源和环境领域产生"技术突破"，该基金会采用了一种新型专有的融资机制，将科技悬赏奖的奖金竞赛与平行的股权投资基金联系起来。这种方法为参与比赛的创新者提供了关键的发展资本，同时也降低了早期投资者的风险。可以看出，这类科技悬赏奖基金会作为专业的奖项管理机构，其进一步发展方向应是向奖项的发起者提供成本更低、效果更佳的奖项设计，并利用其专业知识与积累的经验提高奖项的资助效率。

与此同时，全社会对科技悬赏奖的广泛关注与浓厚兴趣正促使在赞助商和参赛者之间建立一种正式或非正式网络。通过这些网络，具有最佳实践价值的科技悬赏奖项得到更广泛的分享与发展。第一机器人（FIRST Robotics）科技悬赏奖和变革者（Changemakers）都鼓励参与者对他们的参赛作品和获奖过程展开坦诚讨论，并定期开展这样的交流学习活动，由此建立的正式网络对参赛者行为塑造起到了重要作用。除此以外，参赛者的对话还可以通过非正式网络进行。在美国国家航空和宇宙航空局发起的百年挑战赛上，就产生了一批全职参与创新奖竞赛的奖项参与者，这类专业参赛者乐于比较不同奖项的相对优缺点，并分享关于哪些奖项是值得参加或避免参加的观点，而且他们还会在具有挑战性的复杂奖项上进行合作。

这些发展表明，不断演变的科技悬赏奖有能力克服传统奖项的一个重大缺陷：阻碍合作的倾向。长期以来，研究人员一直认为只要不强迫参赛者在开始时将观点都集中在一个子集上，那么有效的合作就可以提高奖项的创新生产率。所以一些科技悬赏奖正积极采取措施以促进合作，例如有的奖项通过创建只有参赛者才可进入的网站，允许参赛团队在网上发布问题寻求帮助，甚至做出与起到关键作用的成员共享预期奖励的承诺，借此鼓励引导参赛成员间的合作交流。例如网飞（Netflix）公司在其竞赛网站上公布获奖算法并允许其他参赛者在此基础上进行创新，以更好地实现奖项目标。X 奖和第一机器人（FIRST Robotics）竞赛则使用博客和脸书（facebook）风格的网络（web）应用程序，鼓励支持参与者之间的良性交互。也就是说，通过建立由赞助商和参赛者组成的正式或非正式网络，可以使科技悬赏奖以更低的总成本实现更大的进展。

（三）科技悬赏奖奖励风险管理优化

激增的科技悬赏奖也带来了新的机遇和挑战。首先，新设立的奖项可能会与现有奖项重叠，从而引起悬赏奖金竞赛的风险。例如不止一个奖项希望获得"数学诺贝尔奖"的称号，而多个环保奖声称自己是该领域最大的奖项。更多的悬赏奖意味着更多的噪音，为了降低或消除这种噪音，一些新设立的科技悬赏奖一般会提供更高的科技悬赏金，希望以此来显示它们的重要性。然而，这种做法却有着向奖金军备竞赛方向发展的风险。即除了资金最充裕的科技悬赏奖，其他奖项都无法吸引到足够的参与者，最终造成资源浪费。特别是由公共部门资助的科技悬赏奖，由于其公共资金的实力，使得私人部门资助的科技悬赏奖影响力大大削弱，从而降低其积极性，例如倘若有一项价值 3 亿美元的改进汽车电池政府奖，将会使价值1000 万美元的进步汽车 X 奖无人问津。

其次，科技悬赏奖还将面临行业规范改变带来知识产权争端风险。例如，非商业主导的科技悬赏奖还面临一个难题，即如何处理参与者知识产权归属问题。如果参赛者获胜，其是否能够保留自己获胜参赛方案的权利？更进一步，如果参与者的方案没有获奖，那些方案是否归属于参与者自己？另外，如果参赛者公开了设计方案，导致其他竞争对手抄袭该如何处理？因此，随着科技悬赏奖实践的深入，围绕知识产权管理的规范也必须随之演变。

最后，无论采取何种战略，奖项目标或执行过程中的失败或许不可避免。当一项科技悬赏奖由于各种各样的原因没有被颁出时，所需要考虑的有三点：第一，是否延长悬赏期限？如果是，需要延长多久？如果不是，则需要考虑第二个问题，悬赏金该如何退出？处理方式也有两种，一种是除去成本外按比例和需求退还给奖项赞助方；另一种则是成立基金会以开展新一轮的科技悬赏。第三，科技悬赏题目是否需要转化为科学基金资助或者政府购买方式资助。发起者必须在一开始就采用流程图的形式对这些问题准备好备选方案，以降低奖项风险。

下篇

国际科技悬赏奖
案例研究

第十一章 十大典型科技悬赏奖分析

一 根瘤蚜奖

奖励名称：根瘤蚜奖（The Phylloxera Prizes）

所属领域：农业

设立时间：1869 年

设立主体：法国农业部

奖励目的：鼓励人们找到一种能根治葡萄根瘤蚜的方法。

获奖者：无人获奖

详细介绍：

　　法国葡萄酒最早为世界各地的人们所熟知是在 1855 年世界博览会之后，葡萄酒随之迎来黄金时代，不仅生产量翻番，出口量也翻了两番。北部欧洲国家和英国成为葡萄酒的重要消费者，人们开始越来越关注葡萄酒的质量和口感，还设立了葡萄酒分级制度。彼时法国与不断崛起的美国也展开了频繁的贸易活动，葡萄酒在美国开始流行开来。在美国葡萄酒的发展初期，很多欧洲拓荒者对北美这块神奇的土地充满了好奇。这个时期很多葡萄酒商和植物学家发现美国的一些葡萄品种与法国的纯种葡萄有很多不同之处，并开始对其展开研究。然而一名英国植物学家来到美国发现了本地一种特殊的野葡萄，他还将这株葡萄树制成标本带到了欧洲，但此举同时也将北美的葡萄根瘤蚜虫带到了欧洲葡萄产地。随后，一种传染性极强的根瘤蚜病虫害灾难席卷了整个欧洲乃至世界的葡萄园，这场灾难持续了数十年。

　　根瘤蚜虫是一种肉眼几乎不可见的小型寄生虫，一般附着在葡萄树根部，以吮吸葡萄藤的根茎汁为生，长期的侵袭使葡萄树干变成树瘤，最后由于营养供给不畅而导致植株死亡。法国波尔多紧邻英国，首当其冲受到根瘤蚜虫的侵袭。从 1875—1892 年 17 年间，在葡萄根瘤蚜虫的侵袭下，法国一半的葡萄园都被摧毁，损失高达 100 亿法郎。

面对害虫的侵袭，法国的酒农尝试了无数的灭虫方法均不奏效。除了传统的杀虫剂，欧洲的一些酒农甚至尝试了击鼓声震动除虫、浇灌教堂的圣水、撒火山灰、涂抹鲸鱼油等偏方。最终很多酒农只能无奈地屈服，将葡萄园移民国外。这场根瘤蚜浩劫，几乎完全改变了 19 世纪后期的葡萄种植，其影响还波及政治、经济、金融和外贸出口等各行各业。

19 世纪 50 年代后期，法国面临严重的农业和文化危机，因为法国 40%的葡萄树都被葡萄根瘤蚜给破坏了，法国只能进口优质的葡萄酒，葡萄根瘤蚜的破坏使得法国葡萄酒产区的企业都濒临崩溃，很多法国人被迫移民北非和美国。1869 年，法国农业部提供了 20000 法郎的悬赏，鼓励人们寻找出一种防治根瘤蚜虫的方法。1874 年政府将奖金提高到 30000 法郎，到了 1877 年，法国农业部共收到 696 项防治措施提案，终于找到一种解决根瘤蚜虫的方法。一支由法国和美国组成的研究队伍提出将欧洲的纯种葡萄树通过嫁接术，嫁接到产于美洲的野生葡萄树根上，从而使纯种葡萄树具有跟美洲葡萄树一样的抗病性能。虽然嫁接术不能从根本上消灭根瘤蚜虫，但却挽救了整个欧洲的葡萄产业。但在当时，嫁接术遭到一些法国人的反对，他们认为这将会改变法国葡萄酒的味道，因此，提出这种解决方案的 Laliman 最终也未能获奖。

二　奥泰格奖

奖励名称：奥泰格奖（Orteig Prize）

所属领域：航空航天

设立时间：1915 年 5 月

设立主体：旅馆业巨头雷蒙德·奥泰格

奖励目的：奖励能够完成纽约与巴黎之间首次直飞的人。

奖励规则：不限走向完成从纽约到巴黎或巴黎到纽约的不着陆飞行。

奖金投入：25000 美元

获奖者：查尔斯·林德伯格

详细介绍：

1904 年，怀特兄弟完成了人类历史上第一次动力飞行，标志着人类进入航空时代，到了 20 世纪二三十年代，人类进入航空航天技术快速发展的黄金期，这个时期人类开始从探索海洋与陆地逐渐转向对空间的探索。影响力最大的便是林德伯格完成了从纽约直航巴黎的任务，这曾在美国轰动一时。

早在 1919 年，旅馆业巨头雷蒙德·奥泰格就表示，如果有办法利用航空开发国际旅游，纽约的酒店将可以从中获益。于是他向美国国家航空协会（NAA）提供了 25000 美元的支票，这张支票用于奖励可以完成巴黎和纽约之间直飞的人。奥泰格还明确规定，该奖项为期 5 年，其余的管理细节则由美国国家航空协会负责完善。而在第一次世界大战刚结束的时候，飞机技术还达不到远距离、长时间飞行的要求，在大奖设立的最初 5 年里，这个奖项一直无人问鼎，于是奥泰格决定将奖励期限再延长 5 年。

在 1926 年赖特星型发动机（Wright Radical Engine）发明之前，该奖项基本未取得突破。到了 1927 年，航空行业一些勇气可嘉的人开始迎接挑战，跃跃欲试。当时飞行员普遍采用的方法是使用三引擎的飞机，并配备多名机组人员，这被认为是一种避免发动机故障和飞行员疲劳的方法。第一次挑战尝试，参赛者使用的是西科斯基公司的 S-35 型飞机。飞机配备四名机组人员，由一位老练的一战老兵雷内·福克执飞。这架飞机是临时组装起来的，当时刚起飞，起落架就立马发生分离，飞行以失败告终。最终这场灾难导致两人死亡，而福克与另一名机组人员则身受重伤。

作为一名航空邮递的兼职飞行员，美国人查尔斯·林德伯格提出了不同于以往的方案，他只要求配备一个精简到只携带必需品的单引擎飞机，以使燃料容量达到最大化。然而一开始，很多人对他的这种想法不屑一顾。不久之后，林德伯格的飞机组装完成，一支法国竞赛团队成功从巴黎起飞飞往纽约。1927 年 5 月 20 日，25 岁的林德伯格的"圣路易斯精神号"单引擎飞机从美国圣地亚哥起飞。这次飞行，途中困难重重，不仅要经受暴风雨、高空结冰的考验，长时间缺乏充足的睡眠也是林德伯格必须面临的一个难关，但他依旧没有放弃，飞行 28 小时后，他终于看到了希望，飞机下面出现了爱尔兰海岸，于是他调整飞行方向驶向了巴黎。5 个多小时后，经历了 33 个半小时的飞行煎熬，林德伯格于 1927 年 5 月 21 日，在法国巴黎的勒布尔热机场着陆，完成了史无前例的直飞。此次飞行距离长达 5809 公里，时速达 173 公里。在巴黎着陆时，很多民众赶到机场迎接，对他这一打破纪录的直飞壮举表达祝贺。林德伯格因此成为跨越美洲和欧洲且不着陆直飞的第一人，美国人心目中的英雄，创造了世界航空航天史上的奇迹。

林德伯格在没有无线电、军用食物配给、航天服、应急设备等必备航天物资，而只有一个信号弹和一个充气式救生筏的情况下，完成了这次航行。在林德伯格的飞行过程中，一个密封的气压计一直显示着一个正高度，这是他不间断直飞的最好证明。林德伯格这一成就最终得到了美国国家航空协会的认可，并被授予"国会荣誉奖章"。

事实上，为了赢得奥泰格大奖，在林德伯格之前，已经有来自美国和法国的三支团队申请试飞，比如在 1926 年，第一次世界大战的著名飞行员农格塞尔和科里等人就决定要挑战奥泰格大奖。他们驾驶的飞机是由赞助商勒瓦瑟公司提供的 P. L. 8 飞机，并取名为"白鸟"。该团队于 1927 年 5 月 8 日从法国布尔歇机场起飞飞往纽约，不幸的是，飞机起飞后不久便消失在大西洋上空，就连机组人员和飞机的残骸都未找到，农格塞尔飞机的失联成为航空史上至今未解的一个谜。由此可见，跨越大西洋直飞是当时一项非常具有挑战性的艰巨任务。也正因为如此，才使得名不见经传的普通业余飞行员林德伯格在当时名声大噪，轰动一时。林德伯格飞行的成功极大地促进了美欧和世界各国的航空业的快速发展，并影响至今。现在美国华盛顿航空航天博物馆入口大厅的空中，依旧一前一后悬挂着两架飞机，一是 1927 年林德伯格驾驶的"圣路易斯精神号"；二是 2004 年获得"安萨里 X 奖"的"太空船一号"。

林德伯格最大的成功就在于其对欧美乃至世界航空业的影响，因此，那个时期也被称为"林德伯格繁荣"时期。正如林德伯格评论的那样："就像火柴点燃了篝火。"在林德伯格 1927 年的飞行中，有 1/4 的美国人阅读了他的《圣路易斯精神》。这次直飞成功之后，美国的航空客运乘客数从 1926 年的 5782 人骤增至 1927 年的 173405 人，航空货运量从 1927 年的 45859 磅增至 1929 年的 257000 磅，航空邮寄量从 1927 年 4 月的 97000

磅增至 9 月的 146000 磅。1927 年，美国的飞行员执照申请人数增加了 3 倍，被授予执照的飞行员增长了 4 倍。林德伯格飞行成功之后，3 年时间里美国的机场数量增长了 2 倍。有人甚至认为，如果不是大萧条的影响，航空业的发展可能会更加惊人。

如果只看奖金投入，而不看奖励给获奖者和赞助商所带来的良好声誉、商业化市场及个人实现等后续效应的话，奥泰格奖的奖金远远不足以填补参赛团队花费的成本，但是在没有政府支持，没有立即利润回报的情况下，奥泰格奖促成了 9 个跨越大西洋的飞行项目，而这 9 个团队为了争取这笔 25000 元美金的奖金，累计花费 40 万美元。正是因为这种来自民间的奖励，鼓舞了人们的探索精神，使人们不断打破前人纪录，探索未知领域。

三 安萨里 X 奖

奖励名称：安萨里 X 奖（Ansari X Prize，AXP）

所属领域：航空航天

设立时间：1996 年 5 月

设立主体：X 大奖基金会（X Prize Foundation）

奖励目的：鼓励私人建造新型航天器，向公众提供太空旅行服务。

奖励规则：航天器必须搭载 1 名航天员和 2 名乘客（或相当于 2 名乘客重量的物品）飞上 100km 外的太空（100km 是被广泛公认的最低太空高度）、停留一定时间再安全返回地球，并能够在 2 周之内使用同 1 架飞行器重复上述载人飞行。其有效期为 1998 年 4 月至 2005 年 1 月。参赛团队必须获得美国航宇局颁发的许可证。

获奖者：美国缩尺复合体公司（Scaled Composites）[1]。

奖金投入：1000 万美元

---

[1] 缩尺复合体公司是一间美国航天器制造商，1982 年成立于加州莫哈维，该公司成立以开发实验飞机，现在专注于设计和开发飞机和其他车辆的概念工艺和原型制造工艺。它以非传统设计而闻名，因其使用非金属复合材料。较著名的产品包括与维珍集团共同的合资开发的"太空船一号"及"太空船二号"。

详细介绍：

1919 年，旅馆业巨头奥泰格设立"奥泰格"奖，奖励能完成巴黎和纽约之间不着陆直飞的人，在此奖的激励下，美国人林德伯格成功完成试飞，创造了航天史的奇迹。在"奥泰格"奖的启示下，1996 年 5 月，彼德·迪曼蒂斯（Peter Diamandis）提出设立 1000 万美元的悬赏，创立了安萨里 X 奖，鼓励来自民间的创新力量加入到航天器的研发中来。

悬赏开始以来，一共有来自 7 个国家的 26 支研发团队报名参加大奖的角逐，主要参赛团队信息见表 11-1。2004 年，美国缩尺复合体公司（Scaled Composites）凭借其研制的"太空船一号"成功获得 1000 万美元的奖金。"太空船一号"一共 3 次冲击大奖。第一次试飞是在 2004 年 6 月 21 日，飞机由著名设计师伯特·鲁坦设计，2500 万美元的研发费用由微软公司资助。试飞当天，飞行员迈克尔·梅尔维尔驾驶飞行器进入到离地面 100 公里的高空，在空中停留 3 分钟之后，便着陆返回到地面。虽然这次试飞没有完全满足安萨里 X 奖规定的全部要求，但这一飞行壮举已让人惊叹不已。同年 9 月 29 日当地时间 7 时左右，"太空船一号"第二次冲击大奖，依然由飞行员迈克尔·梅尔维尔驾驶飞行器升空。在飞行大约近一个半小时后，飞船由 3 架护航飞机护送下顺利着陆。这次试飞冲奖虽然没有搭载其他乘客，只是放置了相当于两名乘客体重的杂物，但在飞船返航着陆时，围观的观众仍然发出阵阵掌声，现场裁判当即宣布：根据爱德华空军基地雷达监控数据，"太空船一号"飞行高度超过了 100 公里，且携载了相当于两名乘客重量的压舱物，飞行达到了安萨里 X 奖的规则要求。

但是，安萨里 X 奖设立的规则要求飞船应至少携带包括飞行员在内的 3 名乘客进入太空。为了达到这一严格要求，飞船发明人鲁坦决定向 X 奖基金会申请再次冲击大奖。第三次冲奖飞行于 2004 年 10 月 4 日当地时间 7 点整，这艘完全由私人团队投资研发的飞船从美国西部的莫哈韦机场跑道起飞升入太空。在经历一个多小时的飞行之后，成功着陆在莫哈韦机场。这次飞行不仅搭载了 3 名飞行人员升空，同时还打破第二次飞行的记录，飞行高度达到了 112 公里。飞行结束后，安萨里 X 奖的资助人当场宣布，"太空船一号"达到安萨里 X 奖的规则要求，成功问鼎 1000 万美元大奖。

值得一提的是，当时来自加拿大的金色宫殿公司研制的"野火"号飞船是"太空船一号"面临的主要竞争对手。相比"太空船一号"斥巨资 2500 万美元研制，"野火"号研发耗资只花费了 26.5 万美元，虽然"野火号"的研发收到 400 多万加元的捐款，还获得 10000 多名志愿者的无偿帮助。按照计划，"野火"号将借助气球将飞船运载至离地面 25 公里左右的高度，再点火升空，冲击安萨里 X 奖设定的 100 公里高度的目标。

自 1961 年加加林和艾伦·B. 谢泼德完成开创性的太空飞行后，所有以政府为主导的太空开发任务都是庞大、昂贵且不计成本的政府行为。而只有几个人参加的"太空船一号"的研发项目的成功，说明了一个事实，即民间力量可以为航天事业的发展提供无限创造力。而这也与美国国家航空航天局斥资几十亿美元研发"冒险星"号飞行器，最终却一事无成的事实形成鲜明的对比。"太空船一号"的成功，打破了政府对载人航天行业的垄断，改变了太空观光的商业模式，大大降低了太空旅行的成本费用，使一般人也能负担起太空旅游的基本费用。正如"太空船一号"的研发者鲁坦所说："我们的目标就是要证明民间从事载人航天飞行不仅是可行的，而且成本要低得多。""太空船一号"的成功标志着一个全新的、成本低廉的太空时代的到来。

在此之后，美国国家航空航天局向缩尺复合体公司颁发了第一张亚轨道载人飞行许可证。这是国家航空航天局首次向私人开放航天飞行领域，旨在鼓励私营企业发展太空旅游业。美国国家航空航天局官员表示："我们需要鲁坦这样的具有创新精神的人，因为那些新的想法将把我们带往月球和火星。"

之后，维珍集团的查德·布兰森（Richard Branson）以成功问鼎大奖的"太空船一号"为基础，创立了维珍银河公司，该公司以发展太空旅游为宗旨，故业界认为安萨里 X 奖开启了一个新产业。

虽然"太空船一号"成功问鼎安萨里 X 奖，标志挑战赛的结束，但为了鼓励更多来自民间的私人研发力量进入太空飞行领域，筹划安萨里 X 奖的组织者——X 奖基金会同年 10 月 5 日宣称，安萨里 X 奖竞赛项目改为一年一度，比赛的奖金也会有所提高。

表 11-1 安萨里 X 奖主要参赛团队一览表

类别	参赛团队						
	Scaled Composites（美国）	Armadillo Aerospace（美国）	Advent Launch Serv.（美国）	ARCA（罗马尼亚）	Da Vinci Project（加拿大）	PanAero（美国）	Starchaser industries（英国）
感知激励	潜在市场；公开曝光和声誉	具有挑战性的目标；学习机会	奖金激励	实现组织目标	自我实现；个人目标	潜在的投资者声誉	公司起步机会
风险认知	科技发展风险的管理	赞助商的参与信任风险	N/A	N/A	N/A	N/A	技术发展风险和技术检测的安全风险
设计标准	简洁性	简洁性	简洁性、低成本和可靠性	简洁性、低成本和可靠性	可靠性、可重复使用性和安全性	简洁性、低成本和商业化	简洁性、低成本
设计来源	现有的火箭技术；项目的经验；创新设计	N/A	N/A	现有的技术	现有的火箭技术	现有的技术；其他创新	现有的技术
技术来源	内部开发；外包；现成元件	内部开发	外包	内部开发	内部开发；外包；现成元件	现成元件	现成元件
研发组织	创业文化公司；快速样品组织	小型、创业的快速样品组织	传统企业组织	N/A	志愿者和顾问	太空旅游市场开发者	N/A

续表

参赛团队

类别	Scaled Composites（美国）	Armadillo Aerospace（美国）	Advent Launch Serv.（美国）	ARCA（罗马尼亚）	Da Vinci Project（加拿大）	PanAero（美国）	Starchaser industries（英国）
资源	投资者的资金和人力资源投入	自筹资金的小型志愿者团队	自筹资金团队；大量的志愿者	小型预算团队	大量的志愿者和来自投资者的资金	小型低预算团队	中等规模团队
局限	缺乏航空技术经验	缺乏航空发展的知识和技能	N/A	缺乏资金	缺乏资金	缺乏资金	缺乏资金
技术输出	现有技术的新配置；新材料的使用	对开发项目进行多重测试，为操作型模型引入新概念	使用新材料	第一种单燃料复合材料完全使用的可重复使用的火箭发动机	测试可选发射系统的缩放版本	概念设计	测试发射系统
商业化	制造飞船舰队协议	非商业化	非商业化	非商业化	非商业化	N/A	预售空间飞行基金项目
团队类型	非传统（先前已有的飞行器设计公司）	非传统（最近刚创建的独立研发队伍）	非传统（员工持股公司）	非传统（探寻空间活动的非营利组织，由学生创建）	非传统（聚集了很多志愿者的独立研发队伍）	非传统（新型航空工程公司）	非传统（作为一个公司加入到空间研究基金会）
经验/背景	创新飞行器设计经验丰富	多样的非航天背景	丰富的NASA工作经验	航空工程学生	航空支持系统背景	具有丰富的NASA工作经验	航空经验
创建时间	1982	2000	1996	1999	N/A	1997	1998

续表

类别	参赛团队						
	Scaled Composites（美国）	Armadillo Aerospace（美国）	Advent Launch Serv.（美国）	ARCA（罗马尼亚）	Da Vinci Project（加拿大）	PanAero（美国）	Starchaser industries（英国）
参与时间	2001	2002	1996	2002	2000	1997	1996
团队成员	135	6	12（约100名志愿者）	8	14（约500名志愿者）	9	35
坐标位置	美国，加利福尼亚，莫哈维沙漠	美国，得克萨斯，梅斯基特	美国，得克萨斯，休斯敦	罗马尼亚沃尔沃伊尼库	加拿大，多伦多	美国，弗吉尼亚，费尔法克斯	英国，柴郡

注：N/A 表示数据缺失。

资料来源：翻译整理自文献，Kay, L.，"The Effect of Inducement Prizes on Innovation: Evidence from the Ansari X Prize and the Northrop Grumman Lunar Lander Challenge"，*R&D Management*, 2011, 41, pp. 360–377。

四　"廉价太空之旅"奖

奖励名称："廉价太空之旅"奖（Cheap Access to Space Prize）

所属领域：航空航天

设立时间：1997 年 11 月 8 日

结束时间：2000 年 11 月 8 日

设立主体：太空前沿基金会和空间国际非政府发展基金会

奖励目的：奖励第一支能运载 2 千克物体进入太空，且飞行高度达 200 千米以上的私人研发队伍。

奖励规则：使用一个私人开发的发射装置，在 2000 年 11 月 8 日之前将 2 千克重的有效载荷发射到太空。

奖金投入：完成目标一奖励 250000 美元；完成目标二奖励 50000 美元。

获奖者：无人问鼎。

详细介绍：

太空前沿基金会是一个致力于探索适宜人类居住星球的太空前沿组织。1997 年 11 月特姆林森在太空前沿基金会的第六次年度会议上宣布了"廉价太空之旅"奖（Cheap Access to Space Prize），当时与会的阿波罗 17 号的研发者哈里森·施密特博士和太空运输协会的托马斯 F. 罗杰斯博士对这个提议都表示支持。"廉价太空之旅"奖由太空前沿基金会和国际非政府发展空间（FINDS）两个非营利组织共同设立，该奖项规定第一支使用私人开发的发射装置，在 2000 年 11 月 8 日之前将 2 公斤物体送入太空，且飞行高度在 200 千米或以上的私人研发团队可以获得 250000 美元的奖金。如果飞行高度达到 120 千米，运载同样重量的物体进入太空团队或个人可以获得 50000 美元的奖金。赛事由太空前沿基金会代替空间国际非政府发展基金会管理。基金会募集的 700 万美元的捐赠基金，将为该奖项提供全额资助。空间前沿基金会和空间国际非政府发展基金会称该奖为"廉价太空之旅"奖，意在太空开发不仅仅是政府研发领域，私人团队从事航天飞行也是可行的。

太空前沿基金会主席瑞克·特姆林森在年会上表示："我们要传递的

一个信息是，如果政府不开放太空前沿开发，那就由公众自己来。如果我们要让太空前沿不仅仅对少数被称为'宇航员'的精英开放，那我们就需要更为廉价的进入太空的渠道，而目前以政府为主体的航空工业正阻碍着我们实现这一目标。"他认为设立奖项将有利于激发创造力，并指出当前的太空发射装置都是由政府设计的，或者最初是为实现政府的目的而建造的，他们认为普通民众建造自己的火箭将有助于终结政府对太空权的垄断，所以参赛者在研发火箭时不得使用直接或间接的政府资助。

特姆林森还表示："从探索的黄金时代到林德伯格跨越太平洋的飞行壮举，科技悬赏激发了人们的想象力，并打破了障碍，我们想要找到并鼓励太空领域未来的亨利·福特和托马斯·爱迪生，他们来自私营部门，而不是政府。"

"廉价太空之旅"奖的参赛选手可以是一个私人个体或一个松散的合作关系组织，也可以是一个有限责任公司或者一个普通公司。参赛者国籍并不局限于美国公民，火箭发射地点也不局限于美国领土内。基金会还成立了专门的评审委员会，由其作出最终决定，并规定评审委员会成员、代理人和空间前沿基金会不对任何损害或该奖励活动造成的伤害负责，CATS奖项为期3年，到期时间为2000年11月8日，奖励在发射完成后60天内兑现，获奖者承担奖金税收。

包括JP航空、InterOrbital和HARC在内的几家私人发射公司，以及许多个人，都参与争夺了这一奖项。虽然没有一个队伍在规定的时间内实现这一目标，但他们的努力为私人空间企业的发展增添了新的力量。HARC试图达到200公里的高度，但在海拔15英里的地方由于运载火箭引擎点火失败而未能完成任务。InterOrbital系统公司则提前通知主办方无法在截止日期之前完成发射，自动退出了奖励争夺。2000年7月29日，JP航空在内华达州北部的热黑岩沙漠发射了最新推出的全碳纤维火箭，JP团队在下午的飞行前进行了10个小时的准备、测试和运行，而就在点火9分钟后，在火箭达到最高点的时候，火箭突然掉落在地球上，挑战以失败告终。

五　千禧年数学大挑战

奖励名称：千禧年数学大挑战（Millennium Grand Challenge in Mathematics）

所属领域：数学

设立时间：2000 年

结束时间：至今

设立主体：剑桥克雷数学研究院

奖励目的：破解数学难题。

奖励规则：对 7 个经典数学猜想进行证明或者提供反例。

获奖者：俄罗斯数学家佩雷尔曼证明了庞加莱猜想获奖。

奖金投入：700 万美元

详细介绍：

1900 年 8 月 8 日，在巴黎召开的第二届世界数学家大会上，著名数学家大卫·希尔伯特在会上发表了演讲，演讲中他提出了 23 个数学难题。这 23 个数学难题在 20 世纪中成为很多数学家前进的方向和动力，大大推动了数学的发展。之后很多世界知名数学家效仿大卫·希尔伯特梳理提出了他们认为最重要的新的数学难题，希望能引起数学界关注，为世界数学的发展提供新的方向。2000 年，美国马萨诸塞州的克雷（Clay）数学研究所成立科学顾问委员会，整理选定了 7 个"千禧年数学难题"，5 月 24 日研究所在法国巴黎法兰西学院宣布设立 700 万美元的悬赏，鼓励世界各地的数学天才积极解决这些数学难题，规定每个数学难题的解决都可以获得100 万美元的奖金。当然，克雷数学研究所选定的这 7 个数学难题不是为了引领世界数学发展的新方向，而仅仅是为了破解数学发展的难题，推动数学进一步向前发展。

在 2000 年 5 月 24 日的数学大会上，1998 年成功问鼎费尔兹奖的著名数学家伽斯沃作了题为"论数学的重要性"的重要演讲。之后，由塔特和阿迪亚公布并详细介绍这 7 个数学难题。有关研究领域的专家还对每一个数学难题进行了详细的阐述和说明。

挑战赛在"数学难题"的解决和奖项的颁发方面制定了严格的规定。每一个"千禧年数学难题"的解决都不能马上获奖，必须在公认的数学杂志上发表论文两年后，且得到数学界的认可才能被认定为获奖。

7 个"千禧年数学难题"分别是 P（多项式算法）问题对 NP（非多项式算法）问题、霍奇（Hodge）猜想、贝赫（Birch）和斯维讷通-戴尔（Swinnerton-Dyer）猜想、黎曼（Ricmann）假设、杨-米尔斯（Yang-

Mills）存在性和质量缺口、纳维叶-斯托克斯（Navier-Stokes）方程、庞加莱（Poincare）猜想。

以下是 7 个"数学难题"的简单介绍：

难题一：多项计算法（P）对非多项计算法（NP）的问题。诞生于人们对计算机解决问题的效率的追求。于 1971 年，由斯蒂文·库克（Stephen Cook）提出。库克断言，存在一个特殊的 NP 问题，它具有一种奇特的性质，如果这个特殊的问题能用多项式时间过程解决，那么其他任何的非多项计算法（NP）问题也能。

难题二：霍奇（Hodge）猜想。20 世纪 50 年代由英国著名数学家提出。一般表述为：一个非奇异射影代数簇的每一个（一定类型的）调和微分形式都是代数闭链的上同调类的一个有理组合。

难题三：纳维叶-斯托克斯（Navier-Stokes）方程。1821 年，法国桥梁工程师开始研究与流体有关的数学，并写出了一个方程，但没能推导出来，不久之后，来自爱尔兰的著名数学家斯托克斯（Stokes）做出了正确的推导，因此这个方程被称为纳维叶-斯托克斯（Navier-Stokes）方程。

难题四：黎曼（Rieman）猜想。1859 年，由德国著名数学家波恩哈德·黎曼在其一篇关于素数分布的论文中提出。该猜想是关于黎曼 ζ 函数的复变量函数的猜想。

难题五：杨-米尔斯（Yang-Mills）存在性和质量缺口。1954 年，物理学家杨振宁和 R. L. 米尔斯提出杨—米尔斯理论，然而这一理论面临一个关键的数学难题，杨-米尔斯方程描述了以光速传播的零质量波，但量子力学中，每个粒子都可以被看作是一种特殊的波，因此质量缺口假设一直是一个未解难题。

难题六：贝赫（Birch）和斯维讷通-戴尔（Swinnerton-Dyer）猜想。该猜想是关于椭圆曲线是否存在有理数解的办法，相反，他们试图对该椭圆曲线上的所有有理数点进行计数统计。为此，他们提出了一种判定椭圆曲线是否具有无穷多个有理点的等价方法，这就是被称为伯奇和斯温纳顿-戴尔猜想的千年难题。

难题七：庞加莱（Poincare）猜想。20 世纪初，法国天才科学家庞加莱（Poincaré）提出著名的庞加莱猜想，该猜想产生于对三维空间物体的拓扑性质的研究。具体表述为：一个具有圈收缩性质的三维流形是否一定和一个球面拓扑等价。

设立"千禧年数学难题"挑战赛以来，至今只有一个难题得以证明。2006 年俄罗斯数学家佩雷尔曼（Perelman）在前人的基础上彻底证明了庞加莱猜想。另外，2018 年 9 月 24 日，89 岁的数学家迈克尔·阿蒂亚在2018 海德堡获奖者论坛上展示了他对"黎曼猜想"的证明结果，但最终结果还需要业内专家进一步研究探讨。

六　BARDA"生物盾牌"计划

奖励名称：BARDA"生物盾牌"计划（Project BioShield）

所属领域：医疗

设立时间：2004 年 7 月 21 日

结束时间：至今

设立主体：美国生物医学高级研究与发展管理局（BARDA）

奖励目的：旨在提供对化学、生物、放射性或原子能（CBRN）等威胁的优先医疗对策。鼓励制药企业研制与开发针对生化恐怖活动的应对措施，加快解毒药品的批准过程。

奖金投入：55.93 亿美元

详细介绍：

在经历"9·11"恐袭和炭疽邮件事件之后，为了应对潜在的核生化恐怖威胁，2003 年，美国布什政府制订了一项"生物盾牌计划"（Project BioShield），次年 7 月 21 日，美国国会通过"生物盾牌"法案，法案授权批准美国卫生与公众服务部（DHHS）建立生物医学高级研究与发展管理局（BARDA），监督和管理"生物盾牌"项目。具体来说，"生物盾牌"法案鼓励制药企业研制与开发针对生化恐怖活动的应对措施，加快解毒药品的批准过程，在紧急情况下，将允许政府向公众提供未经粮食和药物管理局批准的某些治疗方法，以此应对化学、生物、放射性和核（CBRN）事故、流感和新发传染病的公共卫生和医疗后果。"生物盾牌计划"涉及的生化袭击包括天花、炭疽病、肉毒杆菌毒素、瘟疫和埃博拉病毒等。2004 年，美国国土安全部通过另一项法案，除了投入 55.93 亿美元用于 2004—2013 财年的生物盾牌计划外，还拨款约23 亿美元用于相关医疗对策研究。

"生物盾牌"法案是保护美国为了免受大规模杀伤性武器造成的严重危害，而制定的广泛战略中的一个重要组成部分。根据这项法案，美国国会将在未来 10 年内拨款 56 亿美元，用于对相关疫苗和解毒药品的研究、生产及贮存，以对付可能针对美国发动的细菌和化学攻击。该法案有三个主要条款：第一，增加对于生物恐怖相关病原体研究的资金支持；第二，对新研发应对方案提供市场保障（如进行国家储备）；第三，对尚未获得美国食品与药物管理局（FDA）等相关机构许可的新型医药对策方案提供特殊应急许可。其中第二项条款是美国政府提供市场担保，由美国卫生和公众服务部（HHS）出资购买核（CBRN）应对药物。但是开发公司可以获得支付。随着"流感与灾害应急法案"的出台，美国生物医学高级研究与发展管理局进一步修改了"生物盾牌"项目的条款内容，规定供应商在完成开发交付之前，可以接受支付，且支付金额占总奖金的一半。因此到目前为止，奖金金额一般都在 100 万美元到 9 亿美元不等。

BARDA 主管的"生物盾牌"项目旨在提供对化学、生物、放射性或原子能（CBRN）等威胁的优先医疗对策（如诊断测试、药物、疫苗和其他治疗），以加快研究、开发、获取和使用。"生物盾牌"项目奖励并非传统意义上的悬赏金，而是授予一份合同，承诺政府将购买胜出者所提出的研发成果。

HHS 指出，有几个奖项已经成功地使得产品被添加到国家战略储备（SNS）中。然而，在"生物盾牌"项目的推动下，美国政府于 2007 年设立了一项为期 13 年的研发计划，即"美国 DHHS／BARDA 生物袭击应对执行计划（2007—2020）"。自 2010 年以来，已经有 12 个项目得到了 BARDA 创新项目的支持。

"生物盾牌计划"在美国的生物袭击防御经费中采取单独预算单独拨款。美国政府分别于 2004、2005 和 2009 财年对生物盾牌计划进行了资助，资助总额已达 55.29 亿美元，2013 财年为生物盾牌计划拨款 56 亿美元。"生物盾牌计划"特殊基金是美国医学应对药物研发、采购的主要资金来源。

吉荣荣（2013）指出"生物盾牌计划"有效提升了美国生物防御基础研究和高级产品的高级研发与转化能力。BARDA 通过资金支持加强了介于基础研究和临床试验医学应对措施产品的高级研发，实现研发产品的集成转化和规模化生产制造，极大地提升了美国生物防御科研的转化能力，促进了生物防御产品的快速研发和投入使用①。

七　无人驾驶车辆挑战赛

奖励名称：无人驾驶车辆挑战赛（DARPA Grand Challenge）

所属领域：军事科技

设立时间：2004 年

结束时间：2007 年

设立主体：美国国防高级计划研究署（DARPA）

奖励目的：促进美国军事科技创新。

奖励规则：研发一种可以在 10 小时以内通过自主导航跨越障碍物和不同地形到达目的地的自动驾驶汽车。

奖金投入：第一次奖金为 100 万美元；第二次奖金为 200 万美元。

获奖者：第一次无人获奖；第二次为斯坦福大学团队；第三次为卡内基梅隆大学团队。

详细介绍：

美国国防高级计划研究署（The Defense Advanced Research Projects Agency，DARPA）是美国国防部的一个核心研发部门，也是世界上著名的军事科研机构，是引领美军科技创新的重要引擎。DARPA 一直以引领世界军事科研革命，保持美国对其他国家的技术优势为宗旨②。刘宝林等（2018）认为 DARPA 能够取得目前的科研成果，不仅在于其独特的创新方式，其科研成果的管理和转化方式也是其成功的重要原因，其中最有代表性的就是 DARPA 挑战赛模式，他认为这种模式有利于充分发掘利用民间商用前沿技术对接军事应用需求的潜力③。

---

① 吉荣荣、雷二庆、徐天昊：《美国生物盾牌计划的完善进程及实施效果》，《军事医学》2013 年第 3 期。

② Annie Jacobsen. *The Pentagon's Brain-an Uncensored History of DARPA*，*America's Top Secret Military Research Agency*，London：Little，Brown and Company，2015，p.38.

③ 刘宝林、荆象新、锁兴文、于洋：《DARPA 持续推动科技创新的挑战赛模式分析》，《科技导报》2018 年第 4 期。

　　早在 2001 年，美国国会就提出到 2015 年，实现军队 1/3 的地面作战车辆采用无人驾驶车辆的目标①。为了实现这一目标，弥补美国军队在无人驾驶领域的不足，推动无人驾驶车辆技术的发展，DARPA 在 2004—2007 年举办了 3 次无人驾驶车辆挑战赛。两次在沙漠环境下举行；1 次在城区环境下举行。该奖项的基本要求是参赛者须开发一种可以在 10 小时以内通过自主导航成功跨越障碍物和不同地形的无人驾驶汽车，除了生产出一辆汽车，每个参赛团队在参加挑战前必须上交一份技术报告，详细说明参加挑战赛的过程中所应用的科学技术和方法。

　　第一次无人驾驶机器人挑战赛于 2004 年 3 月 13 日举行，赛道设置在美国莫哈维沙漠，车辆从加利福尼亚州开往内华达州，全长 240 公里，但是参赛团队没有成功完成挑战，获得第一名的卡内基梅隆大学团队，也只跑了 11.78 公里，最终无人获得 100 万美元的奖金。于是 DARPA 决定延续第一次挑战赛，在 2005 年秋季将进行第二次挑战赛，奖金为 200 万美元。一共 23 支队伍参加了比赛，这次比赛中各个团队吸取了第一次比赛的经验教训，23 支队伍中 22 支队伍均超越第一次最好成绩，最终 5 支团队跑完全程，完成了整个比赛。值得注意的是，第二次挑战赛的难度明显比第一次更难，赛道包含隧道、陡坡和山路等复杂路况和地形。最终，在这场年度性无人驾驶机器人挑战赛中，美国斯坦福大学科研人员研制改装的斯坦利（Stanley），凭借一辆改装的大众途锐 R5（Volkswagen Touareg R5）从 23 个参赛队伍中杀出重围，赢得了比赛的胜利，获得 200 万美元的奖金。美国国会后来又授权整个项目可以持续到 2007 年 9 月 30 日。于是在 2007 年举办了第三次挑战赛，这次比赛与前两次比赛的区别在于增加了许多具有更高挑战性的规则，如将赛道设置在城区，比赛时间缩短至 6 小时等。最终，卡内基梅隆大学团队凭借原型车雪佛兰塔赫（Tahoe）摘得大赛冠军。

　　DARPA 挑战赛制定了很多规章和条例，规定参赛者仅限于美国公民，但也有些宽松的规定，一个团队的国籍根据其团队领导决定，意味着在理论上只要领队是美国人，其他国家的人也可以参赛。即使是联邦政府雇员，也可以参加比赛，但只能使用"非联邦的设备和物资"，另外，联邦政府资助的研究和发展中心只要不使用联邦资助也可以参与到竞赛中来。

---

　　① 魏俊峰、赵超阳、谢冰峰等：《美国国防高级研究计划局（DARPA）透视：跨越现实与未来的边界》，国防工业出版社 2015 年版。

DARPA 挑战赛在其规则定义中使用的另一个值得注意的策略是，它取消了"证明智能自主行为"的条目，这使得 DARPA 免于在竞争中加入那些琐碎的规则。规章还规定主裁判作出的最终决定具有最终约束力，主裁判有责任阐明现有规则，定义新的规则，在调整挑战赛方面具有很强的权威性。该挑战赛鼓励参赛者与 DARPA 交流观点，因为大赛要求获奖队伍在颁奖前必须证明其参赛作品符合美国政府的规则。

DARPA 挑战赛充分激发民间社会的创新潜力，利用美国乃至世界先进的军事研发技术，促进了无人驾驶车辆的快速发展。2004 年在沙漠环境下取得无人驾驶 11.78 公里的成绩，而一年之后就有多个团队完成同样环境下无人驾驶 240 公里的目标，2007 年在增加比赛难度的前提下，依然有团队完成挑战，从中可以看出短短 3 年的时间里，无人驾驶技术的快速发展。刘向平（2015）指出通过"无人车辆挑战赛"，无人车辆自主驾驶技术取得了巨大飞跃，相关技术已经应用于美国海军陆战队的自主驾驶车辆项目①。同时，挑战赛还对大学、工业界等产生了重要影响。在短短 3 年时间内，挑战赛从一个边缘性赛事变成了一项有大公司的技术和资金介入、有知名大学的参与、有价值数百万美元的赛车角力的专业级赛事，甚至对整个汽车工业的发展产生了重要影响。

八 美国能源部（DOE）挑战赛

奖励名称：美国能源部（DOE）挑战赛［Department of Energy（DOE）Grand Challenges］

所属领域：能源

设立时间：2005 年

结束时间：至今

设立主体：美国能源部（DOE）

奖励目的：开发新能源、摆脱能源依赖，提高能源利用效率。

奖金投入：自由奖超过 400 万美元；氢能奖 100 万美元；照明奖 500—1000 万美元。

---

① 菲利普·A. 弗雷德里克、罗伯特·卡尼亚、贾斯汀·提姆兹等：《美国 2005 年无人车挑战赛带来的思考》，《国外坦克》2015 年第 3 期。

详细介绍：

DOE 大挑战由美国能源部 2005 年通过的"能源政策法案（EPACT）"授权设立，法案规定部长大臣可以执行一个项目，实施现金奖励，以表彰在研究、开发和商业应用方面取得的突破性成就。方案首先批准通过了"自由奖"项目。2007 年，能源独立和安全法案（EISA）修订了 2005 年能源政策法案，增设了两个奖项，即氢能奖（H-Prize）和照明奖（L-Prize），并规定于 2009 年开始实施。

（一）自由奖

2005 年能源政策法案（EPACT）授权设立的"自由奖"，目的是鼓励和表彰通过减少对国外石油资源的依赖，保障美国国家安全、促进经济繁荣和健康的重大成就和科学技术的创新使用。50 万—100 万美元的自由奖将颁发给包括工业、军事、学校、政府和社区在内的五大创新主体。自由奖的最终指导方针和申请规制将由自由奖基金会顾问委员会和自由奖顾问委员会协商制定，并于 2008 年秋季发布，奖金总计超过 400 万美元。自由奖基金会顾问委员会是一个由能源、环境和公共部门专家组成的专业团体，这样的组合将有助于指导自由奖的健康发展。

（二）氢能奖

2007 年能源独立和安全法案（EISA）授权设立的氢能奖旨在促进氢能技术的研究、开发和商业应用。相关部门可以根据以下几个主题进行奖项设置。第一，与氢能生产、氢能存储、氢能分配和氢能使用等相关的技术、装置要件和系统的改进；第二，能达到或超过客观性能标准的氢动力汽车或其他氢能产品；第三，能够达到或超过客观标准的氢能的分配或生产技术的转型产品，如最低限度的碳排放技术。

2009 年及 2010 年的竞赛主要集中在轻型载货汽车等移动设备的氢能储存，奖金为 100 万美元，同时承诺，只要收到私人捐款将增加悬赏奖金。氢能奖于 2009 年夏天在联邦公报中发出悬赏竞争通知，在 2009 年秋季之前开始，并在 2010 年夏天进行评审小组的测试和评估，100 万美元的奖金在 2010 年秋天颁发。该奖项由氢能教育基金会代表美国能源部进行管理。

(三)"光明的明天"照明奖

2007 年由美国能源独立和安全委员会授权设立的照明奖是为了促进超高效固体照明(SSL)产品的开发,以替代美国广泛使用的普通照明产品,如 60 瓦白炽灯和 PAR38 卤钨灯,以及为了发明发光效能超过 150 lm/W 的"21 世纪的灯泡"。要求参赛作品在光色、光输出、功率、色温、灯泡样式等方面与原产品保持一致或优于原产品,且要求在市场上获得价格上的竞争力。2009 年 6 月 24 日,美国能源部在联邦公报中宣布了竞赛。第一个成功研发高效固态照明产品替代 60 瓦白炽灯的人可以获得 1000 万美元的奖金,而成功研发 PAR38 卤钨替代灯的人可获得 500 万美元的奖金。奖项还包括联邦采购协议、公用事业计划和其他激励措施等。参赛者如果是以个人形式参赛,必须加入一个组织,且是具有美国国籍的公民。

在竞赛中,参赛者需要提供 2000 个样品准备进行实验室测试。测试的结果将由技术评审委员会来评判,该委员会的成员包括公用事业、照明设计师和发光二极管(LED)技术专家。能源部当时预测,两年后会有 5—10 家公司开发产品。同时,能源部也规定如果在 2010 年 6 月之前没有收到任何提交竞赛的申请,那么能源部可以选择暂停竞赛或者修改比赛标准。照明奖的一个独特之处在于允许多合作伙伴。合作伙伴主要来自公用事业和能源相关团体等组织,合作伙伴一般通过签订协议,以援助技术开发。截至 2009 年 6 月,一共有来自美国 29 个州的 23 个伙伴组织加入到研发竞赛活动中来。

九 NASA "百年挑战赛"

奖励名称:NASA "百年挑战赛"(NASA Centennial Challenges)
所属领域:航空航天
设立时间:2005 年
结束时间:延续至今
设立主体:美国国家航空航天局(NASA)
奖励目的:吸引社会公众参与到先进技术研发中来,实现 NASA 的深空探索目标。

奖励规则：共设置 5 个奖项，第一个奖项是宇航员手套大奖，奖金为 25 万美元；第二个是从月球的土壤中制取氧气的奖项，奖金为 25 万美元；第三个是"波束能量挑战奖"，奖金为 20 万美元；第四个是"太空电梯缆绳奖"，奖金为 20 万美元；第五个是"月球挖掘机奖"，奖金为 25 万美元。

奖金投入：五个奖项设置的奖金一共为 115 万美元。

详细介绍：

美国国家航空航天局（NASA）推出的"百年挑战赛"主要是受到了来自"安萨里 X 奖"的启示。1996 年 5 月，美国商人彼德·迪曼蒂斯设立了"安萨里 X 奖"，投资 1000 万美元用于鼓励私人参与载人航天器的研发与制造，一共有来自 7 个国家的 26 支团队报名参加了挑战，最终缩尺复合体公司研制的"太空船一号"，成功问鼎 1000 万美元大奖。这架私人投资制造的航天器打破当时的几项纪录，堪称航天史上私人航天器的奇迹。"太空船一号"的获奖极大地激发了民间力量参与航天事业的热情和创造力，同时其技术的创新、研发的高效率和低成本也再一次向当时行业的领导者——NASA 提出了挑战。那一年，"太空船一号"的成功世界瞩目，而 NASA 却被遗忘在角落。作为美国联邦政府机构，NASA 应该更有优势来组织类似的研发挑战赛，于是 NASA 决定进行变革，寻找让社会力量参与到航天航空技术的研发和应用中来的方式，以实现"花小钱办大事"的目标。

基于国家航空研究中心（NAE）的提议以及 X 奖所取得的成功，NASA 在布兰特·斯波伯格（Brant Sponberg）的领导下，建立了一个高级管理机构来管理和发展一些挑战赛项目。1999 年，NAE 的一篇论文和一项 2003 年的空间建筑研究促成了"百年挑战赛"项目的开展。这个项目由美国国家航空航天宇航局勘探系统办公室建立，项目要实现的是 NASA 的深空探索目标。

2004 年 6 月 15 日在 NASA 举行的第一次年度研讨会上，NASA 对奖项目标作出了更明确的定义，标志着"百年挑战"项目正式确定下来。第一次研讨会在华盛顿特区市中心的希尔顿宾馆举行，与会者包括 NASA 的一些行政官员和科学家，以及来自 X 大奖和几个航天航空研发组织的代表。这次会议的亮点是政府、私营部门的主旨演讲，以及采用头脑风暴来尝试制定悬赏规则。NASA 早前就将奖项主题分为 6 个类别：航天学、天体物理学、生物航天学、地球观测、探索系统、星球系统，这也是几个头脑风暴分会场的主题。为了评估每个领域的当前技术水平，并设置一个有效的奖项门槛，头脑风暴会议讨论了几个议题。来自于头脑风暴会议的想法随后被 NASA 审查并纳入了规则定义会议。规制定义会议包括制定一个特定的奖项目标，建立一个评比框架，预测规则可能出现的分歧，设定恰当的奖金额度等。

NASA "百年挑战赛" 项目确定于 2004 年，而正式开始时间是在 2005 年，比赛项目本着吸引社会公众参与到先进技术研发中来的宗旨，为 NASA 达成未来的一些研发目标提供解决方案。"百年挑战赛" 的参与目前仅对非联邦政府雇员的美国公民团体或个人（规则特别规定的除外），包括依托于大学的学生团队、科技研究者个人和一些科技型中小微企业等独立发明人。作为一项常规政策，NASA 承诺不持有 "百年挑战赛" 项目的科技知识产权。一定条件下，NASA 允许获奖团队或个人自由分配知识产权，但奖项规则规定 NASA 可以使用这些科技成果。评奖委员会成员大部分来自 NASA，部分成员则来自学界和业界。

当时，NASA 面临的一个技术难题就是宇航服十分笨重，尤其是宇航服手套，这将对宇航员的行动造成不便，影响任务的执行，因此，NASA 希望开发一种新技术，研制出一种使用便捷的宇航服手套。为了解决这一难题，NASA 借鉴 "安萨里 X 奖" 的设置形式，设立了 "百年挑战赛"，由 NASA 出资设立奖金，各个非政府研究机构和那些具备一定技术基础的团体都可以参加竞赛，获胜的团队或个人将获得大赛奖金。国会最初在 2004 财政年度为 "百年挑战" 拨付最高限额为 25 万美元的奖金。随着挑战赛的范围和领域的扩展，将不断增加后续比赛的奖金预算，前提是必须获得 NASA 行政管理部门批准。事实上，相对于 NASA 自己的研发项目，二三十万美元的奖励微乎其微，数额还不够完成基本的研究设计，因此举办科技悬赏竞赛的性价比非常之高。

NASA 于 2006 年 4 月 18 日展开 "百年挑战赛" 的报名工作。挑战共设置 5 个奖项，第一个奖项是宇航员手套大奖，奖金为 25 万美元；第二个是从月球的土壤中制取氧气的奖项，奖金为 25 万美元；第三个是 "波束能量挑战奖"，奖金为 20 万美元；第四个是 "太空电梯缆绳奖"，奖金为 20 万美元；第五个是 "月球挖掘机奖"，奖金为 25 万美元。5 个奖项设置的奖金一共为 115 万美元。近年来，NASA 在 "百年挑战赛" 研发项目的基础上，又增加设立了很多项目，经费预算规模也逐渐增大。

NASA "百年挑战赛" 是一种开放式的创新活动，在 NASA 看来，民间力量足智多谋，具有无限的创新潜力和解决复杂问题的能力，开展挑战赛活动，以有奖竞赛的形式吸引更广泛的民间科研人员参与到创新活动中来，在满足规定任务的情况下，颁发一定额度的奖金，不仅有利于实现甚至超出 NASA 的预期目标，也有利于节约更多的研发成本，增加成功的可能性。

十　可穿戴电源奖

奖励名称：可穿戴电源奖（Wearable Power Prize）

所属领域：能源

设立时间：2007 年

结束时间：2008 年

设立主体：美国国防部（Department of Defense，DOD）

奖励目的：为战场上的作战人员提供续航时间长、轻便可穿戴的电源。

奖励规则：研发的可穿戴电源装备必须满足重量在 4 千克及以下，电量能保证平均功率 20 瓦，续航时间达到 96 小时。

奖金投入：奖金一共为 175 万美元（冠军 100 万美元、亚军 50 万美元、季军 25 万美元）。

获奖者：DuPont/SFC Smart Fuel Cell 团队；密歇根州的自适应材料公司；SFC 及其搭档资本联系公司。

详细介绍：

据美国有线电视新闻网（CNN）报道，美国士兵配备的高技术军事设备虽然提高了作战能力，但是也对士兵执行军事任务造成了负担。比如，一名士兵，在野外执行一项长达 4 天的军事任务时，需要携带十几公斤重的电池以满足所带仪器设备的用电需求，在有的军事行动中，士兵甚至需要携带更重的装备。美国有线电视新闻网（CNN）军事评论员詹姆斯·马克斯（美国陆军退伍军人）指出，发明一种续航时间长且相对轻便的电池，将为军队士兵减轻大部分负担。所以，美国国防部决定放开限制，鼓励全美的发明家发明一种便携式电池为美军士兵减轻负担，"可穿戴电源奖"在这样的背景下应运而生。

"可穿戴能源奖"在 2007 年通过约翰·华纳国防授权法案中得到授权。法案规定：国防部长联合国防研究与工程主任和每个军事部门的服务采购主管，可以设置有奖竞赛，以鼓励和表彰在基础的、应用性的、科技创新的及军用设备原型开发方面取得杰出成就的团队和个人。作为对这一授权的回应，国防部决定开展第一个科技悬赏项目，以竞赛的形式聚集发明家，为战场上的作战人员开发一种续航时间长、轻便可穿戴的电源。

开展竞赛的目的在于鼓励研发人员使用突破性和创造性的方法来解决技术难题，通过降低参与门槛，吸引更多的非传统国防技术研发者，鼓励学生、学者、私人发明家以及行业领军者参与到技术研发中来。参赛者研发的可穿戴电源装备必须满足重量在 4 千克及以下，电量能保证平均功率 20 瓦，续航时间达到 96 小时的基本要求。最终获奖的关键在于研制的设备轻便可穿戴，满足这些要求之后还需要经过主办方严格的测试。这一奖项设置冠军、亚军和季军三类，奖金分别为 100 万美元、50 万美元、25 万美元。时任美国国防部部长称这是国防部下属研究部门首次实施现金奖励竞赛项目，欢迎美国社会各界人士的加入。国防部对参赛者做出了严格的身份限制，规定如果是以个人参赛其必须是年满 21 岁的美国公民，若以团队参赛则其领队必须是年满 21 岁的美国公民。

图 11-1 列示了美国国防部（DOD）可穿戴能源奖项目开展的时间轴，2007 年秋，这项比赛正式举行，为期 5 天，主办方邀请联邦政府专家、工程师和军事科学专家等组成评委专家组对参赛作品进行比较筛选，最终入选作品还必须经过 8 小时的实地模拟测试评估。最终，DuPont/SFC Smart Fuel Cell 团队获得一等奖 100 万美元的奖金；总部位于密歇根州的自适应材料公司（Adaptive Materials Inc.）获得二等奖，奖金为 50 万美元；超级任天堂（SFC）及其搭档——总部位于弗吉尼亚的资本联系公司凭借詹妮 600 秒（Jenny 600s）系统获得三等奖，奖金为 25 万美元。

比赛完成后，国防部对该项目本身进行了评估，并奖励了参赛者，发现竞赛带来了以下收益：确保了私人部门投资国防装备领域身份的正当性，更高效地找到了更好的创新方案，深化了公众对可穿戴能源重要性的认识，促进了国防部门和军事研发部门的合作，寻找到了科技研发的未来发展方向，确定了 DOD 和另外 7 个组织和团体的合作关系。国防部的评估结论认为竞赛对于参赛者而言也有益处，比如参与竞赛可以获得由 DOD 出资的实验室等级的测试，接触到 DOD 行政官员和军事人员，他们可以为参赛者提供直接反馈和实时的技术评估。参赛选手还能与其他团队进行互动，从而深化彼此在共同感兴趣的话题上的讨论交流。此外，依托国防部高平台，通过新闻报道和网络社交活动，参赛团队和个人可以获得更多国家层面甚至国际舞台的曝光和宣传，提高了其知名度。

　　DOD 赛后对这场竞赛进行了分析，并为未来竞赛的开展总结了几点经验：第一，应选择公众感兴趣同时也有能力参与的研发主题和悬赏目标；第二，考虑所有的利益相关者（如潜在消费者和竞争者）；第三，充分认识到制定竞赛标准的重要性；第四，判别悬赏项目是否属于共性技术；第五，降低进入门槛，以实现最广泛参与；第六，对于科技悬赏奖获奖者的认定需要谨慎考虑；第七，为媒体宣传和参赛者提供充足的信息资源；第八，制定完备的悬赏后期计划。

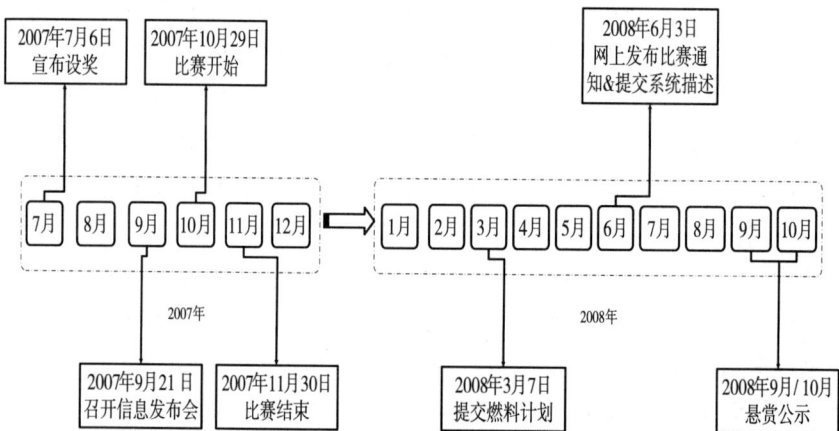

图 11-1　DOD 可穿戴能源奖时间轴

第十二章 按领域分科技悬赏奖介绍

一 农业和食物

1. 贝桑松科学院食物替代奖（Académie de Besançon Prize for Substitute Foods）（1771）

1769 年法国小麦歉收，爆发严重饥荒，食物供给不足成为当时亟须解决的一个问题。1771 年法国贝桑松科学院决定设立"食物替代奖"，鼓励人们寻找小麦的替代品。1773 年，安东尼·帕芒蒂埃（Antoine Parmentier）研究了土豆的营养价值，并建议将其作为小麦的替代食物，最终获得头奖。土豆原产于南美洲，由西班牙人带到欧洲，最初法国人认为土豆有毒，会引发麻风病和痢疾，并没有把土豆当作食物。获得该奖的帕芒蒂埃本是一名药剂师，在法国七年战争中被德国人抓捕入狱，每天吃的牢饭几乎都是土豆，五年的监狱生活，让他慢慢喜欢上了土豆牢饭。回国后，帕芒蒂埃便写了一篇关于土豆的论文，研究土豆的营养价值。帕芒蒂埃的研究使人们开始相信以前只能喂猪的土豆是可以给人食用的，随之土豆的种植在法国流行开来。

2. 拿破仑食物储存奖（Napoleon's Food Preservation Prize）（1795）

拿破仑曾一直坚信 18 世纪的科学技术以及企业家精神是人类进步的引擎。拿破仑为了刺激工业的发展，创立了一些致力于科学研究的机构，并设立奖项鼓励发明新技术。其中最著名的就是 1795 年出资 12000 法郎设立了"食物储存奖"。对拿破仑来说，找到一种保存食物的方法至关重要，因为在打仗的时候可以为其军队提供食物。1809 年，在重金悬赏下，尼古拉·阿佩尔（Nicolas Appert）找到了一种解决方案，通过加热、煮沸，然后将食物密封保存在香槟酒瓶里，因为香槟酒瓶是在当时能够找到的最坚固的玻璃瓶，可以防止食物发酵产生气泡，这就是罐头食品的起源。阿佩尔因发明出这种可以使食品长时间保持不变质的加工工艺最终问鼎 12000 法郎的奖金。

3. 艾尔金顿排水技术奖（Elkington Reward for Drainage Technology）（1795）

1764 年，约瑟夫·艾尔金顿（Joseph Elkinton），是一个不识字的英国沃里克郡农民，但是他非常聪明，首次发现并改善了一种新型有效的疏浚农田系统，艾尔金顿将这项技术卖给寻求有效排水系统的地主。艾尔金顿成功的消息不久之后广为流传，1795 年，英国下议院设置 1000 英镑的悬赏，作为艾尔金顿更广泛地开放和传播他的疏浚技术的回报，艾尔金顿接受了该奖。

4. 拿破仑甜菜制糖奖（Napoleon Sugar Beet Prize）（1795）

1810 年，面对港口封锁，拿破仑设立了一个悬赏项目鼓励人们寻找最好的从甜菜中提取糖分的方法。该奖项是国家鼓励和授权鼓励甜菜制糖项目的一部分。

5. 钻孔或钻孔自流井的技术（Art of Piercing or Boring Artesian Wells）（1818）

类似于 1797 年埃尔金顿的排水方法，1818 年，法国鼓励民族工业协会（the Society for the Encouragement of National Industry in France）提供 3000 法郎的奖金用于鼓励开发基础实用的钻孔钻井技术。该奖项于 1821 年由该协会颁发给贾米尔（Gamier）先生，以表彰他对使用自流井排放污水进行了重要而有益的论证。

6. 爱丁堡高地与农业协会"收割机奖"（Highland and Agricultural Society of Edinburgh Reaper Prize）（1826）

1826 年，苏格兰学生帕特里克·贝尔德（Patrick Bellde）设计了马拉收割机，这种收割机使用的是像剪刀一样开闭的刀片，帕特里克·贝尔德（Patrick Bellde）因此获得由爱丁堡高地与农业协会颁发的奖金。

7. 苹果和梨奖（Apple and Pear Prize）（1826）

1826 年，巴黎皇家园艺学会（Royal Horticultural Society），出资 1000 法郎的奖金鼓励按照冯·蒙斯（von Mons）方法进行试验，改良苹果和梨等水果的品种。该奖于 1847 年终结。

8. 海鸟粪的替代品奖（Substitute for Guano）（1852）

1852 年，英国皇家农业协会出资 1000 英镑鼓励人们寻找一种与秘鲁鸟粪相同的肥料。该奖规定，英国农民可以以每吨不超过 5 英镑的价格购买这种海鸟粪替代品。

9. 拿破仑三世人造奶油奖（Napoleon III Margarine Prize）（1869）

法兰西第二帝国时期被认为是法国历史上工业和经济高速增长的时期，在这一时期，很多法国公民从农村转移到城市。与此同时，越来越多的人对黄油的需求得不到满足，因此黄油的价格不断上涨。1869 年，拿破仑三世设置了一个奖项鼓励人们发明黄油替代品批量生产的新工序。同年麦琪·毛里斯（Hippolyte Mége-Mouriez）发明了人造奶油问鼎大奖，并被法国农业和贸易部授予动物脂肪的加工和生产专利权。后来麦琪·毛里斯又先后在英国和美国取得专利。

10. 法国灌溉实践竞赛（French Prize Competition in Irrigation Practice）（1874）

根据 1874 年 6 月 2 日颁布的一项法令，法国农业和商务部长向"以最智慧的方式利用不同灌渠的水"的农民、经营者或佃农设立了一个奖项。该奖项旨在促进农业进步，特别是通过灌溉耕作，关注根瘤蚜虫造成的损失，以及改造或增加可变色土地的生产率。

11. 意大利灌溉实践竞赛（Italian Prize Competition in Irrigation Practice）（1879）

1879 年 6 月 19 日，意大利皇室颁布了一项关于灌溉与疏浚排水的法令，意大利国王宣布了一项竞赛鼓励建设排水灌溉工程。该奖项的对象适用于个人也适用于团体。

12. 奥尔洛夫·大卫杜夫奖（The Orloff Davidoff Prize）（1894）

奥尔洛夫·大卫杜夫奖是以设立该奖的奥尔洛夫·大卫杜夫伯爵本人名字而命名，该奖提供 10000 卢布的奖金用于鼓励发明一种牛瘟疫的治疗或预防药物，并要求这种药物的疗效必须具有与治疗天花或炭疽的治疗方法或保护措施相同的水平。该奖项由圣彼得堡帝国实验医学研究所管理，并且面向世界各国的研究人员，除了管理该奖项的研究所的成员，该竞赛也面向世界各国的研究人员。

13. 布基纳法索创新奖（Burkina Faso Innovation Prizes）（1994）

布基纳法索，是西非内陆国家，其国家层面研究机构为国家创新科技研究院（National de la Recherche Scientifique et des Innovations Technologiques），包括教育部和商务部，国家创新科技研究院于 1994 年设立了管理创新奖，此奖项中绝大多数与农业管理创新相关。

14. 自供电农场（Self-Powered Farms）（2007）

2007 年，美国国会众议员罗斯科·巴特利特（Roscoe Bartlett）提出了 HR 80（第 100 届国会）法案，该法案要求能源部长与国家科学院商议，实施悬赏奖励促进农业发展。

二　汽车

15. 威斯康星州畜力机械替代奖（Wisconsin Prize for Mechanical Substitute foe Horses and Other Animals）（1875）

1875 年，威斯康星州立法机构通过了一项法案，授权提供 10000 美元的悬赏金鼓励威斯康星州的公民发明蒸汽机车，代替马力或其他畜力。

16. 芝加哥时代先驱汽车奖（Chicago Times-herald Prize for Motors）（1895）

1895 年 11 月 28 日，美国第一届汽车比赛在芝加哥举行。这场比赛由《芝加哥时代先驱报》（*The Chicago Times-Herald*）的出版商 H. H. 科尔萨特（H. H. Kohlsaat）提出。Kohlsaat 于 7 月 9 日宣布，为了推广这一新兴产业，出版社将为汽车发明家提供 5000 美元的奖金，奖励那些能够制造出实用汽车的发明家。

17. 汽车艾克斯大奖（Automotive X Prize）（2007）

汽车艾克斯大奖（Automotive X Prize）是由艾克斯大奖基金会于 2007 年 4 月设立，旨在悬赏一种能够只花 1 加仑（约 4.55 升）汽油跑满 100 英里（约 160 千米）的量产型汽车。该奖项的发明是为了推出切实可行、超高效的交通工具，摆脱对石油的依赖，缓解气候变化的影响。

18. 新石油能源保护法案（New Options Petroleum Energy Conservation Act）（2007）

美国 2007 年推出的新石油能源保护法，是一项减少对外国石油依赖的法案，该法案提供 10 亿美元的奖金寻找能够生产销售 60000 辆每加仑行驶 100 英里的汽油驱动型轿车的汽车制造商。

三　动物防治

19. 披针形节肢动物捕杀奖（Destruction of the Bothrops Lanceolatus）（1859）

马提尼克矛头蝮蛇是马提尼克岛特有的一种香口蝮蛇，当时在法国的马提尼克岛已有近 50 名居民被这种毒蛇杀死。1859 年，法国兴业银行提出设置 1000 法郎的奖金，鼓励寻找一种消灭香口蝮蛇的方法。最终有人提议将非洲鹳鸟引入马提尼克岛而获胜。

20. 根瘤蚜奖（The Phylloxera Prizes）（1869）

19 世纪 50 年代后期，法国面临严重的农业和文化危机，因为法国 40% 的葡萄树都被葡萄根瘤蚜给破坏了，法国只能进口优质的葡萄酒，葡萄根瘤蚜的破坏使得法国葡萄酒产区的企业都濒临崩溃，很多法国人被迫移民北非和美国。1869 年，法国农业部提供了 20000 法郎的奖金鼓励人们发明出一种防治根瘤蚜的方法。1874 年政府将奖金提高到 30000 法郎，到了 1877 年，法国农业部收到 696 种防治措施提案，但是都没能有效防治根瘤蚜。当时有一种解决方法是将抗叶虫病的美国葡萄根茎嫁接到法国葡萄藤上。但遭到一些法国人的反对，他们认为这将会改变法国葡萄酒的味道。因此提出这种解决方法的 Laliman 最终也未能获奖。

21. 德州棉铃象鼻虫根除奖（Texas Boll Weevil Eradication Prize）（1903）

1903 年，德州立法机关通过了一项决议，该决议提出设立一个奖项鼓励人们发明一种棉铃象鼻虫防治方案，立法机构还成立了一个专门的委员会，对提案进行审查。但是最终未能找到一种有效的方法，无人获得该奖。

22. 甘蔗蟾蜍陷阱大赛（Cane Toad trap Competition）（2004）

澳大利亚北领地政府和堪培拉害虫防治合作研究中心共同提议出资 16000 美元的奖金鼓励人们设计一种陷阱捕捉甘蔗蟾蜍的方案。这种蟾蜍是在 20 世纪 30 年代从夏威夷引入的，但其数量很快便骤增至 1 亿只，并开始向北领地城市转移。

四　航空

23. 多伊奇奖（Deutsch Prize）（1900）

1900 年，亨利·德·拉·默尔特（Henry de la Meurthe）向德国政府提供了 10 万法郎的奖金，用于开发一艘飞船。要求飞船可以在 30 分钟内，在埃菲尔铁塔上空飞行 11 公里。出生于巴西，父亲是法国工程师的阿尔贝托·桑托斯-杜姆欧（Alberto Santos-Dumout）于 1901 年获得该奖并轰动一时，尽管他超过规定时间 40s。

24. 多伊奇·阿奇迪奖（Deutsch-Archdeacon Prize）（1903）

1903 年，法国航空俱乐部成员欧内斯特·阿奇迪肯（Ernest Archdeacon）和亨利·德·拉·默尔特（Henry de la Meurthe）悬赏 5 万法郎，以奖励第一位驾驶飞行器在 1 公里圆周航线上飞行的飞行员。亨利·法曼（Hennry Farman）在 1907 年获得该奖。

25. 科学美国人奖（Scientific American Prize）（1908）

1908 年，杂志《科学美国人》悬赏 2500 美元的奖金奖励第一个能在美国公开飞行 1 公里的飞行员。格廉·柯蒂斯（Glenn Curtiss）同年获得该奖。

26. 穿越英吉利海峡奖（English Channel Crossing Prize）（1909）

1909 年，英国报纸《每日邮报》提供 1000 英镑的奖金奖励第一位驾驶飞机穿过 21 英里的英吉利海峡的飞行员。同年，路易斯·布莱里奥（Loiuis Bleriot）获奖，法国政府后又追加了 5 万法郎。

27. 兰斯航展奖（Rheims Airshow Prizes）（1909）

1909 年，在兰斯航展上设立了几项关于速度、距离和高度挑战的悬赏。格廉·柯蒂斯（Glenn Curtiss）斩获两项速度奖，即戈登·本内特（Gordon Bennett）奖，此后他用奖金作为启动金开始了飞机生产。

28. 米兰委员会奖（Milan Committee Prize）（1910）

1910 年，米兰委员会提供了 160000 里拉（意大利货币单位）奖励第一个驾驶飞机飞越阿尔卑斯山脉的飞行员。戈格斯·查韦斯（Gorges Chavez）同年获奖。

29. 赫斯特奖（Hearst Prize）（1910）

1910 年，威廉·伦道夫·赫斯特（William Randolph Hearst）提供

50000 美元的悬赏奖励第一个能够在 30 天内驾驶飞机穿过美国的飞行员。尽管有人尝试挑战该项目，但最终无人获奖。

30. 《每日邮报》横跨大西洋奖（Daily Mail Trans-Atlantic Prize）（1913）

1913 年，《每日邮报》设立了横跨大西洋奖，提供 10000 英镑的悬赏奖励第一个能在 72 小时内驾驶飞机飞过大西洋的飞行员。约翰·阿尔科克（John Alcock）和阿瑟·布朗（Arthur Brown）于 1919 年第一次世界大战后完成飞行，全程耗时 16 小时，最终斩获该奖。

31. 奥泰格奖（Orteig Prize）（1919）

1919 年，旅馆业巨头雷蒙德·奥泰格向美国国家航空协会（NAA）提供了 25000 美元的悬赏，用于奖励首次完成巴黎和纽约之间直飞的人。查尔斯·林德伯格于 1927 年 5 月 21 日，在法国巴黎的勒布尔热机场着陆，从而完成了史无前例的直航飞行，飞行距离 5809 公里，时速达 173 公里。

32. 英国-澳大利亚航空竞赛奖（England-to-Australia Air Race Prize）（1919）

1919 年，澳大利亚政府宣布了 10000 英镑的悬赏奖金奖励第一个驾驶飞机从英国飞到澳大利亚的飞行员。竞赛仅限澳大利亚飞行员，要求飞机在 30 天内完成飞行。这项挑战赛在次年 12 月 31 日结束。比赛的获胜者是罗斯·史密斯和他的兄弟基思·史密斯，两人用了 27 天 20 个小时完成了此次航行。

33. 美国国家航空航天局（NASA）太空法案奖（NASA Space Act Awards）（1958）

1958 年，美国国家航空航天局成立了发明和贡献委员会，并授权委员会提供最高 10 万美元的悬赏鼓励发展航空科技。该项目仍在进行中，已经颁发了几十个奖项。

34. 克雷默人力飞行器奖（Kremer Prizes for a Human-Powered Flying Machine）（1959）

1959 年，工业家亨利·克雷默（Henry Kremer）决定设立几个奖项鼓励人力飞行器的研制。该奖的设立促成了 20 世纪七八十年代"蝉翼秃鹰"和"蝉翼信天翁"人力飞机的成功研发。

35. 席科斯基奖（Sikorsky Prize）（1980）

席科斯基人力飞行器竞赛奖的宗旨与克雷默人力飞行器奖类似，1980

年由美国直升机学会设立，该学会提供 20000 美元的悬赏奖励首次使用人力持久飞行的可操纵人力悬停飞行器的飞行员。

36. 安萨里 X 奖（Ansari X Prize，AXP）（1995）

1996 年 5 月，彼德·迪曼蒂斯（Peter Diamandis）投资 1000 万美元，创立了安萨里 X 大奖。该奖是模仿 1919 年的奥泰格奖设立的，旨在鼓励私人建造新型航天器，向公众提供太空旅行服务。2004 年由鳞状复合材料公司研制的"太空船一号"，成功问鼎 1000 万美元大奖。

37. 百威杯竞赛（Budweiser Cup）（1997）

1997 年，安海斯·布希（Anheuser Busch）公司宣布设立 100 万美元的悬赏，鼓励研发能完成在全球范围内不间断飞行的热气球，并规定奖金的一半将捐赠给慈善机构。伯特兰·皮卡德（Bertrand Piccard）和布莱恩·琼斯（Brian Jones）在 1999 年问鼎大奖。

38. "廉价太空之旅"奖（Cheap Access to Space Prize）（1997）

太空前沿基金会是一个致力于探索适宜人类居住星球的太空前沿组织。1997 年 11 月特姆林森在太空前沿基金会的第六次年度会议上宣布了"廉价太空之旅"奖，旨在奖励第一支能运载 2 千克物体进入太空，飞行高度 200 千米以上的私人研发队伍。虽然有几支团队尝试发射，但无人获奖，该奖于 2000 年宣布无效。

39. 美国太空奖（America's Space Prize）（2004）

2004 年，美国酒店业巨头、亿万富豪同时也是毕格罗宇航公司创始人的罗伯特·毕格罗（Robert Bigelow）出资 5000 万美元的悬赏，鼓励美国私人团队研制能够容纳 5 名宇航员的太空舱，太空舱飞行高度须达到至少 400 千米。

40. 美国国家航空航天局"百年挑战赛"（NASA Centennial Challenges）（2004）

美国国家航空航天局"百年挑战赛"确定于 2004 年，比赛项目以吸引社会公众参与先进技术研发为宗旨，挑战共设置 5 个奖项，第一个奖项是宇航员手套大奖，奖金为 25 万美元；第二个是从月球的土壤中制取氧气的奖项，奖金为 25 万美元；第三个是"波束能量挑战奖"，奖金为 20 万美元；第四个是"太空电梯缆绳奖"，奖金为 20 万美元；第五个是"月球挖掘机奖"，奖金为 25 万美元。五个奖项设置的奖金一共 115 万美元。

41. 月球土壤挖掘机挑战赛（Regolith Excavation Challenge）（2007—2008）

月球土壤挖掘机挑战赛设立了价值 25000 美元的年度悬赏，用于鼓励能够挖掘月球风化层，即在基岩上的松散物质的机器的研制。要求团队建立一种自动化系统，能够在 30 分钟以内完成将挖掘的物质送到收集器里。

42. 私人飞行器挑战赛（Personal Air Vehicle Challenge）（2007—2008）

私人飞行器挑战赛悬赏总金额为 25 万美元，分设不同类别的奖项，其中最短滑道奖 25000 美元，最小噪音奖 50000 美元，最快速度奖 15000 美元，第二快速度奖 10000 美元，最好质量奖 25000 美元，最高效奖 25000 美元，整体表现最好奖 100000 美元。2007 年的奖金得主都是个人。该奖项持续时间为两年。

43. 通用航空技术挑战（General Aviation Technology Challenge）（2008）

2007 年 12 月，美国国家航空航天局和 CAFE 宣布设立通用航天器挑战赛。该竞赛提供 30 万美元的悬赏，按照类别分设不同的小项，社区噪音奖为 15 万美元，绿色环保奖 5 万美元，航行安全奖 5 万美元，CAFE 速度奖 2.5 万美元，最安静 LSA 奖 1 万美元。

44. 月球表土取氧挑战赛（Moon Regolith Oxygen Extraction, MoonROx Challenge）（2009）

该奖项悬赏 100 万美元，鼓励研发能够从月球表面提取氧气的装置。该奖要求参赛者在 8 小时内，用模拟的"月球表土"提取 5 公斤氧。

45. 太空电梯挑战赛：（Elevator2010）（2005—2010）

太空电梯挑战赛是将卫星置于轨道，从卫星上悬挂一根绳索直达地面，即所谓的太空电梯，从而实现人和货物能通过电梯上下。具体包括两项挑战：缆绳挑战和能量传送挑战。如果参赛者制成的绳索强度重量比超出前一年优胜者 50%以上，就可获得 5 万美元的奖金。该奖项由"百年挑战赛"项目资助，太空发展基金会管理，为期 5 年，悬赏 400 万美元，用于促进太空电梯的研发创新。能量传输挑战要求参赛团队设计和建造一种机器，它可以在绳带上上下移动，同时还能装载有效载荷。

46. 宇航员手套挑战赛（Astronaut Glove Challenge）（2007—2008）

该奖项设置 25 万的悬赏，分为两个部分，第一部分奖金 20 万美元，要求参赛者设计的手套必须能完成多样化的任务；第二部分奖金 5 万美元，用于奖励研制出不使用气囊的手套的参赛者。参赛者可以完成其一或者都完成。竞赛目标包括手套重量、耐磨性和灵活度的提高，以及手部疲劳和敏捷度的改善。2007 年，来自缅因州的彼得·荷马（Peter Homer），获得 20 万美元的奖金，他在家里用缝纫机制作了缝纫机手套。

47. 诺斯罗普·格鲁曼登月舱挑战赛（Northrop Grumman Lunar Lander Challenge，NGLLC）（2006—2008）

作为美国国家航空航天局"百年挑战"系列赛事之一，诺斯格登月舱挑战赛的奖金金额为 200 万美元，分两个级别。一级赛要求参赛飞行器飞到 50 米高度，在空中停留至少 90 秒，并在两座发射场坪之间完成一次往返。犰狳航空公司的队伍曾在 2008 年拿到了 35 万美元的一级赛冠军奖。马斯腾公司的队伍在 2009 年 10 月份用"夺命僵尸"获奖拿到了一级赛亚军奖。加州马思腾航天系统公司的参赛队在 NASA "诺斯格登月舱挑战赛"二级赛事中获胜，拿到 100 万美元的冠军奖。最终，由马思腾航天系统公司和犰狳航空公司分得奖金，200 万美元奖金各有其主，宣告赛事正式结束。

48. 空间和航空奖法案（Space and Aeronautics Prize Act）（2004，2005，2007）

空间和航空奖法案设立了国家空间和航空基金会，该基金会与美国国家航空航天局合作，设立了轨道示范奖悬赏。轨道示范奖规定演示空间飞行器携带至少一人在最低海拔 400 公里至少完成 3 个地球轨道的飞行，并安全返回，奖金总额最高不超过 1 亿美元。

49. 谷歌月球 X 奖（Google Lunar X-Prize）（2007）

继金额达 1000 万美元的鼓励私人进行太空竞赛的安萨里 X 大奖之后，2007 年 9 月 13 日，搜索巨头 Google 发起了一项奖金达 3000 万美元的无人登月竞赛。要求参赛团队能在 2012 年 12 月 31 日前，将一辆月球车发送到月球，并在月球上行走 500 米的距离，同时将 1GB 大小的图像和电视信号传回地球，第一名的奖金为 2000 万美元；第二名的奖金为 500 万美元。但如果登月发生在 2012 年 12 月 31 日之后、2014 年 12 月 31 日之前，第一名奖金将下降到 1500 万美元。

五　气候、环境和能源

50. 伯诺利蒸汽机奖（Nernoulli's Steam-Power Prize）（1753）

1753 年，丹尼尔·伯诺利写了一篇关于无风推进船的论文，并因此获得法国科学院颁发的伯诺利蒸汽机奖项。他认为蒸汽动力没有持续旋转装置就不能应用于航海，在文章中，他提出了早期的螺旋桨设计构想。

51. 鲁西蒸汽机发明奖（Rumsey Premiums for Steam Engine Invention）（1784）

1784 年，詹姆斯·鲁西向几个州的立法机构提议，设立悬赏鼓励研制一种能够携带 10 吨货物，以每天 25—40 英里的速度行驶的航船。

52. 沃塔电力奖（The Volta Prize for Electricity）（1801）

1801 年 12 月 21 日，应第一执政拿破仑·波拿巴将军的邀请，意大利帕维亚大学物理学教授沃塔在法国科学院就他发明的沃塔电堆进行了演讲。演讲结束后，波拿巴将军宣布要为电学领域中的天才设立 20 万法郎的基金，第一笔奖金被授予沃塔教授。

53. 无桨轮推进船奖励（Prize Question for Propelling Vessels without a Paddle Wheel）（1825）

1825 年，一家英国公司试图将一个气体真空发动机商业化，提供了 100 几尼（英国的旧金币，值一镑一先令）的奖励，以征求关于没有桨轮的推进船的最佳建议。撒母耳·布朗（Samuel Brown）提出在船的前部使用螺旋桨，并最终获得该奖。

54. 涡轮奖（Turbine Prize）（1826）

1826 年，法国工业促进协会为大型商用液压涡轮机的开发提供了 6000 万法郎的悬赏。当时有 4 个竞争者。这笔奖金于 1833 年颁发给了福内昂，他成功研制有 50 马力的水轮机。

55. 利物浦和曼彻斯特铁路机车奖（Liverpool & Manchester Railway Locomotive Prize）（1829）

1829 年 4 月，利物浦和曼彻斯特铁路公司对外宣布利物浦和曼彻斯特铁路机车奖。该奖项要求，所有参赛者派出的蒸汽机车重量不能超过 6 吨，而且需要能在铁道上完成总长 97 公里的赛程。裁判委员会将根据机车的速度、重量、马力、耗煤量、排烟量等几个指标进行综合评价，综合得分最高的获胜。胜者将获得 500 英镑奖金。此次比赛地点是利物浦—曼彻斯特铁路已经完工的地段。斯蒂芬森在 15000 名观众面前脱颖而出，不但赢得了 500 英镑的奖金，还赢得了 4 份蒸汽火车合同。

56. 螺旋桨奖（The Screw Propeller Reward）（1855）

1825 年，英国政府提供了 2 万英镑的悬赏，用于奖励发明用于英国皇家海军的轮船的螺旋桨。

57. 预防烟雾奖（Premium for the Prevention of Smoke）（1855）

作为早期环境奖的一个例子，1855 年，纽卡斯尔蒸汽煤矿协会提供了 500 英镑的悬赏鼓励发明一种有效的方法来控制多管式锅炉烟囱冒出的烟雾。这场比赛共收到 103 种有效方案，查尔斯·威耶·威廉姆斯先生凭借他的"预防烟雾公害的文章"而获得该奖。

58. 法国工业促进会奖（1896）

1896 年，法国工业促进协会设立了多项悬赏，分别是 3000 法郎的最佳商业用油马达奖，3000 法郎奖励研制 25—70 马力的发动机；2000 法郎用于鼓励研制家用发动机；2000 法郎奖励研制机械能量运载；2000 法郎奖励发明节能白炽灯。

59. 伽利略法拉利奖（Galileo Ferraris Prize）（1897）

1897 年，伽利略法拉利奖奖励 15000 里拉用于鼓励电力机器、仪器的研制，该奖项促进了电力工业的应用。这场竞赛也对国外参赛人员开放。

60. 廉价汽油替代品奖（Automobile Clubs Prize for a Cheap Alternative to Gasoline）（1913）

1913 年，国际汽车俱乐部协会在巴黎宣布，他们将提供 10 万美元的悬赏奖励研发用于汽车内燃机的替代品燃料。该奖的设立是为了解决日益上涨的油价问题。

61. 美国专利补偿委员会奖（U. S. Patent Compensation Board）（1946）

1947 年，美国专利补偿委员会成立，目的是为了激励在原子能源领域的创新。委员会将根据发明的成本和有用性，决定授予相应的奖金。

62. 高效节能电冰箱奖（Super-Efficient Refrigerator Program）（1992）

在 1992 年，24 家美国公用事业公司开展了超级高效的冰箱项目（SERP），该项目提供了高达 3000 万美元的奖金，用于开发一种可商业化的、不含氟碳的冰箱，其价格超过了联邦能效标准至少 25%。实际的奖金是基于售出的单位数量。尽管漩涡公司在 1994 年赢得了竞争，但低于该计划的效率要求，能源成本下降和联邦能效标准的执行延迟导致销售低于预期，并降低了奖金。

63. 中国节能冰箱项目（China Energy-Efficient Refrigerators Project）（2000）

2000 年，中国节能冰箱项目宣布一项针对中国制造商的高效能耗创新的竞赛。该奖项设置 100 万人民币的奖金，吸引了很多媒体的关注。该项目设立主体面临的一个问题是是否允许国外资助以及是否允许合资企业参与项目。

64. 格林格尔挑战赛（Grainger Challenge）（2005）

2005 年，美国国家工程院宣布了一系列计划中的格林格尔挑战，其中包括 100 万美元的一等奖，20 万美元的二等奖和 10 万美元的三等奖，用于鼓励研发从井水中去除砷的经济过滤装置。超过 70 个参赛团队提交了参赛作品，2007 年阿布·胡桑（Abul Hussan）发明 SONO 过滤器获得该奖。

65. 麻省理工学院清洁能源创业奖（MIT Clean Energy Entrepreneurship Prize）（2007）

该奖包括两部分，一是现在开展的创业竞赛，奖金为 10 万美元；一是点燃清洁能源竞赛。清洁能源创业奖提供高达 20 万美元的现金悬赏，由麻省理工学院（MIT）、NSTAR 电子 & 天然气公司及美国能源部赞助。

66. "光明的明天"照明奖（Bright Tomorrow Lighting Prizes）（2007）

2008 年 1 月签署生效的美国"2007 能源独立和安全法案"第 655 节要求美国能源部发起一个"光明的明天"照明奖（Bright Tomorrow Lighting Prizes）竞赛。该竞赛旨在激励超高效、固态照明产品的开发以替换目前广为使用的照明灯泡。同时，美国能源部也希望这一悬赏成果能够广泛推广并最终取代 60W 白炽灯和 PAR38 卤素灯。

67. 氢能奖（H-Prize）（2007）

为了促进氢能技术的研究、开发和商业应用，2007 年美国能源独立和安全法案（EISA）授权设立了氢能奖。该奖项主要集中氢能生产、氢能存储、氢能分配和氢能使用等相关的技术、装置要件和系统的改进和开发，奖金为 100 万美元。

68. 圣安得鲁十字奖（Saltire Prize）（2007）

2007 年，苏格兰政府宣布了圣安得鲁十字奖，每年资助 200 万英镑奖励各种商业和技术创新。2008 年该奖主要用于鼓励可再生能源的创新。此外，该奖另设 1000 万英镑的视野奖（Horizon Prize），用于吸引国际参赛者对苏格兰实施绿色科技的兴趣。

69. 维珍地球挑战赛（Virgin Earth Challenge）（2007）

2007 年，理查德·布兰森（Richard Branson）爵士和美国前副总统阿尔戈尔宣布设立一个 2500 万美元的维珍地球挑战奖，寻找并奖励第一位能够消除大气层中现有的大量温室气体的科学家。大奖的截止日期是 2010 年 2 月 8 日，获奖者要提出每年可清除 10 亿吨大气层中的二氧化碳的方案，而且效果必须至少保持 10 年。

70. 地球基金（Earth Fund）（2007）

2007 年 10 月，全球环境基金（Global Environmental Facility）、国际金融公司（International Finance Corporation）和世界银行的国际组织在印尼巴厘岛发起地球基金，旨在促进发展中国家的环保创新。该基金包括全球环境基金的 3000 万美元资金和国际金融公司的 1000 万美元资金。

71. 英国国家科技艺术基金会（NESTA）绿色挑战赛（NESTA Big Green Challenge）（2007）

2007 年发起的"绿色挑战"是由英国国家科技艺术基金会创立的。它的目的是吸引创新者和社区团体提出减少碳排放的方法，英国国家科技艺术基金会为此制定了严格的目标和评估机制。在 2008 年初，共有 355 个团队参加了挑战赛，英国国家科技艺术基金会组织从中选择了 100 个最有前途的小组以获得绿色大挑战组织的初期支持，将他们的想法发展成详细的计划。在这一阶段，英国国家科技艺术基金会又再次从 100 个小组中挑选了 10 个小组进入最后的决赛，这 10 个最终入围者在"绿色大挑战"交付年度将其所在社区的二氧化碳排放量减少了 10%—46%。

六　建筑设计

72. 爱德华七世国王结核病疗养院设计奖（King Edward VII Tuberculosis Sanatorium Design Prize）（1903）

英国国王爱德华七世设立了一个建筑学领域的悬赏奖，即建设一个结核病疗养院。为了收集关于疗养院建设的创新设想，爱德华七世国王设置了疗养院设计最优论文奖，该奖项分设 3 个奖项，奖金分别为 2500 美元、1000 美元和 500 美元。

73. 阿迦·卡恩奖（Aga Kahn Awards）（1977）

阿迦·卡恩建筑奖是由阿迦·卡恩于 1977 年创立的，目的是在穆斯林社区中建立和认可建筑的卓越性。该奖项每三年颁发一次，并对当今建筑领域的所有项目类型开放。

74. 辛德勒建筑奖（Schindler "Access for All" Award for Architecture）（2003）

瑞士电梯制造商辛德勒赞助了辛德勒建筑奖，这也是一场建筑竞赛，即在每年的维也纳年度竞赛中，学生们提交建筑设计作品，争夺 72000 法郎的奖金。提交作品的所有权归辛德勒，但是参赛者享有设计作品的知识产权。

75. 罗伯特·布鲁斯·汤普森学生灯具设计大赛（Robert Bruce Thompson Student Light Fixture Design Competition）（2006）

罗伯特·布鲁斯·汤普森是一名 25 年照明行业经验的资深人士，剧院和灯具设计出身的他提出设立一个学生的灯具设计竞赛，以鼓励在灯具和制造方面的创新。

76. 绿色暂停设计竞赛（Green Stop Design Competition）（2006）

2006 年，美国加利福尼亚交通部门设立 1 万美元的悬赏，以鼓励开发一个"可持续的"和"不入网"的路边停车模式。

77. 国际竹建筑设计大赛（International Bamboo Building Design Competition）（2006）

该竞赛的举行是为了鼓励竹子建筑设计，提高人们对竹子结构建筑的认识，以建造经过认证的竹子建筑，并改变建筑师、设计师和建造者的认知，将竹子作为一种结构材料。一等奖为 5000 美元；二等奖 3000 美元；三等奖 2000 美元。

七　社会治理创新

78. 法国国家道德政治科学研究所奖（French National Institute Class of Moral and Political Science Prize Contents）（1798—1802）

1798—1802 年，法国正从政治动荡中恢复过来，作为对政治动荡的回应，法国国家道德政治科学研究所开展了几项竞赛，旨在解决法国的治理和社会秩序问题。最著名的就是以下五个悬赏提问：第一，树立人们道德的最适合的制度是什么；第二，效仿是一种良好的教育方式吗；第三，如何改善法国的陪审团制度；第四，共和国应该基于什么样的目标和在何种条件下向公众提供贷款；第五，在一个农业国，土地所有者是否有效地支付了全部的税收负担，是否附加了额外税收。

79. 福特基金会创新奖项目（The Ford Foundation Innovations Award Programs）（1986）

福特基金会首次建立于 1986 年哈佛大学约翰 F. 肯尼迪政府学院，主要是为了激励公共部门创新，福特基金会资助了包括巴西、智利、中国、墨西哥、菲律宾、秘鲁、南非等十个国家的政府悬赏。

80. 得克萨斯社会创新竞赛（Texas Social Innovation Competition）（2006）

得克萨斯社会创新竞赛是于 2006 年 12 月 4 日发起的社会创新竞赛，参与者仅面向得克萨斯系统大学、得克萨斯农业机械大学和莱斯大学的在校学生。该项目是由毕业生组织的慈善运营项目，竞赛设置 8 万美元的奖金，5 万美元用于社会责任商业大赛。

81. 易卜拉欣非洲领袖奖（Ibrahim African Leadership Prize）（2006）

2006 年，苏丹的电讯业企业家莫·易卜拉欣宣布设立 500 万美元的悬赏表彰一位前非洲国家领袖，受奖者必须是在任内提高了人民生活水平的领导者。该奖的第一个获得者是莫桑比克总统希萨诺。该奖规定只有卸任总统有获奖资格。

八 数学

82. 法国皇家学会奖（French Royal Academy Prize Question）（1721）

1721 年，法国皇家科学学会设立科学和数学"悬赏问题"，找到问题有效解决方法的人将有机会获得大奖赛金牌。该悬赏一开始并未设置现金奖励，只是颁发带有荣誉性质的奖牌。获奖者包括为动力学作出贡献的麦克劳林和发明磁罗盘的库仑。

83. 沃尔夫斯克尔的费马大定理证明奖（Wolfskehl Prize for Fermat's Last Theorem）（1908）

1906 年，保罗·沃尔夫斯克尔临死之际，留下 10 万德国马克的奖金设立了费马大定理证明奖，这在当时是一笔非常可观的奖金，该奖用于奖励第一个证明费马大定理的人。

84. 比尔猜想证明奖（The Beal Conjecture and Prize）（1997）

1997 年，美国得克萨斯州一名银行家比尔为了鼓励年轻人探究科学，便首次出资成立了比尔奖金，当年奖金为 5000 美元。任何人只要能给出比尔猜想数字理论的解决方案就可以获得奖金。

85. 数学千禧年大挑战（Millennium Grand Challenge in Mathematics）（2000）

美国马萨诸塞州的克雷（Clay）数学研究所于 2000 年 5 月 24 日在巴黎法兰西学院宣布对 7 个"千禧年数学难题"的每一个问题悬赏 100 万美元，寻求 7 个经典数学猜想的证明或者反例。7 个经典猜想是：P（多项式算法）问题对 NP（非多项式算法）问题、霍奇（Hodge）猜想、庞加莱（Poincare）猜想、黎曼（Riemann）假设、杨-米尔斯（Yang-Mills）存在性和质量缺口、贝赫（Birch）和斯维讷通-戴尔（Swinnerton-Dyer）猜想。

九　医疗

86. 法国科学院蒙蒂翁奖（French Academy of Science Montyon Prizes）（1820）

法国大革命开始前，蒙蒂翁男爵设立了一系列奖项，由法兰西学院、法国科学院和法国国家医学科学院颁发。蒙蒂翁奖的设立是为了攻克一些医学难题。

87. 奥登堡公爵黄热病的最佳论文奖（Duke of Oldenburg Prize for the Best Treatise on Yellow Fever）（1822）

19 世纪大量的捐赠者和医学协会提供了成千上万的此类奖项，而奥登堡公爵黄热病的最佳论文奖是其中典型例子之一。1822 年奥登堡公爵提供 200 杜卡特（荷兰的一种货币单位）鼓励对黄热病的研究。竞赛一共吸引了 18 篇优秀论文，6 篇是用德文写作，4 篇是法文，7 篇是英文作品，1 篇是拉丁文。最终查尔斯·克里斯蒂安·马特赛（Charles Christian Matthaei）医生获得该奖。

88. 疫苗保存奖（Prize for Best Memoir Regarding the Preservation Virtue of Vaccine）（1842）

1842 年法国科学学会设立 1 万法郎的悬赏寻找解决疫苗耐久性问题的方法。

89. 奎宁替代品奖（Premium for a Substitute for Quinine）（1849）

1849 年，法国巴黎药房协会出资 4000 法郎的悬赏，鼓励化学家探索人工制备奎宁的方法。

90. 杰克尔奖（The Jecker Prize）（1851）

1851 年，法国科学学会设置杰克尔奖，旨在促进组织化学的发展。查尔斯·弗里德尔是杰克尔奖的获奖者之一。

91. 布雷昂霍乱治疗奖（The Breant Prize for Asiatic Cholera）（1854）

1854 年，法国科学学会收到 10 万法郎的捐赠，并决定用这笔捐赠设立悬赏，奖励能够治愈霍乱的人。

92. 阿曼德·哈默癌症奖（The Armand Hammer Cancer Prize）（1981）

1981 年 12 月，工业家阿曼德·哈默宣布出资 100 万美元设立奖项鼓励能够找到治疗癌症的方案。哈默还提供了金额达 10 万美元的奖金奖励癌症的研究。哈默 1990 年 12 月死于骨髓癌，享年 92 岁。

93. 洛克菲勒奖（Rockefeller Prize）（1994）

1994 年，洛克菲勒基金会设置了 100 万美元的悬赏，奖励发明一种低成本、高精度的支原体感染或淋病诊断测试方法。该奖于 1999 年因无人问鼎而废止。

94. 意诺新（InnoCentive）竞赛（2001）

意诺新公司（InnoCentive）是由礼来制药公司（Eli Lily）在 2001 年创立的，旨在设立科技创新奖。2006 年洛克菲勒基金会与意诺新公司（InnoCentive）在发展、气候变化和公共健康等领域展开合作。意诺新竞赛奖金从 5000 美元到 100 万美元不等，但是大多数低于 5 万美元。

95. 高寿鼠奖（Methuselah Mouse Prize）（2003）

英国科学家奥布里·德格雷为了拓展人类寿命延长技术的研究，于 2003 年设立 300 万美元的悬赏，奖励能够证明再生治疗法在老鼠身上应用可行的科学家。

96. 生物盾牌计划（Project Bioshield）（2004）

美国参议院 2004 年 7 月 19 日，通过了一项名为"生物盾牌计划"的法案。根据这项法案，美国国会将在未来 10 年内拨款 56 亿美元，用于对相关疫苗和解毒药品的研究、生产及贮存，以应对可能针对美国发动的细菌和化学攻击。法案将鼓励制药企业研制与开发针对生化恐怖活动的应对措施，加快解毒药品的批准过程，"生物盾牌计划"法案涉及的生化袭击包括天花、炭疽病、肉毒杆菌毒素、瘟疫和埃博拉病毒等。

97. Archon X 基因组学奖（Archon X-Prize for Genomics）（2006）

2006 年，X 奖基金会宣布了 Archon 基因组学 X 奖，提供 1000 万美元的悬赏，致力于实现整个基因组快速低成本测序的目标。

98. 生命大奖（Prize4Life）（2006）

生命大奖基金会（Prize4Life）是一个非营利组织，致力于研发肌萎缩性脊髓侧索硬化症（ALS）的治疗方法，肌萎缩性脊髓侧索硬化症也被称为卢伽雷氏症和运动神经元疾病。本组织采用悬赏竞赛模式。

99. 野口勇非洲奖（Hideyo Noguchi Africa Prize）（2006）

野口勇非洲奖是为了表彰在非洲防治传染病和其他疾病的医学研究和医疗服务领域取得杰出成就，从而为非洲人民和全人类的健康和福祉作出贡献的人。它由日本国际协力机构（JICA）主办，野口勇非洲奖奖金总额为 1 亿日元，每隔 5 年颁发一次。该奖项包括两个类别，其一是针对致力于医学研究的个人；其二是提供医疗服务的个人或组织。

100. 诺贝尔生理学或医学奖（Nobel Prize in Physiology or Medicine）（1905）

1905 年，德国著名医生和科学家罗伯特·科赫（Robert Koch）博士凭借传染病是由病原细菌感染造成的新发现被授予诺贝尔生理学奖及医学奖。

101. 肺炎球菌疫苗先进市场计划项目（Pneumococcal Vaccine Advance Market Commitment）（2007）

2007 年，加拿大、意大利、挪威、俄罗斯、英国和比尔 & 梅琳达·盖茨基金会宣布出资 15 亿美元设立关于肺炎球菌疫苗的"先进市场计划"（AMC）。该计划是一个资助第三世界穷国儿童接种疫苗，预防肺炎和脑膜炎的计划。

十　矿业

102. 加拿大黄金公司挑战赛（Goldcorp Challenge）（2000）

2000 年，加拿大黄金公司本是一个默默无闻的小矿产类企业，它的崛起是从 2000 年发起的"黄金公司挑战赛"开始。2000 年 3 月，加拿大黄金公司宣布，将公布矿业地质数据，凡感兴趣者都可以利用数据向公司提供寻找金矿的方案，方案一经采纳将获得 57.5 万美元的奖金。

103. "解锁价值"冶金奖（Unlock the Value Prize）（2007）

巴里克黄金公司（Barrick Gold Corporation）是全球最大的金矿开采公司，总部位于加拿大安大略省多伦多，在世界许多地方都有金矿开采项目。2007 年，该公司宣布了一项价值 1000 万美元的奖金，奖励可以提高他们在阿根廷的贝拉德罗的银矿产量的人。

十一　纳米技术和机器人

104. 费因曼奖（Feynman Prizes）（1959）

1959 年，物理学家理查德·费因曼出资 1000 美元奖励发明一种微型发动机。威廉姆·麦克莱（William Mclellan）和汤玛斯·纽曼（Thomas Newman）分别于 1960 年和 1985 年获奖。

105. 美国国防高级计划研究署挑战赛（DARPA Grand Challenge）（2003）

美国国防高级计划研究署（The Defense Advanced Research Projects Agency，DARPA）一直引领世界军事科研革命，为了弥补美国军队在无人驾驶领域的不足，DARPA 在 2004—2007 年举办了 3 次无人驾驶车辆挑战赛。

十二　航海

106. 西班牙经度奖（Spanish Longitude Prize）（1567）

1567 年，菲利普二世设立悬赏寻找度量经度的方法。1598 年，菲利普三世颁布诏书，宣布设立经度奖金，任何人只要找出海上测量经度的方法，就可以获得 2000 杜卡托（Ducat，西班牙货币）的奖励。

107. 荷兰经度奖（The Dutch Longitude Prize）（1627）

1627 年，荷兰国会为解决经度问题提供了一笔高达 3 万弗洛林的奖金，以当时的兑换比价计，相当于 9000 英镑。

108. 英国经度奖（British Longitude Prize）（1714）

1714 年 7 月 8 日，英国政府颁布了一项"经度法案"，法案规定，任何人只要能找出在海上测量经度的方法，便可以拿到 2 万英镑的奖金。

109. 梅斯莱奖（Meslay Prize）（1714）

1714 年，法国国会议员梅斯莱以 12500 里弗（古时的法国货币单位及其银币）设立了两个悬赏，其一便是测量海上的经度。

110. 麦哲伦奖（The Magellanic Premium）（1786）

1786 年，费南多·麦哲伦的孙子约翰·麦哲伦出资 200 基尼（英国旧时金币名）设立悬赏表彰在航海、天文以及自然哲学领域作出杰出贡献的人。

111. 美国陆军工程兵团航河奖（Army Corps of Engineers Navigable River Prize）（1829）

根据 1826 年的一项呼吁改善密西西比河和俄亥俄河航运条件的美国国会法案，美国陆军工程兵团出资 1000 美元设立悬赏，鼓励开发者寻求方法增强河道航运能力。

十三　软件、计算机和信息科学

112. 高德纳奖（Knuth Reward Checks）（1996）

高德纳奖设立于 1996 年，以计算机科学家高德纳命名，旨在表彰为计算机科学发展作出卓越贡献的人。奖项设置 5000 美元的奖金，每一年半颁发一次。

113. 弗里德金奖（Fredkin Prize）（1980）

1980 年，计算机科学家爱德华·弗里德金提供 10 万美元的悬赏奖励第一个能够设计出打败世界象棋冠军的计算机象棋程序的人。国际商业机器公司（IBM）的深蓝象棋队于 1996 年打败加里·卡斯帕罗夫成功问鼎该奖。

114. 美国联邦通信委员会先锋偏好项目（FCC Pioneer Preference）（1991）

1991 年，美国联邦通信委员会（FCC）设立了美国联邦通信委员会先锋偏好项目，提供一个价值几百万美元的专业许可证作为奖励，旨在发展采用光谱的通信服务和科技。截至 1997 年项目结束，共有 6 个公司获得该奖励。

115. 数据挖掘奖（Netflix Prize）（2006）

2006 年，网飞公司提供 100 万美元的悬赏用于鼓励开发能更加精准预测消费者偏好的系统方案。数据挖掘大奖赛是一个机器学习和数据挖掘的比赛，主要是为了更好地预测电影评分，找到更好的方法向用户推荐合适的产品。

116. 合作计算奖（Cooperative Computing Awards）（1999）

1999 年，电子前沿基金会宣布设立合作计算奖，奖金高达 55 万美元，旨在找到更大的质数。该奖项的初衷是鼓励人们找到一种方法解决复杂的计算问题。2000 年那扬·哈吉拉特瓦拉（Nayan Hajratwala）因为找到迄今为止最大的素数而获得 5 万美元的奖金。

十四　纺织机械

117. 里昂奖基金（Lyon Prize Fund）（1711）

1711 年，法国人里昂创立一个奖金基金会旨在奖励丝绸行业的创新。一部分奖金来源于征收的丝绸税；另一部分奖金则来源于里昂工厂和行业协会。

118. 纺织及地毯制造大奖（Awards for Spinning and Carpet Manufacture）（1757）

1753 年，英国技术贸易生产鼓励协会成立，1757 年，该协会设立了纺织及地毯制造大奖。

119. 纺织机械奖（Spinning Machine Prize）（1761）

1761 年，英国技术贸易生产鼓励协会设立悬赏鼓励研制纺织机械，该协会承诺将提供创新奖金至 1850 年。

120. 阿克莱特发明奖（Arkwright Invention Bounties）（1769）

1769 年，理查德·阿克莱特受托马斯·海斯（Thomas Highs）的启发，发明了一种新的方法来纺羊毛和棉花，后来又引入了一些改进措施，仿制了一台水力纺纱机，促进了英国工业革命的发展。由于英国政府一直严格把控技术出口，美国政府便提供丰厚奖金鼓励熟练工人把阿克莱特技术引入美国。

121. 马萨诸塞州纺织机械奖（Massachusetts Bounty for Textile Machines）（1786）

1786 年，马萨诸塞州立法机构通过法案，批准设立悬赏鼓励发明纺织机械。

122. 宾夕法尼亚州立法机构颁发的棉花梳棉机奖（Pennsylvania Legislature Prize for the Introduction of a Cotton Carding Machine）（1786）

1788 年，约瑟夫·黑格凭借引入的梳棉机获得宾夕法尼亚州立法机构颁发的 100 英镑的奖金。

123. 轻量级麻线奖（Lightweight Thread）（1896）

1896 年，法国工业促进协会提供 2000 法郎的悬赏用于鼓励生产 10 万米的一公斤重的麻线，或者相同重量的 15000 米的麻制品。

十五　不法行为

124. 公司犯罪赏金（Corporate Crime Bounty）（1976）

1976 年 4 月，美国两百周年纪念人民委员会给 10000 名高级秘书发送了信件，表示愿意提供 25000 美元的悬赏奖励提供企业总裁在企业活动中的犯罪活动的信息。

125. 微软病毒赏金（Microsoft Virus Bounty）（2003）

2003 年 11 月，微软公司提供 25 万美元的悬赏以获取关于"狂暴者（Blaster）""巨无霸（Sobig）""悲惨世界（Mydoom）"三个计算机蠕虫的信息。微软后来又将悬赏应用于其他计算机病毒。

126. 美国联邦贸易委员会垃圾邮件赏金（FTC SPAM Bounty）（2004）

2004 年 9 月，美国联邦贸易委员会设立了一个赏金系统，用于奖励获取网上非法散布垃圾广告消息的技术。

十六　其他

127. 澳大利亚电影悬赏（Australian Film Bounty）（1933）

为了促进澳大利亚电影行业的发展，1933 年，澳大利亚政府决定设立一年一度的电影奖，排名前三的电影分别可以获得 12500 美元、6250 美元、3750 美元的奖金。

128. 碱奖（Alkali Prize）（1775）

1775 年，法国路易十六国王下令法国科学学会设立 2400 里弗（古时的法国货币单位及其银币）的悬赏鼓励人们探索一种人造碱工艺，减少对西班牙高成本碱的依赖。

129. 南盾救生艇奖（South Shields Lifeboat Premium）（1789）

1789 年 9 月，"冒险号"发生沉船事故，位于泰恩河河口的南盾小镇几千人见证了一整条船的颠覆，因此有人提出设立南盾救生艇奖，用于鼓励研发救生艇。

130. 英国钟表协会钟表奖（The British Horological Institute Watch Prizes）（1859）

面对来自瑞士钟表制造商的激烈竞争，1859 年，英国钟表协会为了改善英国产钟表的质量，决定设立悬赏鼓励钟表制造的创新。

131. 曼利大理石切割奖（Manley Marble-Sawing Prize）（1856）

大理石采挖商人 M. M. 曼利为了促进采石创新，于 1856 年设立悬赏，提供 10000 美元的悬赏寻找最好的大理石切割机器。

结　　语

　　科技悬赏奖可以将公众参与和技术创新有机结合在一起，且奖励只在目标实现时兑现。这样，一方面扩大创新的影响范围；另一方面可以将失败的风险降到最低，故可以尝试在我国某些和公众密切相关的技术领域设立科技悬赏奖，作为认可奖的补充。关于科技悬赏奖的设立，美国国家航空航天局（NASA）提出了6条标准：（1）规则越简单越好；（2）奖励要和发奖机构的使命相一致；（3）适当的难易程度；（4）要有后续发展的机会；（5）要能够吸引更多的参赛者和赞助者；（6）要能够吸引大众的眼球。

　　故笔者建议，在目标明确、成果容易衡量和公众关系密切且能够吸引较多参赛者和赞助商的领域优先考虑设置科技悬赏奖。据此，建议政府考虑在如下领域设立科技悬赏奖：地沟油的检验、海洋漏油治理、网络安全建设、自发电农场等。以地沟油的检验为例，政府设立科技悬赏奖时应考虑6点：（1）清晰的陈述问题；（2）明确的设定技术指标，如精度范围、检验成本、检验时间等；（3）设立评选程序，如奖金、时限、报名方式、参选规则等；（4）组建评审委员会；（5）加强宣传力度；（6）其他法律事宜，例如有关检验技术的知识产权归属、参赛者和组织者各方的责任和义务等。除此之外，还有一些需要考虑的问题：谁有参选的资格？外国公司或非中国公民是否可以参赛？如果没有一个方案可以达到标准该怎么办？是终止奖励还是延长时间抑或是直接选择最优方案。奖金的来源以及评委的组成是否都是来自中央政府及其隶属机构。奖励结束之后的政府采购和政府订单等。

　　当然，科技悬赏奖亦有其自身的局限性：首先，各种前期研发费用对于独立个体和中小型企业来说是最大的问题；其次，规则的设定和目标的清晰程度直接关系到科技悬赏奖的成败；最后，由于有众多的参赛者对同一个项目进行研发，则无可避免会导致重复性劳动。但总体而言，考虑到科技悬赏奖相对较小的风险、巨大的技术突破性以及可以提高企业、公众、媒体对科技发展的热情，将其作为传统认可奖以及科研经费的资助体系的补充，不失为一种行之有效的做法。

附　录

各国主要科技悬赏一览表

	奖项名称	年份	当时的金额	换算后金额（美元）	资金来源	组织者	获奖者
1	西班牙经度奖（Spanish Longitude Prize）	1567—?	6000 gold ducats+2000 ducats/year	2500000	西班牙国王	西班牙国王	无
2	英国经度奖（British Longitude Prize）	1714—1773	£ 20000	2087000	英国政府	经度委员会（Longitude Board）	约翰·哈里森（John Harrison）
3	消防发明（Invention the Progress to Stop of Fires）	1734—1761	20000 crowns		瑞典政府	瑞典政府	戈弗雷博士（Dr. Godfrey）
4	从当地植物中提取蔗糖奖（Prize for Sugar from Native Plants）	18世纪中期	20 ducats	57	荷兰农业促进学会（Dutch Society for the Encouragement of Agriculture）	荷兰农业促进学会	R.J. 布鲁尔（R.J. Brouwer）
5	苏打碱制造奖（Prize for Producing Alkali Soda）	1775—1789	2400 livres	13000	法国政府	法国科学院（Académie des Sciences）	无（该王朝于1789年被推翻）

续表

	奖项名称	年份	当时的金额	换算后金额（美元）	资金来源	组织者	获奖者
6	食物储存技术奖（Prize for Food Preservation Techniques）	1795—1810	12000 francs	44000	法国政府（拿破仑时期）	法国国家工业促进会 Society for the Encouragement of National Industry	尼古拉斯·阿佩尔（Nicolas Appert）
7	纺纱机奖（Prize for a Flax Spinning Machine）	1810—1813	$ 1000000 livres	3731000	法国政府（拿破仑时期）	法国政府（拿破仑时期）	菲利普（Philippe de Girard）
8	钻井工艺奖（Art of Piercing or Boring Artesian Wells Prize）	1818—1821	3000 francs	11000	法国国家工业促进会	法国国家工业促进会	加迈尔先生（Mr. Garnier）
9	无桨叶驱动舰（Prize for Propelling Without a Paddle Vessels Wheel）	1825	100 guineas	10500	一家英国公司	一家英国公司	萨米尔·布朗（Samuel Brown）
10	涡轮机奖（Turbine Prize）	1823—1827	6000 francs	26500	法国国家工业促进会	法国国家工业促进会	贝诺特·福奈龙（Benoit Fourneyron）
11	苹果和梨子奖（Apple and Pear）	1826—1847	1000 francs	4500	巴黎皇家园艺学会（Royal Horticulture Society of Paris）	巴黎皇家园艺学会	无
12	军队航海工程师奖（Army Corps of Engineers Navigable River Prize）	1829	$ 1000	22500	美国军队	美国军队	约翰·布鲁斯（John Bruce）
13	利物浦和曼彻斯特铁路奖（Liverpool & Manchester Railway Locomotive Prize）	1829	£ 550	59500	利物浦和曼彻斯特铁路部（Liverpool & Manchester Railway）	利物浦和曼彻斯特铁路部	乔治（George），罗伯特·史蒂芬森（Robert Stephenson），亨利·鲁思（Henry Rooth）

续表

	奖项名称	年份	当时的金额	换算后金额（美元）	资金来源	组织者	获奖者
14	奎宁替代物奖（Premium for a substitute for Quinine）	1849—？	4000 francs	25500	巴黎药学会（Society of Pharmacy of Paris）	巴黎药学会	无
15	救生艇奖（Lifeboat Prize）	1849	100 guineas	13500	诺森伯兰公爵（Duke of Northumberland）	诺森伯兰公爵	詹姆斯·皮克（James Peake）
16	鸟粪替代奖（Substitute for Guano Prize）	1852—？	£1000	132000	英国皇家学会（The Royal Society of England）	英国皇家学会	无
17	布雷昂奖（Breant Prize，奖励霍乱的治疗方法）	1854—现在	100000 francs	593500	法国皇家科学会（French Royal Academy of Sciences）	法国皇家科学会	无
18	动力奖（Screw Propeller Reward）	1855	£20000	2353000	英国政府	英国政府	5个私人公司
19	曼利大理石打磨奖（Manley Marble Sawing Prize）	1856—？	$10000	245250	M.M.曼利（M.M.Manley）	M.M.曼利（M.M.Manley）	无
20	消灭马镶尼克矛头蝮蛇奖（Prize for Destruction Bothrops of the Lanceolatus）	1859—？	1000 francs	5900	气候适应学会（Societe d'Acclimation）	气候适应学会	无
21	台球奖（The Billiard Ball Prize）	1863—1865	$10000	165650	费伦和科兰德（Phelan & Collander）	费伦和科兰德（Phelan & Collander）	约翰·W.凯悦（John W. Hyatt）

续表

	奖项名称	年份	当时的金额	换算后金额（美元）	资金来源	组织者	获奖者
22	根除苎麻奖（Prizes for Decortication China Grass）	1869 及 1881	£ 5000	494500	印度政府	印度政府	无
23	葡萄根瘤蚜奖（Phylloxera Prize）	1870—?	20000 francs	75000	法国农业部	法国农业部	无
24	威斯康星农业机械奖（Wisconsin Prize for Mechanical Substitute for Horses and Other Animals）	1875—1878	$ 10000	189450	威斯康星	威斯康星	两个船员
25	奥洛夫·达维多夫（Orloff – Davidoff）奖（The Orloff – Davidoff Prize）	1894—?	10000 rubles	156. 5741	奥洛夫·达维多夫（Orloff – Davidoff）镇	圣彼得堡帝国实验医学会（Imperial Institute of Experimental Medicine, St. Petersburg）	无
26	芝加哥先驱报机车奖（Chicago Times–Herald Motor Prize）	1895	$ 5000	124000	芝加哥先驱报（Chicago Times – Herald）	芝加哥先驱报	J. 弗兰克·杜里耶（J. Frank Duryea）
27	肺结核奖（Francois Joseph Audiffred Prize for a Tuberculosis Remedy）	1896—1921	24000 francs	139700	巴黎医学会（Académie de Medecine of Paris）	巴黎医学会	无
28	法国农业促进奖（French Society for the Encouragement of Industry Prizes）	1896	21000 francs	122200	法国农业促进会（French Society for the Encouragement of Industry）	法国农业促进会	较多获奖者

续表

	奖项名称	年份	当时的金额	换算后金额（美元）	资金来源	组织者	获奖者
29	多伊奇（Deutsch）奖（Deutsch Prize, 航空领域奖项）	1900—1901	100000 Francs	582000	亨利·多伊奇（Henri Deutsch de la Meurthe）	亨利·多伊奇（Henri Deutsch de la Meurthe）	阿尔贝托·桑托斯·杜蒙特（Alberto Santos-Dumont）
30	多伊奇·阿奇迪（Deutsch-Archdeacon）奖（Deutsch-Archdeacon Prize, 航空领域奖项）	1903—1907	50000 francs	277700	欧内斯特·阿奇迪（Ernest Archdeacon）and 亨利·多伊奇（Henry Deutsch de la Meurthe）	欧内斯特·阿奇迪（Ernest Archdeacon）and 亨利·多伊奇（Henry Deutsch de la Meurthe）	亨利·法尔曼（Henry Farman）
31	德州棉子象鼻虫奖（Texas Boll Weevil Eradication Prize）	1903—1904	$ 50000	1181700	德州	德州	无
32	科学美国奖（Scientific American Prize, 航空领域奖项）	1908	$ 2500	56500	科学美国杂志（Scientific American Magazine）	科学美国杂志	格伦·阿蒂斯（Glenn Curtiss）
33	奥尔夫斯克尔（Wolfskehl）奖（Wolfskehl Prize, 数学奖项）	1908—1997	100000 gold-marks	590500	保罗·奥尔夫斯克尔（Paul Wolfskehl）	哥廷根学会 Göttingen Academy	安德鲁·怀尔斯（Andrew Wiles）
34	每日邮报英吉利海峡奖（The Daily Mail English Channel Prize, 航空奖项）	1909	£ 1000	111500	每日邮报社（The Daily Mail）	每日邮报社	布莱里奥（Louis Bleriot）
35	米兰委员会奖（Milan Committee Prize, 航空奖）	1910	160000 lire	665500	米兰委员会	米兰委员会	戈杰斯·查韦斯（Gorges Chavez）

续表

	奖项名称	年份	当时的金额	换算后金额（美元）	资金来源	组织者	获奖者
36	汽车俱乐部奖（Automobile Clubs Prize for a Cheap Alternative to Gasoline)	1913—?	$ 100000	2100000	国际汽车俱乐部（International Association of Recognized Automobile Clubs)	国际汽车俱乐部	无
37	跨越大西洋奖（Daily Mail Trans-Atlantic Prize)	1913—1919	£ 10000	1022500	每日邮报社	每日邮报社	约翰·阿尔科克（John Alcock)
38	赫斯特（Hearst）奖，航海奖（Hearst Prize)	1919	$ 50000	582500	威廉·赫斯特（William Hearst)	威廉·赫斯特（William Hearst)	亚瑟·布朗（Arthur Brown)
39	奥泰格（Orteig）奖（Orteig Prize, 航空奖)	1919—1927	$ 25000	291500	雷蒙德·奥泰格（Raymond Orteig)	国家航空学会（National Aeronautical Association)	查尔斯·林德伯格（Charles A. Lindbergh)
40	英国–澳大利亚航空奖（England-to-Australia Air Race)	1919—1920	10000 pounds	563000	澳大利亚政府	澳大利亚政府	罗斯·史密斯（Ross Smith）and 基思·史密斯（Keith Smith)
41	苏联技术进步奖（Soviet Incentives Award)	1931—1942	112 m. rubles until 1940	165755500	苏联政府	技术发明委员会	许多
42	人力飞行奖（Polytechnische Gesellscaft Prize for Human Powered Flight)	1933—1935	5000—10000 marks	23500—59000	Polytechnische Gesellscaft	Polytechnische Gesellscaft	无
43	人力飞行奖（Kremer Prize for Human Powered Flight)	1959—1977	£ 5000	97000	亨利·克莱默（Henry Kremer)	皇家航空学会（Royal Aeronautical Society)	保罗·B.麦克瑞亚（Paul B. MacCrea)

续表

	奖项名称	年份	当时的金额	换算后金额（美元）	资金来源	组织者	获奖者
44	人力飞行奖 (Kremer Prize for Human Powered Flight)	1959—1979	£100000	1942500	亨利·克莱默 (Henry Kremer)	皇家航空学会 (Royal Aeronautical Society)	保罗·B.麦克瑞亚 Paul B. MacCready
45	人力飞行奖 (Kremer Prize for Human Powered Flight)	1959—现在	£20000	388000	亨利·克莱默 (Henry Kremer)	皇家航空学会 (Royal Aeronautical Society)	麻省理工学院 (MIT) 的学生
46	人力飞行奖 (Kremer Prize for Human Powered Flight)	1959—现在	£50000	971000	亨利·克莱默 (Henry Kremer)	皇家航空学会 (Royal Aeronautical Society)	无
47	人力飞行奖 (Kremer Prize for Human Powered Flight)	1959—现在	£100000	1942500	亨利·克莱默 (Henry Kremer)	皇家航空学会 (Royal Aeronautical Society)	无
48	费因曼 (Feynman) 奖 (Feynman Prizes, 汽车奖项)	1959	$1000	6900	理查德·费因曼 (Richard Feynman)	理查德·费因曼 (Richard Feynman)	威廉·麦克莱伦 (William McLellan)
49	弗雷德金 (Fredkin) 奖 (Fredkin Prize, 计算机奖项)	1980—1997	$100000	244500	爱德华·弗雷德金 (Edward Fredkin)	爱德华·弗雷德金 (Edward Fredkin)	IBM 的深蓝计算机
50	西拉尔斯基奖 (Sikorsky Prize, 航空奖)	1980—现在	$20000	48950	美国直升机协会 (American Helicopter Society)	美国直升机协会	无
51	癌症奖 (Armand Hammer Cancer Prize)	1981—1991	$1000000	2217100	阿曼德·哈默 (Armand Hammer)	阿曼德·哈默 (Armand Hammer)	无

续表

	奖项名称	年份	当时的金额	换算后金额（美元）	资金来源	组织者	获奖者
52	洛布纳（Loebner）奖，计算机奖，设计出最像人的计算机）	1990—现在	$100000+ $25000+ $2000每年	193000+ 3000每年	皇冠实业公司（Crown Industries, Inc）	休·洛布纳博士（Dr. Hugh Loebner）以及剑桥大学行为研究中心（The Cambridge Center for Behavioral Studies）	无
53	RSA因素挑战赛（RSA Factoring Challenge）	1991—2007	$200000	296050	RSA实验室	RSA实验室	许多
54	Feynman大赛奖（Feynman Grand Prize）	1996—现在	$250000	349000	前瞻纳米技术协会（Foresight Nanotech Institute）	前瞻纳米技术协会	无
55	超级节能冰箱计划（Super Efficient Refrigerator Program）	1994—1997	$30000000	40810000	24家公用事业单位	超级节能冰箱计划委员会	惠尔普（Whirlpool）公司
56	洛克菲勒快速诊断奖（Rockefeller Foundation for Rapid STD Prize Diagnostic Test）	1994—1999	$1000000	1360500	洛克菲勒基金（Rockefeller Foundation）	洛克菲勒基金	无
57	安萨里X-大奖（Ansari X PRIZE）	1996—2004	$10000000	12849000	安萨里家族	X大奖基金会（X Prize Foundation）	莫哈韦航空风险公司（Mojave Aerospace Ventures）
58	百威杯（Budweiser Cup，航空奖项）	1997—1999	$1000000	1256000	安海斯-布希公司（Anheuser-Bush Corporation）	安海斯-布希公司	伯特兰·皮卡德（Bertrand Piccard）；布莱恩·琼斯（Brian Jones）

续表

	奖项名称	年份	当时的金额	换算后金额（美元）	资金来源	组织者	获奖者
59	CATS 奖（CATS Prize, 航天奖项）	1997—2000	$ 250000	314000	许多匿名捐赠者	空间前沿基金会（Space Frontier Foundation）	无
60	国际计算机大奖赛（International Computer Go Championship）	1990年代末—现在	$ 1600000	1979000	Ing Chang-Ki Wei-Ch'I 基金会	Ing Chang-Ki Wei-Ch'I 基金会	无
61	比尔猜想奖（Beal'sPrize Conjecture）（数学奖）	1997—现在	$ 100000	125500	安德鲁·比尔（Andrew Beal）	安德鲁·比尔（Andrew Beal）	无
62	电子前沿奖（Electronic Frontier Prize）	1999—现在	$ 50000— $ 250000	60500—303000	许多匿名捐赠者	电子前沿基金会（Electronic Frontier Foundation）	无
63	合作计算大赛（Cooperative Computing Challenge）	1999—现在	$ 550000	666000	许多匿名捐赠者	电子前沿基金会	无
64	Goldcorp 挑战赛（Goldcorp Challenge）	2000—2001	$ 575000	673000	Goldcorp 公司	Goldcorp 公司	澳大利亚团队
65	千禧年数学奖（Millennium Math Prizes）	2000—现在	$ 7000000（$ 1 m. 每年）	7 x 1170500	数学研究所（Clay Mathematics Institute）	数学研究所（Clay Mathematics Institute）	无
66	InnoCentive.com, NineSigma.com（网站）	2001—现在	暂无统计	暂无统计	各家企业	各家企业	许多

续表

	奖项名称	年份	当时的金额	换算后金额（美元）	资金来源	组织者	获奖者
67	DARPA 汽车大奖赛（DARPA Grand Challenge）	2003—现在	$ 1m.（2003）, $ 2m.（2005）, $ 3.50 m.（2007）	1096000（2003）; 2064500（2005）; 3500000（2007）	美国国防部	美国国防部	斯坦福大学组
68	高寿鼠奖（Methuselah Mouse Prize）	2003—现在	$ 4500000	4500000	许多匿名捐赠者	玛土撒拉基金会（Methuselah Foundation）	许多
69	蟾蜍陷阱比赛（Territory Government's Great Cane Toad Trap Competition）	2004—2005	$ 16000+ $ 1000	22500	害虫动物控制合作研究中心（Pest Animal Control Cooperative Research Center in Canberra）	害虫动物控制合作研究中心	保罗·贝克（Paul Baker）
70	美国宇航局百年挑战（NASA Centennial Challenges）	2004—现在	$ 6.5 million	6500000	佛罗里达空间研究会（Florida Space Research Institute）	佛罗里达空间研究会	许多
71	格兰杰挑战（Grainger Challenges）	2005	第一名: $ 1000000 第二名: $ 200000 第三名: $ 100000	第一名: 1032500; 第二名: 206500; 第三名: 103000	国家工程院（National Academy of Engineering）	国家工程院（National Academy of Engineering）	阿布尔·侯桑（Abul Hussan）

续表

奖项名称	年份	当时的金额	换算后金额（美元）	资金来源	组织者	获奖者
72	英特尔芯苹果运行（Windows—on—a—Mac Prize）	2006	＄14000	14000	科林·内德科恩（Colin Nederkoorn）	科林·内德科恩（Colin Nederkoorn）	Boot Camp
73	Neuros OSD 大奖（Neuros OSD Bounties）	2006—	＄500—＄1000	500—1000	Neuros OSD 公司	Neuros OSD 公司	无
74	基因组 X 大奖（Archon X PRIZE for genomics）	2006—现在	＄1000000	1000000	克雷格·文特尔（Craig Venter）博士以及 X 大奖基金会	X 大奖基金会	无
75	生命大奖（Prize4Life Prize）	2006—2008	＄1000000	1000000	生命大奖基金会（Prize4Life）	生命大奖基金会（Prize4Life）	无
76	数据挖掘奖（The Netflix Prize）	2006—现在	＄1000000	1000000	网飞公司（Netflix）	网飞公司（Netflix）	无
77	沃尔夫勒姆图灵机器研究奖（Wolfram's Turing Machine Research Prize）	2007	＄25000	25000	史蒂芬·沃尔夫勒姆（Stephen Wolfram）	史蒂芬·沃尔夫勒姆（Stephen Wolfram）	亚历克斯·史密斯（Alex Smith）
78	可佩戴能源奖（Wearable Power Prize）	2007—现在	第一名：＄1000000 第二名：＄500000 第三名：＄250000	共1750000	美国国防部（US Department of Defense）	美国国防部（US Department of Defense）	无
79	机场安全技术奖（Prize for Faster Airport Security Technology）	2007—现在	＄500000	500000	美国国防部	美国国防部	无

续表

	奖项名称	年份	当时的金额	换算后金额（美元）	资金来源	组织者	获奖者
80	开放建筑奖（Open Architecture Prize）	2007—现在	$ 250000	250000	超微设计和人类建筑组（Advanced Micro Devices and Architecture for Humanity）	超微设计和人类建筑组	无
81	照明设计大赛（Bright Tomorrow Lighting Prizes）	2007—现在	$ 20000000	20000000	美国能源部	美国能源部	飞利浦公司
82	轨道示范奖（The Orbital Demonstration Prize）	2007—现在	$ 100000000	100000000	航空航天奖法案（Aeronautics and Space Prize Act）	航空航天奖法案	无
83	先进市场奖（Advance Market Commitment）	2007—现在	$ 1500000000	1500000000	加拿大、意大利、挪威、英国、俄罗斯以及比尔盖茨基金	世界银行	无
84	维珍地球挑战（Virgin Earth Challenge）	2007—现在	$ 25000000	25000000	维珍组（Virgin Group）	维珍组	无
85	"解锁价值" 冶金奖（Unlock the Value Prize）（冶金奖）	2007—现在	$ 10000000	10000000	巴里克黄金公司（Barrick Gold）	巴里克黄金公司（Barrick Gold）	无
86	本杰罗空间奖（Bigelow Prize Space）	2004—2010	$ 50000000	53361500	本杰罗宇航公司（Aerospace Bigelow）	本杰罗宇航公司	无

续表

	奖项名称	年份	当时的金额	换算后金额（美元）	资金来源	组织者	获奖者
87	谷歌月球 X 大奖（Google Lunar X PRIZE）	2007—2014	$ 25000000	25000000	谷歌公司	X 大奖基金会	无
88	X 汽车奖（Automotive PRIZE X）	2007—2009	$ 10000000	10000000	X 大奖基金会	X 大奖基金会	无
89	善待动物奖（PETA in vitro meat prize）	2008—2012	$ 1000000	1000000	善待动物组织（People for the Ethical of Animals Treatment）	善待动物组织	无

参考文献

贝尔纳：《科学的社会功能》，陈体芳译，张今校，商务印书馆 1995年版。

蔡宏波：《WTO 框架下政府战略性补贴政策应用研究》，《亚太经济》2007 年第 2 期。

陈实、孙晓芹：《我国政府 R&D 经费投入的分析与判定——基于国家科技计划——以财政科技拨款为研究视角》，《科学学研究》2013 年第11 期。

陈志俊、张昕竹：《科研资助的激励机制研究：分析框架与文献综述》，《经济学》2005 年第 1 期。

范云满、马建霞、刘静：《国家自然科学基金的评估指标体系与指标的分析研究》，《图书情报工作》2013 年第 16 期。

奉公、余奇才：《从威客的发展看拟成果购买制的实施》，《中国软科学》2008 年第 1 期。

奉公：《论公共产品类科研资金投入的拟成果购买制》，《科学学研究》2003 年第 3 期。

国家自然科学基金委：《国家自然科学基金资助项目统计》［EB/OL］. http：//www. nsfc. gov. cn/nsfc/cen/xmtj/index. htm，2017-10-25。

国务院：《国务院关于改进加强中央财政科研项目和资金管理的若干意见》［EB/OL］.http://www.gov.cn/zhengce/content/2014-03/12/content_8711.htm, 2014-03-12/2017-07-15。

韩建军、谭德庆、郭耀煌：《不完全信息 R&D 竞赛费用支付方式比较》，《中国管理科学》2005 年第 6 期。

侯文华、郑海超：《众包竞赛——一把开启集体智慧的钥匙》，科学出版社 2012 年版。

胡明晖、乔冬梅、曾国屏：《我国科学基金制的演变、评价与政策建议》，《武汉理工大学学报》（社会科学版）2006年第5期。

吉荣荣、雷二庆、徐天昊：《美国生物盾牌计划的完善进程及实施效果》，《军事医学》2013年第3期。

籍林、陈星汶：《论知识隐性程度与活性程度的调节作用》，《求索》2012年第10期。

李玲娟、欧晓斌：《科技成果转化中风险资本的退出机制研究》，《科学管理研究》2016年第2期。

李铁钢：《专业科技出版社数字出版之路的思考和探索》，《科技与出版》2013年第12期。

李晓轩、代涛：《科研经费分配与管理中的科技评价问题》，《科学学研究》2013年第10期。

林晓珊、威客：《网络化生存的境遇与挑战》，《中国青年研究》2007年第6期。

刘宝林、荆象新、锁兴文、于洋：《DARPA持续推动科技创新的挑战赛模式分析》，《科技导报》2018年第4期。

刘锋：《威客的商业模式分析》，《中国科学院研究生院学报》2006年第9期。

刘洁：《威客，企业隐形的翅膀》，《企业管理》2009年第10期。

刘书庆、韩亚辉、苏秦：《转制科研院所科技成果产业化模式研究》，《科技进步与对策》2011年第12期。

刘彤、付海燕：《项目管理方法与工具在出版业的应用》，《科技与出版》2014年第9期。

刘向平：《美国2005年无人车挑战赛带来的思考》，《国外坦克》2015年第3期。

刘幸昕：《威客模式：网络时代的互动式参考咨询》，《国家图书馆学刊》2007年第3期。

柳卸林、孙海鹰、马雪梅：《基于创新生态观的科技管理模式》，《科学学与科学技术管理》2015年第1期。

罗开平、张人千、王惠文：《国家自然科学基金项目申请政策的影响分析》，《科学学与科学技术管理》2013年第11期。

马松尧：《科技成果转化的测度指标体系探讨》，《甘肃科技》2004年第 2 期。

　　马挺：《基于兰台协同的中航工业动力所办公系统建设》，硕士学位论位，吉林大学，2013 年。

　　煤矿安监局科技装备司：《国家安全监管总局办公厅关于组织开展 2013 年安全生产重大事故防治关键技术科技项目征集工作的通知》［EB/OL］. http://www.Chinasafety.Gov.cn/newpage, 2013-02-28/2017-10-25。

　　孟韬、张媛、董大海：《基于威客模式的众包参与行为影响因素研究》，《中国软科学》2014 年第 12 期。

　　欧阳进良、陈华雄、李志勇：《关于政府采用后补助支持科技项目的探讨》，《科技管理研究》2012 年第 21 期。

　　戚湧、李千目、丁刚：《一种科研项目管理绩效评价模型与方法》，《项目管理技术》2012 年第 1 期。

　　施一公、饶毅：《经费分配体制该改了》，《人民日报》2010 年 10 月 18 日（20）。

　　史新：《"威客"模式在国内的发展现状及优化研究》，《情报杂志》2009 年第 1 期。

　　苏竣、郭跃、汝鹏：《从精英决策到大众参与：理性视角下的科技决策模式变迁研究》，《中国行政管理》2014 年第 3 期。

　　唐恒、冯楚建：《知识产权视角下科技奖励推动自主创新的影响因素研究》，《中国科技论坛》2014 年第 5 期。

　　田剑、王丽伟、刘德文：《国外创新竞赛机制设计研究述评》，《技术经济》2011 年第 12 期。

　　万钢：《对科研腐败愤怒痛心错愕》，《京华时报》2013 年 10 月 12 日（8）。

　　汪艳霞、钟书华：《孵化-加速对接：科技园区创新服务新趋势》，《中国科技论坛》2014 年第 11 期。

　　王贤文、刘则渊、侯海燕：《全球主要国家的科学基金及基金论文产出现状：基于 Web of Science 的分析》，《科学学研究》2010 年第 1 期。

　　王艳、贺德方、彭洁、董诚：《发达国家科学基金绩效评估体制及其启示》，《科技管理研究》2014 年第 9 期。

　　魏俊峰、赵超阳、谢冰峰：《美国国防高级研究计划局（DARPA）透视：跨越现实与未来的边界》，国防工业出版社 2015 年版。

吴熙敬主编，汪广仁、吴坤仪副主编：《中国近现代技术史》，科学出版社 2000 年版。

夏晓华、王美今：《竞赛中的最优奖励：一个拍卖分析框架》，《经济学》2008 年第 4 期。

项目管理协会：《项目管理知识体系指南（第 4 版）（PMBOK 指南）》，王勇、张斌译，电子工业出版社 2009 年版。

肖田野、吴晓青、孙娟、罗卫平：《国内科技研发后补助制的实施与对策研究》，《科技管理研究》2011 年第 15 期。

徐建国、胥和平：《在第三届中国科技政策论坛上的发言：科技创新政策的探讨和创新》，《科技日报》2014 年 12 月 18 日（5）。

薛澜：《关于我国财政科技拨款体制改革之我见》，《科学与社会》2014 年第 3 期。

闫威、陈长怀：《机会公平，倾斜政策与不对称锦标赛：一项实验研究》，《管理工程学报》2012 年第 1 期。

杨列勋、汪寿阳、席酉民：《科学基金遴选中非共识研究项目的评估研究》，《科学学研究》2002 年第 2 期。

姚玉鹏：《对我国科研资助体系存在问题及深化体制改革的思考》，《中国科学基金》2011 年第 1 期。

《影响 2009 年家电技术与消费趋势的创新成果推荐活动创新项目征集函》，《家电科技》2008 年第 20 期。

余荣华：《政府扶持资金，由"补"改"投"》，《人民日报》2014 年 4 月 9 日（10）。

曾婧婧、龚启慧：《双创大赛人才选拔标准研究：创新还是创业？》，《科学学研究》2017 年第 10 期。

曾婧婧、龚启慧：《政府资助型科技悬赏成果的"退出—对接"机制研究》，《科学管理研究》2016 年第 6 期。

曾婧婧、宋娇娇、李铭禄：《参与风险约束下科技悬赏的激励机制研究》，《科研管理》2018 年第 11 期。

曾婧婧、宋娇娇：《科技悬赏制的项目"征集—定价"机制》，《科技管理研究》2015 年第 20 期。

曾婧婧、王巧：《科技悬赏奖设置关键因素研究：基于对国际上 135 项科技悬赏奖的内容分析》，《科技进步与对策》2016 年第 6 期。

曾婧婧、钟书华：《省部科技合作：从国家科技管理迈向"国家—区域"科技治理》，《科学学研究》2009 年第 7 期。

曾婧婧：《国家科研资助体制下"科技悬赏奖"的制度架构研究》，《科技进步与对策》2014 年第 8 期。

曾婧婧：《国外政府资助型科研众包研究综述》，《中国科技论坛》2016 年第 12 期。

曾婧婧：《科技悬赏奖：促进科技创新的利器》，《科学学研究》2013 年第 1 期。

湛毅青、易玄、王晓璐：《中美高校政府科研项目完全成本资助政策比较研究》，《中国软科学》2012 年第 7 期。

郑海超、侯文华：《众包竞赛——一把开启集体智慧的钥匙》，科学出版社 2011 年版。

郑永和、刘云、何鸣鸿：《科学基金绩效评估方案设计中的若干问题研究》，《中国基础科学》2008 年第 2 期。

钟书华、王炎坤：《我国科技奖励项目奖和个人奖研究述评》，《中国科技论坛》2005 年第 4 期。

钟书华：《同行评议：科学共同体的民主决策机制解析》，《社会科学管理与评论》2002 年第 1 期。

周光召、薛辉：《别轻视业余学者》，《北京晨报》2002 年 12 月 10 日（2）。

周萍、张旭、周冬梅：《中国主要基金的中文论文产出绩效比较》，《科技管理研究》2012 年第 19 期。

周权雄、朱卫平：《国企锦标赛激励效应与制约因素研究》，《经济学》（季刊）2010 年第 2 期。

周莹莹：《拟成果购买制架构中研究项目价格的确定研究》，《科学学研究》2005 年第 1 期。

朱九田、周莹莹、杨国军：《我国科研资金投入体制的演化》，《制度建设与政策研究》2005 年第 3 期。

Adamczyk S, Bullinger A C, Kathrin M.Möslein, "Innovation Contests：A Review, Classification and Outlook", *Creativity and Innovation Management*, 2012, 21 (4), pp. 335-360.

Agatiello O R, "Ethical Governance：Beyond Good Practicesand Standards", *Management Decision*, 2008, 46 (8), pp. 1132–1145.

Amabile TM, Conti R, Coon H, et al., "Assessing theWork Environment for Creativity", *Academy of Mangement Review*, 1996, 39 (5), pp. 1154–1184.

Annie Jacobsen, *The Pentagon's Brain–An Uncensored History of DARPA*, *America's Top Secret Military Research Agency. Little*, *Brown and Company*, 2015.

Baumol W J, Blinder A S, Microeconomics: Principles and Policy. *South–Western College Publisher*, 2004.

Belmett D, "Innovative Technology Transfer Framework Linkedto Trade for Unido Action", *Vienna: United Nation Industrial Development Organization*, 2002, pp. 127–132.

Berkley S, "Diagnostic Tests for Sexually Transmitted Diseases: A Challenge", *The Lancet*, 1994, 343 (8899), pp. 685–686.

Besharov D J, Williams H, "Innovation Inducement Prizes: Connecting Research to Policy", *Journal of Policy Analysis and Management*, 2012, 31 (3), pp. 752–776.

Blohm I, Bretschneider U, Leimeister J M, et al. "Does Collaboration Cmong Participants Lead to Better Ideas in IT–Based Idea Competitions? An Empirical Investigation", *Sprague R Hroceeding of the 43rd Annual Hawaii International Conference on System Sciences*, 2009.

Boomsma A, "Reporting Analyses of Covariance Structures", *Structural Equation Modeling*, 2000 (7), pp. 461–483.

Boudreau K J, Lacetera N, Lakhani K R, "Incentives and Problem Uncertainty in Innovation Contests: An Empirical Analysis", *Management Science*, 2011, 57 (5), pp. 843–863.

Boudreau K J, Lacetera N, Lakhani K, "The Effects of Increasing Competition and Uncertainty on Incentives and Extreme – Value Outcomes in Innovation Contests", *Social Science Electronic Publishing*, 2010.

Boudreau K J, Lakhani K R, "'Fit' –Field Experimental Evidence on Sorting, Incentives and Creative Worker Performance", *Harvard Business School*, 2011, p. 56.

Brabham D C, "Crowdsourcing as a Model For Problem Solving: An Introduction and Cases", *The international Journal of Research into New Media Tech-*

nology, 2008, 14 (1), pp. 75-90.

Brabham D C, "Moving the Crowd at Threadless: Motivations for Participation in A Crowdsourcing Application.Information", *Communication & Society*, 2010, 13 (8), pp. 1122-1145.

Brennan M. "Democracy and Expertise: Reorienting Policy Inquiry", *Journal of Higher Education Outreach & Engagement*, 2011, 15 (2).

Brereton P, Kitchenham B A, Budgen D, et al. "Lessons from Applying The Systematic Literature Review Process within the Software Engineering Domain", *Journal of systems and software*, 2007, 80 (4), pp. 571-583.

Brian D. Wright. "The Economics of Invention Incentives: Patentsrizes, and Research Contracts", *American Economic Review*, 1983 (9), pp. 691-707.

Brook Lyndhurst, "The Big Green Challenge: Final Evaluation Report". NESTA: London (2010), http://www. nesta. org. uk/sites/default/files/mass_ localismdf.

Brougher C, "Federal Liability for Flood Damage Related to Army Corps of Engineers Projects", Congressional Research Service Reports, *Library of Congress, Congressional Research Service*, 2008.

Brunt L, Lerner J, Nicholas T, "Inducement Prizes and Innovation", *The Journal of Industrial Economics*, 2012, 60 (4), pp. 657-696.

Bullinger, A.C., Moeslein, K.: "Innovation Contests - Where are we?", *AMCIS* 2010 *Proceedings*, 2010, p. 28.

Casas-Arce P, Saiz A, "Do Courts Matter? Rental Markets and the Law", *Social Science Electronic Publishing*, 2005.

Casselman A. "Special Report: Inspired by Ancient Amazonians, a Plan to Convert Trash into Environmental Treasure", *Scientific American*, 2007, p. 15.

Che Y K, Gale I. "Optimal Design of Research Contests", *American Economic Review*, 2003, 93 (3), pp. 646-671.

Chopyak J, Levesque P, "Public Participation in Science And Technology Decision Making: Trends for the Future", *Technology in Society*, 2002, 24 (1-2), pp. 155-166.

Clayton M.Christensen.《创新者的窘境》, 胡建桥译, 中信出版社 2014

年第 2 版。

Crespy, C., Heraud, J., & Perry, B. "Multi – level Governance, Regions and Science in France: Between Competition and Equality", *Regional Studies*, 2007, 41 (8), pp. 1069–1084.

Crossan M M. "The Knowledge–Creating Company: How Japanese Companies Create the Dynamics of Innovation by Ikujiro Nonaka; Hirotaka Takeuchi", *Journal of International Business Studies*, 1996, 27 (1), pp. 196–201.

Dash J, *The Longitude Prize: The Race between the Moon and the Watch-Machine.Farrar*, *Straus and Giroux*, 1999.

Dash, Joan. *The Longitude Prize – Frances Foster Books*, New York City, 2000.

Davenport T H, Prusak L, "Working Knowledge: How Organizations Mangement What They Know", *Harward business review press*, 1998.

Davies K G, Wolf–Phillips J, "Scientific Citizenship and Good Governance: Implications for Biotechnology", *Trends in Biotechnology*, 2006, 24 (2), pp. 57–61.

Dewey J, *Democracy and Education: An Introduction to the Philosophy of Education*, *Free Press*, 1916.

Dixit A. "Governance Institutions & India's Development", *Indian Journal of Industrial Relations*, 2009, 44 (4), pp. 539–553.

Durant, J., Evans, G., & Thomas, G, "Public Understanding of Science in Britain: The Role of Medicine in the Popular Representation of Science", *Public Understanding of Science*, 1992, 1 (2), pp. 161–182.

Ebner W, Leimeister J M, Krcmar H, "Community Engineering for Innovations: the Ideas Competition as a Method to Nurture a Virtual Community for Innovations", *R&D Management*, 2009, 39 (4), pp. 342–356.

Eijndhoven J C M V, "Technology Assessment: Product or Process?", *Technological Forecasting & Social Change*, 1997, 54 (54), pp. 269–286.

Fischer F, "Reframing Public Policy Discursive Politics and Deliberative Practices", *Policy Sciences*, 2013, 119 (3), pp. 566–567.

Fornell C, Larcker D.F, "Evaluating Structural Equation Models with Unobservables Variables and Measurement Error", *Journal of Marketing Research*,

1981, (18), pp. 39–50.

Freeman C, "Networks of Innovators: A Synthesis of Research Issues", *Research Policy*, 1991, 20 (5), pp. 499–514.

Fu Q, Lu J, Lu Y, "Incentivizing R&D: Prize or Subsidies?", *International Journal of Industrial Organization*, 2012, 30 (1), pp. 67–79.

Fu Q, Lu J, "Contest Design and Optimal Endogenous Entry", *Economic Inquiry*, 2010, 48 (1), pp. 80–88.

Fu Q, Lu J. "The Optimal Multi–Stage Contest", *Economic Theory*, 2012, 51 (2), pp. 351–382.

Fullerton R L, Linster B G, McKee M, et al. "Using Auctions to Reward Tournament Winners: Theory and Experimental Investigations", *RAND Journal of Economics*, 2002, pp. 62–84.

Fullerton R L, McAfee R P, "Auctionin Entry into Tournaments", *Journal of Political Economy*, 1999, 107 (3), pp. 573–605.

Galane, Morton R, "Standards for a Reasonable Royalty Under the Atomic Energy Compulsory Licensing Program", *Virginia Law Review*, 1952, 38 (1), pp. 53–68.

Gibbons, J.H., & Gwin, H.L, "Technology and Governance", *Technology in Society*, 1985, 7 (4), pp. 333–352.

Grande, E., & Peschke, A, "Transnational Cooperation and Policy Networks in European Science Policy–Making", *Research Policy*, 1999, 28 (1), pp. 43–61.

Gregg Maryniak, "When Will We See A Golden Age of Spaceflight", *Space Policy*, 2005 (5), pp. 111–119.

György Simon, "Ex Post Examination of Macro–Economic Shadow Prices", *Economics of Planning*, 1965, 5 (3), pp. 80–93.

Hobday M, Cawson A, Kim S R, "Governance of Technology in the Electronics Industries of East and South–East Asia", *Technovation*, 2001, 21 (4), pp. 209–226.

Homeshaw, J. "Policy communityolicy Networks and Science Policy in Australia", *Australian Journal of Public Administration*, 1995, 54 (4), pp. 520.

Howe J. *Crowdsourcing: Why the Power of the Crowd is Driving the Future of Business*，New York：Crown Business，2008.

Huggins，R.Technology Policy，"Networks and Small Firms in Denmark"，*Regional Studies*，1996，30（5），pp.523-526.

Hughes，Francis. "Soviet Invention Awards"，*The Economic Journal*，1945，5（7），pp.218-219.

Irwin，A. "Constructing the Scientific Citizen：Science and Democracy in the Biosciences"，*Public Understanding of Science*，2001，10（1），pp.1-18.

James P.Clements，Jack Gido.《成功的项目管理》，张金成等译，机械工业出版社 2000 年版。

Joss，S，"Introduction：Public Participation in Science And Technology Policy-and Decision-Making-Ephemeral Phenomenon or Lasting Change?"，*Science and Public Policy*，1999，26（5），pp.290-293.

Kaiser R，"Multi-level Science Policy and Regional Innovation：The Case of the Munich Cluster for Pharmaceutical Biotechnology"，*European Planning Studies*，2003，11（7），pp.841-857.

Kalil T，*Prizes for Technological Innovation*，Brookings Institution，2006，pp.23-25.

Kay L，"How do Prizes Induce Innovation? Learning from the Google Lunar X-prize"，*Dissertations & Theses - Gradworks*，2011（8），pp.77-80.

Kay L.，"The effect of Inducement Prizes on Innovation：Evidence from the Ansari X Prize and the Northrop Grumman Lunar Lander Challenge"，*R&D Management*，2011，41（4），pp.360-377.

Kay，Luciano，"Opportunities and Challenges in the Use of Innovation Prizes as a Government Policy Instrument"，*Minerva*，2012，50（2），pp.191-196.

Kremer，Michael and Alix Peterson Zwane，"Encouraging Private Sector Research in Tropical Agriculture"，*World Development*，2005，33（1），pp.87-105.

Kremer，"Michaelatent Buy-Outs：A Mechanism for Encouraging Innovation"，*Quarterly Journal of Economics*，1998，11（11），pp.1137-1167.

Kuhlmann S，Edler J，"Scenarios of Technology and Innovation Policies in Europe：Investigating Future Governance"，*Technological Forecasting & Social*

Change, 2003, 70 (7), pp. 619-637.

Leimeister J M, Huber M, Bretschneider U, et al. "Leveraging Crowdsourcing: Activation-Supporting Components for IT-based Ideas Competition", *Journal of management information systems*, 2009, 26 (1), pp. 197-224.

Levidow L. "Britain's Biotechnology Controversy: Elusive Science, Contested Expertise", *New Genetics & Society*, 1999, 18 (1), pp. 47-64.

Lichtenberg F R, "The Private R and D Investment Response to Federal Design and Technical Competitions", *The American Economic Review*, 1988, pp. 550-559.

Lyall C, "Changing boundaries: The Role of Policy Networks in the Multi-Level Governance of Science And Innovation In Scotland", *Science & Public Policy*, 2005, 34 (1), pp. 3-14.

Macauley, Molly K, "Advantages and Disadvantages of Prizes in a Portfolio of Financial Incentives for Space Activities", *Space Policy*, 2005, 21 (10), pp. 121-128.

Mackenzie D. "Operation Clean - Up", *New Scientist*, 2011, 212 (2836), pp. 46-49.

Martine Aalbers.Motivation for Participating in an Online Open Source Software Community. download.blender.org/documentation/bc2004/Martine_ Aalbers/results-summarydf.

Maryniak G, "When will We See a Golden Age of Spaceflight?", *Space Policy*, 2005, 21 (2), pp. 111-119.

Masters W A, Delbecq B, "Accelerating Innovation with Prize Rewards: History and Typology of Technology Prizes and a New Contest Design for Innovation in African Agriculture", *Intl Food Policy Res Inst*, 2008.

Masters, "William Aaying for prosperity: How and Why to Invest in Agricultural R&D for Development in Africa", *Journal of International Affairs*, 2005, 58 (2), pp. 35-64.

Masters, William A, "Research Prizes: A Mechanism to Reward Agricultural Innovation in Low - Income Regions", *AgBioForum*, 2003, 6 (1&2), pp. 71-74.

May P J, Burby R J, Ericksen N J, et al. *Environmental Management and Governance*: *Intergovernmental Approaches to Hazards and Sustainability*, Global environmental change and international governanc, 1998.

McDonald R P, Ho M H "Rrinciples and Practice in Reporting Structural Equation Analyses", *Sychological Methods*, 2002, (7), pp. 64–82.

McKinsey & Company, "And the Winner is ⋯ Capturing the promise of Philanthropic Prizes", *McKinsey & Company*, 2009.

Med A I, "Imhotep to Harvey: Backgrounds of Medical History", *Journal of the American Medical Association*, 1932, 98 (12), pp. 1024.

Michael Kremer, *Rachel Glennerster*, *Strong Medicine*: *Creating Incentives for Pharmaceutical Research on Neglected Diseases*, Princeton University Press, 2004, p. 49.

Moldovanu B, Sela A, "Contest Architecture", *Journal of Economic Theory*, 2006, 126 (1), pp. 70–96.

Moldovanu B, Sela A, "The Optimal Allocation of Prizes in Contests", *American Economic Review*, 2001, pp. 542–558.

Montpetit, É, "Public Consultations in Policy Network Environments: The Case of Assisted Reproductive Technology Policy in Canada", *Canadian Public Policy*, 2003, 29 (1), pp. 95–109.

Morgan J, Wang R, "Tournaments for Ideas", *California Management Review*, 2010, 52 (2), pp. 77.

Murray F, Stern S, Campbell G, et al. "Grand Innovation Prizes: A theoretical, Normative, and Empirical Evaluation", *Research Policy*, 2012, 41 (10), pp. 1779–1792.

Nordhaus, William D, "Schumpeterian Profits in the American Economy: Theory and Measurement", *NBER Working Paper* 10433. Cambridge, MA: NBER, http: //www.nber.org/papers/w10433, 2004.

Orrison A, Schotter A, Weigelt K, "Multiperson Tournaments: An Experimental Examination", *Management Science*, 2004, 50 (2), pp. 268–279.

Parsons, W, "Modernizing Policy–making for the Twenty First Century: The Professional Model", *Public Policy and Administration*, 2001, 16 (3), pp. 93–110.

Peter H.Diamandis M.D.I Prize Creating a World of Abundance, http: // www.xprize.org/content/peter−h−diamandis−md.2011−11−20.

Piccione M, Tan G, "Cost−reducing Investment, Optimal Procurement and Implementation by Auctions", *International Economic Review*, 1996, 37 (3), pp. 663–686.

Piller&Walche, "Toolkits for Idea Competitions: a Novel Method to Integrate Users in New Product Development", *R&D Mangement*.2006.36 (3), pp. 307–318.

Public Understanding of Science: The Royal Society Reports. *Science, Technology, & Human Values*, 1986, 11 (3), pp. 53–60.

Robert F.Kleysen, Christopher T, "Street, Toward a Multi−dimensional Measure of Individual Innovative Behavior", *Journal of Intellectual Capital*, 2001, 2 (3), pp. 127–135.

Schreiber J B, "Core Reporting Practices in Structural Equation Modeling", *Administrative Pharmacy*, 2008, (4), pp. 83–97.

Schroeder A, The Application and Administration of Inducement Prizes in Technology, *Independence Institute Research Paper*, 2004. http: //keionline. org/misc−docs/IP_ 11_ 2004df.

Schwarts, John, Manned Private Craft Reaches Space in a Milestone for Flight. *New York Times*, June 22, 2004.

Schöttner A, "Fixed−prize Tournaments Versus First−Price Auctions in Innovation Contests", *Economic Theory*, 2008, 35 (1), pp. 57–71.

Stallbaumer C, "From Longitude to Altitude: Inducement Prize Contests As Instruments of Public Policy in Science and Technology", *Tech&Policy*, 2006, p. 117.

Stine D.D., "Federally−Funded Innovation Inducement Prizes", *Library of Congress, Congressional Research Service*, 2009.

Storer N.W., *The Sociology of Science: Theoretical and Empirical Investigations*. The Univ.Pr, 1973.

Taylor C R, "Digging for Golden Carrots: an Analysis of Research Tournaments", *The American Economic Review*, 1995, pp. 872–890.

Terwieesch C, Xu Y, "Innovation Contests, Open Innovation and Multia-gent Problem Solving", *Management Science*, 2008, 54 (9), pp. 1529-1543.

Thomas J R, "Intellectual Property in Industrial Designs: Issues in Innova-tion and Competition", *Congressional Research Service Reports*, 2008.

Thomas Kalilrizes for Technological Innovation. Washington, DC: *The Brookings Institution*, 2006.

Thomas Sammual Kuhn. 《科学革命的结构》, 金吾伦、胡新和译, 第四版, 北京大学出版社 2012 年版。

Tunzelmann N V, "Historical Coevolution of Governance and Technology in the Industrial Revolutions", *Structural Change & Economic Dynamics*, 2003, 14 (4), pp. 365-384.

Ulrich Beck, & Mark Ritter, "The Reinvention of Politics: Rethinking Modernity in the Global Social Order", *Polity Press*, 1997, p. 206.

Von Tunzelmann N, "Historical Coevolution of Governance and Technology in the Industrial Revolutions", *Structural Change & Economic Dynamics*, 2003, 14 (4), pp. 365-384.

Wei M. "Should Prizes Replace Patents? A Critique of the Medical Innova-tion Prize Act of 2005", *Social Science Electronic Publishing*, 2007.

Weiers G, "Innovation Through Cooperation: The Emergence of an Idea E-conomy", *Springer*, 2013, p. 126.

Weir B, "Driving the 21st Century's Lights.Spectrum", *IEEE*, 2012, 49 (3), pp. 42-47.

William J.Baumol, Dr.Alan S.Blinder.*Microeconomics*: *Principles and Poli-cy*. South-Western College Publisher, 2004, p. 5.

X-PRIZE. In Partial Fulfillment of the Requirements for the Degree Doctor of Philosophy in the School of Public Policy. *Georgia Institute of Technology*, 2011.08, pp. 77-80.

Yang Y, Chen P Y, Pavlou P, "Open Innovation: An Empirical Study of Online Contests", *Proceeding of the* 13*th International Conference on Information Systems*, *Phoenix*, *Arizona*, *USA*, 2009.

Young T M, "Aircraft Design Innovation: Creating an Environment for

Creativity", *Proceedings of the Institution of Mechanical Engineersart G: Journal of Aerospace Engineering*, 2007, 221 (2), pp. 165-174.

Zeinab A. Karake, "An Empirical Investigation of Information Technology Structure, Control and Corporate Governance", *Journal of Strategic Information Systems*, 1992, 1 (5), pp. 258-265.